Schriftenreihe des Archivs für
Urheber-, Film-, Funk- und Theaterrecht (UFITA)
herausgegeben von
Prof. Dr. Manfred Rehbinder
Institut für Urheber- und Medienrecht, München
Band 117

Christian Hauptmann

Die Vergesellschaftung des Urheberrechts

Das ausschließliche Recht, Entindividualisierung und Vergesellschaftung bei Wahrnehmung durch Verwertungsgesellschaften am Beispiel der GEMA und der VG Wort

Nomos Verlagsgesellschaft
Baden-Baden 1994

Die Deutsche Bibliothek – CIP-Einheitsaufnahme

Hauptmann, Christian:
Die Vergesellschaftung des Urheberrechts: Das ausschließliche Recht, Entindividualisierung und Vergesellschaftung bei Wahrnehmung durch Verwertungsgesellschaften am Beispiel der GEMA und der VG Wort / Christian Hauptmann. – 1. Aufl. – Baden-Baden: Nomos Verl.-Ges., 1994
(Schriftenreihe des Archivs für Urheber-, Film-, Funk- und Theaterrecht (UFITA); Bd. 117)
Zugl.: Bielefeld, Univ., Diss., 1993
ISBN 3-7890-3246-8
NE: GT

1. Auflage 1994

Inhaltsverzeichnis

Einleitung

Der Titel der vorliegenden Untersuchung ist in der Hoffnung gewählt, daß die Ergebnisse dieser Arbeit über die juristische Fachwelt hinaus auch zu den Schöpfern urheberrechtlicher Werke und den Berechtigten der Verwertungsgesellschaften gelangen. Sie sind die Betroffenen einer Vergesellschaftung des Urheberrechts, doch zugleich diesbezüglich häufig unwissend oder unzureichend informiert. Die Vergesellschaftung des Urheberrechts betrifft viele Bereiche der gemeinsamen Wahrnehmung von Urheberrechten durch Verwertungsgesellschaften. Fühlbar wird sie aber erst, wenn Klarheit über den Inhalt des Rechts besteht, das der Gesetzgeber im Urheberrechtsgesetz (UrhG) als das ausschließliche Recht des Urhebers bezeichnet hat. Im ersten Teil dieser Arbeit werden daher zunächst die vielfältigen Aspekte des ausschließlichen Rechts des Urhebers herausgestellt. Anschließend werden im zweiten Teil der Untersuchung die Veränderungen, die das ausschließliche Recht des Urhebers als Folge der gemeinsamen Wahrnehmung der Nutzungsrechte durch eine Verwertungsgesellschaft erfährt, in Grundzügen dargestellt. Das besondere Interesse dieser Untersuchung gilt dann den sozialen Einrichtungen der Verwertungsgesellschaften. Diese Einrichtungen, die im Urheberrechtswahrnehmungsgesetz (WahrnG) Vorsorge- und Unterstützungseinrichtung heißen, gehören zusammen mit den kulturellen Förderungseinrichtungen zu den Bereichen verwertungsgesellschaftlicher Tätigkeit, in denen die Gefahr einer Vergesellschaftung ursprünglich individuell zu verteilender Erträge – das Urheberrecht ist ein an die Person des Schöpfers gebundenes Recht – am größten ist. So stellten GEMA und VG Wort im Geschäftsjahr 1991 für soziale und kulturelle Zwecke 94,1 Mio DM bereit.

Die vorliegende Untersuchung will eine Lücke schließen. Die Literatur hat sich bisher vor allem mit der Nichtzulassung von ausländischen Berechtigten zu den sozialen Einrichtungen der Verwertungsgesellschaften beschäftigt. Im Vordergrund stand daher die konventionsrechtliche Beurteilung des Ausschlusses ausländischer Berechtigter und ihre Vereinbarkeit mit dem Prinzip der Inländerbehandlung. Wenig Beachtung hat dagegen die Frage gefunden, ob der satzungsgemäße Einbehalt eines Teils der grundsätzlich individuell zu verteilenden Tantiemen zugunsten von Sozialeinrichtungen mit dem Inhalt des ausschließlichen Rechts als eines Individualrechts vereinbar ist. Die Vernachlässigung dieser gegenüber der konventionsrechtlichen Beurteilung vorrangigen Frage hat wohl zwei Gründe. Zum einen hat die jahrzehntelange Praxis des Sozialabzuges, die später vom Gesetzgeber durch die Verabschiedung von § 8 WahrnG bestätigt worden ist, eine Institutionalisierung der Sozialeinrichtungen bewirkt, die es – so scheint es – unmöglich macht, deren Legitimation zu hinterfragen. Die Verabschiedung des Künstlersozialversicherungsgesetzes (KSVG) im Jahre 1983 hätte zum Anlaß genommen werden müssen, die Sozialeinrichtungen gerade wegen der durch das KSVG eingetretenen wesentlichen Änderungen und der Verbesserung der sozialen Lage der Künstler kritisch zu hinterfragen. Dies ist nicht geschehen. Der zweite und wesentliche Grund für die Vernachlässigung ist die Abschirmung der Tätigkeit der sozialen Einrichtungen. Noch vor kurzer Zeit war es undenkbar, auf Anfrage die die Sozialeinrichtungen der GEMA betreffenden Regelwerke zu erhalten. Man wurde darauf hingewiesen, daß nur Vereinsmitglieder die betreffenden Informationen erhielten und es sich im übrigen um eine rein interne Vereinsangelegenheit handele. Zu begrüßen ist, daß die GEMA mit der erstmaligen Herausgabe des GEMA-Jahrbuches 1991, das jedermann bei der GEMA erwerben kann, neue Wege beschritten hat. Diese Kehrtwendung in der Informationspolitik und die Öffnung des Zugangs zu bisher verschlossenen Informationen hat die Arbeit in der vorliegenden Form erst ermöglicht. Ein besonderer Dank gilt Herrn Dr. Michael Karbaum, geschäftsführender Direktor der GEMA und verantwortlich für den Geschäftsbereich Verteilung. Herr Dr. Karbaum hat nicht nur Auskunft über Zahlenwerk erteilt, sondern in mehreren Gesprächen wertvolle Hinweise gegeben, Querverbindungen aufgezeigt und die Komplexität des Untersuchungsgegenstandes verdeutlicht. Ohne diese Unterstützung hätte der Abschnitt über die GEMA ein anderes und unvollständiges Gesicht erhalten.

Die VG Wort hat in ihren Geschäftsberichten schon immer die Basisdaten von Zuwendungen, Ausgaben und Begünstigten ihrer Sozialeinrichtungen veröffentlicht. Dennoch bleiben die Entscheidungsabläufe in den Sozialeinrichtungen und die Kriterien, die für die Vergabe oder Versagung sozialer Unterstützung angelegt werden, verborgen. Daß die Sozialeinrichtungen von GEMA und VG Wort – dies gilt ebenso für die VG Bild-Kunst – auch heute ihren Aufgaben in relativer Abgeschirmtheit nachgehen, zeigt sich auch darin, daß dem Deutschen Patentamt als Aufsichtsbehörde der Verwertungsgesellschaften die gesondert erstellten Jahresberichte der Sozialeinrichtungen (Geschäftsberichte der als Stiftung bzw. GmbH geführten Sozialeinrichtungen der VG Wort und der Jahresbericht des geschäftsführenden Kuratoriums der Sozialkasse der GEMA) nicht vorgelegt werden. Sie erscheinen in stark gekürzter Fassung in den Jahresberichten der Verwertungsgesellschaften. Das Deutsche Patentamt hat nach den vorliegenden Informationen seinen Anspruch auf Auskunft und Vorlage der die Sozialeinrichtungen betreffenden Unterlagen bisher nicht geltend gemacht. Angesichts der Tatsache, daß die Gefahr einer Vergesellschaftung ursprünglich individuell zu verteilender Erträge in den Bereichen Sozialeinrichtung und kulturelle Förderung am größten ist, muß die hier nicht näher untersuchte Frage erlaubt sein, ob das Deutsche Patentamt seiner gesetzlichen Aufsichtspflicht in vollem Umfang nachkommt.

Die Ergebnisse dieser Arbeit mögen Anlaß geben, die Sozialeinrichtungen der Verwertungsgesellschaften in ihrer derzeit bestehenden Form kritisch zu überprüfen und ihre Aufgaben für die Zukunft neu zu bestimmen. Der zum Ende der Untersuchung angestellte Vergleich der Sozialeinrichtungen von GEMA und VG Wort und die vorgeschlagenen Lösungsansätze für eine Neuorientierung können als Ausgangspunkt der anstehenden Diskussionen genutzt werden. Die Mitwirkung der von der Vergesellschaftung betroffenen Berechtigten bei der Lösung dieser Aufgabe ist unverzichtbar.

Herr Prof. Dr. Haimo Schack, Universität Bielefeld, hat die Arbeit jederzeit und bestmöglich gefördert. Ich bin ihm für die gewährten Freiräume und die wertvollen Hinweise und Anregungen zu großem Dank verpflichtet. Mein Dank gilt schließlich der Studienstiftung ius vivum, Dormagen, für den großzügig gewährten Druckkostenzuschuß.

Das Manuskript wurde im August 1992 abgeschlossen.

Der Verfasser

Teil 1 Grundprinzipien des Urheberrechts

I Das monistische Prinzip

Der Gesetzgeber hat die monistische Theorie in § 11 UrhG als Grundprinzip des Urheberrechts positivrechtlich verankert. Die monistische Theorie besagt, daß das Urheberrecht die persönlichkeitsrechtlichen und vermögensrechtlichen Interessen des Urhebers in bezug auf das Werk schützt.[1)]

Dem liegt der Gedanke zugrunde, daß einerseits sich in jedem Werk ein Teil der Persönlichkeit seines Schöpfers (die sog. Urheberpersönlichkeit) niederschlägt: Das Werk ist Abbild der Individualität, der Einzigartigkeit seines Schöpfers, und es steht zu ihm in einer ständigen und unlösbaren Verbindung. Darüber hinaus repräsentiert das Werk für seinen Urheber auch einen materiellen, d.h. einen vermögensrechtlichen Wert. Dieser an sich unbestimmbare Wert verwandelt sich im Rahmen einer konkreten Verwertung in einen bestimmten Geldbetrag. Untrennbarkeit der persönlichkeitsrechtlichen und vermögensrechtlichen Elemente bedeutet daher zwingend, daß das Urheberpersönlichkeitsrecht in jede Werkverwertung hineinwirkt[2)]; die Verwertungsrechte des Urhebers stehen folglich im Banne der persönlichen Beziehung zwischen Urheber und Werk.[3)]

Die monistische Theorie ist ein allgemeingültiges Grundprinzip[4)] des UrhG. Einzelne Aspekte des Urheberpersönlichkeitsrechts und Formen der Werkverwertung sind in den §§ 12–14 UrhG bzw. §§ 15ff. UrhG lediglich beispielhaft[5)] aufgeführt.

Die monistische Theorie ist für den Gegenstand dieser Arbeit in zweifacher Weise bedeutsam. Zum einen ist die Frage nach einer Vergesellschaftung des Urheberrechts vor dem Hintergrund des monistischen Prinzips zu stellen. Antworten auf diese Frage müssen daher berücksichtigen, daß sich die Verwertung geschützter Werke stets in Abhängigkeit vom Urheber als individueller Person vollzieht. Dies gilt auch in den Fällen, in denen bei der Verwertung ganz überwiegend rein vermögensrechtliche Interessen im Vor-

1) Ausführlich zu Inhalt und Bedeutung der monistischen Theorie: *Ulmer,* § 1 II, § 17 II und § 18, sowie *Hubmann/Rehbinder,* § 8 II.
2) Vgl. Begründung des Regierungsentwurfes zu § 11 UrhG, BT-Drucks. IV/270, abgedruckt in UFITA Bd. 45 (1965), S. 257.
3) *Dietz,* in: *Schricker,* vor §§ 12ff. UrhG Rdnr. 5.
4) Begründung des Regierungsentwurfes zu § 11 UrhG, BT-Drucks. IV/270, abgedruckt in UFITA Bd. 45 (1965), S. 257.
5) *Dietz,* in: *Schricker,* vor §§ 12ff. UrhG Rdnr. 10–13.

dergrund stehen.[6] Der Individualbezug des Urhebers zu seinem Werk ist durch die monistische Theorie zwingend vorgegeben; dieser Bezug darf deshalb auch nicht unberücksichtigt bleiben. Er hat in dem Prinzip der Ausschließlichkeit, das in den §§ 15ff. UrhG niedergelegt ist und insbesondere die umfassende Zuweisung der materiellen[7] Interessen an den Urheber beschreibt, eine präzise Ausformung gefunden und ist der monistischen Theorie inhärent. Denn wenn schon das Urheberpersönlichkeitsrecht eine unauflösliche Bindung zwischen Urheber und Werk vermittelt, können auch die materiellen Interessen gerade wegen der Verklammerung und Untrennbarkeit von Urheberpersönlichkeitsrecht und Vermögensrecht nur dem Schöpfer des Werkes umfassend zugeordnet werden. Das Prinzip der Ausschließlichkeit brauchte somit nicht erst erfunden zu werden; es leitet sich direkt aus dem monistischen Prinzip ab.

Die Beantwortung urheberrechtlicher Fragestellungen vor dem Hintergrund des monistischen Prinzips verlangt darüber hinaus eine kritische Vorüberlegung. Sie knüpft an die dogmatische Einordnung des Urheberrechts an. *Ulmer*[8] hat aufgezeigt, daß das Urheberrecht wegen des monistischen Prinzips einen besonderen Platz in der Systematik des Privatrechts einnimmt. Grundsätzlich trennt das Privatrecht strikt zwischen Vermögensrecht und Persönlichkeitsrecht; das Privatrecht ist dual aufgebaut. Dieses System wird aber den besonderen Beziehungen des Urhebers zu seinem Werk nicht gerecht. Das besondere Bedürfnis nach dem Schutz ideeller Interessen und die unauflösliche Verbindung vermögensrechtlicher und verwertungsrechtlicher Elemente rechtfertigt nach *Ulmer* die Ausnahmestellung des Urheberrechts.

In Anknüpfung an diese Ausnahmestellung gilt es zu überprüfen, ob und gegebenenfalls mit welchen Einschränkungen bzw. Erweiterungen hergebrachte abstrakte Rechtsbegriffe, die in einem dual aufgebauten Privatrechtssystem Anwendung finden, den spezifischen Verhältnissen des Urheberrechts gerecht werden. Erst wenn hierüber Klarheit besteht, kann die Frage der Vergesellschaftung des ausschließlichen Rechts des Urhebers beantwortet werden.

6) Zum Problem der Anwendbarkeit der monistischen Theorie auf gesetzliche Vergütungsansprüche und die Auswirkung ihrer Anwendung auf die Verteilung der Einnahmen aus der Wahrnehmung dieser Rechte s. unten S. 78ff.

7) *Troller*, Bd. I, S. 70, betont zu Recht, daß der Inhalt der Ausschließlichkeitsrechte vor allem durch die materiellen Interessen bestimmt ist.

8) *Ulmer*, § 18 III, IV.

II Das Prinzip der Ausschließlichkeit

1 Einführung

Der Gesetzgeber hat in § 15 UrhG dem Urheber ein ausschließliches Recht in bezug auf die Verwertung seines Werkes zugesprochen. Systematisch findet sich diese Norm im vierten Abschnitt des Gesetzes unter der Überschrift ›Inhalt des Urheberrechts‹. Diese Einordnung macht deutlich, daß das ausschließliche Recht des Urhebers ein elementarer Bestandteil dessen ist, was das Urheberrecht inhaltlich umschreibt und ausmacht.

Um so mehr gilt es, die Frage nach dem Inhalt dieses Rechts zu stellen. Das Gesetz selbst enthält keine Definition des Rechtsbegriffes ›ausschließliches Recht‹. Das mag einerseits darauf hindeuten, daß dieser Rechtsbegriff unmittelbar, d.h. aus sich selbst heraus, verständlich ist. Es könnte sich andererseits aber auch um einen ausfüllungsbedürftigen Rechtsbegriff handeln. Überblickt man die juristische Kommentar- und Fachliteratur, so stellt man fest, daß die Diskussion über das ausschließliche Recht des Urhebers eine Fülle weiterer Rechtsbegriffe hervorgebracht hat. Nach dem Ordnungsmerkmal der Wortähnlichkeit lassen sich drei Gruppen bilden:

1. Gruppe:
das ausschließliche Recht
das Ausschließlichkeitsrecht
das Ausschließungsrecht
das Ausschlußrecht

2. Gruppe:
das Herrschaftsrecht
das ausschließliche Herrschaftsrecht
das individuelle Herrschaftsrecht
das umfassende Herrschaftsrecht

3. Gruppe:
das Verbotsrecht
das (negative) Verbietungsrecht

Schon die Tatsache, daß alle aufgeführten Begriffe im Kontext des in § 15 UrhG genannten »ausschließlichen Rechts des Urhebers« nebeneinander gebräuchlich sind, spiegelt die inhaltliche Komplexität dieses Rechts wider. Um urheberrechtliche Problemstellungen im Zusammenhang mit dem Ausschließlichkeitsprinzip lösen zu können, müssen diese Begriffe zuerst sorgfältig analysiert werden.

2 Einordnung in das System der subjektiven Rechte

§ 15 UrhG statuiert das ausschließliche Recht der Werkverwertung. Inhaber dieses Rechts ist der Urheber. Ihm wird das Recht zuerkannt, innerhalb des fest umrissenen Bereiches der Werkverwertung, der den Gegenstand bzw. Bezugspunkt[9)] dieses Rechts bildet, entsprechend seinem Willen Geltungserklärungen abzugeben. Derartige Befugnisse werden mit dem abstrakt-allgemeinen Begriff des subjektiven Rechts bezeichnet. Die Zuweisung subjektiver Rechte durch den Gesetzgeber begründet man mit dem Interesse des Berechtigten an dem Inhalt der Berechtigung. Der Gesetzgeber nimmt daher ein Interesse des Eigennutzes unter seinen Schutz.[10)] Überträgt man diesen Gedanken auf das UrhG, so spricht der Gesetzgeber dem Urheber das ausschließliche Recht der Werkverwertung als subjektives Recht deshalb zu, weil er dessen Interesse als schützenswert erachtet.[11)] Mit der Klassifizierung als subjektives Recht ist für die Erfassung der inhaltlichen Bedeutung des ausschließlichen Rechtes nicht viel gewonnen. Es gilt, diesen Inhalt konkreter zu fassen.

Die Rechtssprache hat funktionsbestimmte Rechtsbegriffe entwickelt, die den abstrakt-allgemeinen Rechtsbegriffen, wie z.B. dem des subjektiven Rechts, erläuternd zur Seite gestellt werden.[12)] Sie ermöglichen, den Inhalt des Rechts in seiner Wirkung in der Sozialsphäre zu erfassen.[13)] Typisch funktionsbestimmte Begriffe für das subjektive Recht sind »Rechts-

9) *Zitelmann,* S. 51, hat schon 1897 als Bezugspunkt eines subjektiven Rechts körperliche, d.h. räumlich gebundene, von unkörperlichen Gegenständen unterschieden. Er nennt in diesem Zusammenhang ausdrücklich das Recht an einem geistigen Werk als Beispiel eines räumlich ungebundenen subjektiven Rechts. Gleichwohl räumt er ein, daß es wenig gebräuchlich ist, von der Rechtsmacht über ein geistiges Werk zu sprechen (S. 54).

10) *Radbruch/Zweigert,* S. 96. Die Inschutznahme durch den Gesetzgeber deutet darauf hin, daß man sich nicht mit dem Abstecken eines geschützten Bereiches begnügt, sondern damit zugleich quasi eine staatliche Garantie verbindet; deutlich *Zitelmann,* S. 46: »Auch die Schutzverheißung, welche der Staat bei Verleihung eines subjektiven Privatrechts giebt, ist eine Erklärung des Staates, durch die er sich selbst Pflicht und Recht zu bestimmtem Handeln setzt.« (vgl. auch S. 49).

11) Der Schutz des Eigennutzes liegt auch im öffentlichen Interesse, weil dadurch das Kulturschaffen des Urhebers stimuliert wird; vgl. *Davies,* Copyright 1989, 83. Sie zitiert aus dem Whitford Report: "The exclusive rights which are granted by national copyright, patent, trademark and design laws are granted because it is in the public interest to grant them."

12) *Larenz,* Methodenlehre, S. 485f.

13) *Larenz,* Methodenlehre, S. 199.

macht«[14] und »Willensmacht«[15]. Jedoch sind auch diese Begriffe zu allgemein, als daß sie die inhaltliche Bedeutung des subjektiven Rechts des Urhebers erhellen könnten. Sie offenbaren weder etwas über den Umfang der Rechtsmacht gegenüber anderen, noch präzisieren sie, was Willensmacht konkret bedeutet.

Der Grund hierfür ist einleuchtend. Das ausschließliche Recht des Urhebers ist eines von vielen subjektiven Rechten, die man im Privatrecht vorfindet. Die genannten funktionsbestimmten Begriffe gelten gleichermaßen für alle subjektiven Rechte. Diese sind untereinander jedoch so unterschiedlich, daß man rechtsmethodisch sogenannte »Typen« gebildet hat. Typen subjektiver Rechte sind Persönlichkeitsrechte, Herrschaftsrechte, Gestaltungsrechte, Mitwirkungsrechte und andere mehr.[16] Die genannten »Typen« sind für die Bestimmung des Inhalts des ausschließlichen Rechts des Urhebers in der folgenden weiteren Untersuchung hilfreich.

Zusammenfassend läßt sich feststellen, daß das ausschließliche Recht des Urhebers ein subjektives Recht ist, dessen Aufgabe darin besteht, dem Urheber die Verfolgung seiner Interessen zu ermöglichen.

3 Der Inhalt des ausschließlichen Rechts

Die vorstehenden Ausführungen haben deutlich gemacht, daß das ausschließliche Recht des Urhebers ein Rechtsbegriff ist, der den Inhalt dieses Rechts so abstrakt erfaßt, daß man sich zur Verdeutlichung seines Inhalts erläuternder Rechtsbegriffe bedient. Diese heben indirekt einzelne inhaltliche Aspekte des Rechts hervor, indem aus der Betrachtung der bzw. einer Funktion des ausschließlichen Rechts Rückschlüsse auf dessen Inhalt gezogen werden können. Gelegentlich ist zu beobachten, daß die erläuternden Rechtsbegriffe in der juristischen Literatur nur zur Vermeidung sprachlich störender Wiederholungen beliebig ausgetauscht werden. Diese synonyme Verwendung der Rechtsbegriffe führt zu Unschärfen, die die Teilaspekte des ausschließlichen Rechts verblassen lassen. Schon aus diesem Grund ist es gerechtfertigt, den Inhalt des urheberrechtlichen Ausschließlichkeitsrechts anhand der gebräuchlichen erläuternden Rechtsbegriffe nachzuzeichnen und zu präzisieren. Die Bestimmung des Inhalts des urheberrechtlichen Ausschließlichkeitsrechts ist aber vor allem eine unabdingbare Voraussetzung für den Untersuchungsgegenstand dieser Arbeit. Erst wenn die Teilaspekte des ausschließlichen Rechts des Urhebers festgestellt sind, kann

14) *Riklin*, S. 12; *Zitelmann*, S. 53.
15) *Larenz*, Methodenlehre, S. 199; *Radbruch/Zweigert*, S. 96.
16) *Larenz*, Methodenlehre, S. 465.

die Frage der Entindividualisierung und Vergesellschaftung des ausschließlichen Rechts beantwortet werden. In dem Bewußtsein, daß allein das ausschließliche Recht alle inhaltlichen Aspekte in sich vereinigt, sollen im folgenden die erläuternden Rechtsbegriffe umfassend auf ihre inhaltliche Aussage untersucht werden, ohne daß dies im Einzelfall abschließend sein muß. Die Untersuchung orientiert sich am Ordnungsmerkmal der Wortähnlichkeit der Rechtsbegriffe.

3.1 Das ausschließliche Recht

3.1.1 Ursprung und sprachlicher Gebrauch des Wortes »ausschließlich«

Das Wort »ausschließlich« leitet sich vom Verb »ausschließen« ab. Es tauchte erstmals im 14. Jahrhundert als Lehnübersetzung für das lateinische Wort *excludere* auf.[17] In früherer Zeit gebrauchte man das Partizip Präsens »ausschließend« gern adjektivisch[18] oder adverbiell, während heutzutage das Wort »ausschließlich« üblich ist. »Ausschließlich« ist gleichbedeutend mit »alleinig«, »ungeteilt« und »uneingeschränkt«.[19]

3.1.2 Der Begriff »ausschließlich« als *terminus technicus* im Immaterialgüterrecht

Der Terminus »ausschließlich« ist heute im wesentlichen dem Urheberrecht vorbehalten.[20] Das in § 15 UrhG statuierte ausschließliche Recht des Urhebers findet seine gleichlautende Entsprechung in der amtlichen deutschen Fassung der Revidierten Berner Übereinkunft[21] und des Welturheberrechtsabkommens.[22] Im übrigen verwendet nur das Geschmacksmustergesetz[23] den Terminus »ausschließlich«.

Der Vorläufer des heutigen Warenzeichengesetzes – das Gesetz über Markenschutz und das Gesetz zum Schutz der Warenbezeichnungen – und das Patentgesetz in seiner bis 1936 gültigen Fassung benutzten den Termi-

17) Trübners Deutsches Wörterbuch, A. Götze (Hrsg.), Erster Band, 1939, S. 197; H. Paul, Deutsches Wörterbuch, 9. Aufl. 1992, S. 81.
18) Beispiel bei Trübner, a.a.O., S. 197, und Paul, a.a.O., S. 81 aus Goethe: Wilhelm Meisters Lehrjahre: »eine ausschließende Neigung für das französische Theater«.
19) Duden, Das große Wörterbuch der deutschen Sprache, G. Drosdowski (Hrsg.), Bd. 1, 1976, S. 271.
20) Das ausschließliche Recht des Urhebers findet im Englischen sein Äquivalent als *exclusive right,* im Französischen als *droit exclusif.* Zur Einordnung des Urheberrechts in das Immaterialgüterrecht *Schönherr,* in: FS *Troller,* S. 57–87; *Ulmer,* § 2 I.
21) RBÜ, Art. 8, 9, 11, 11bis, 11ter, 12, 14.
22) WUA, Art. IV bis, V.
23) § 1 GeschmG.

nus »ausschließlich« zur Bezeichnung der Rechtsposition des Berechtigten.[24] Er wurde in der Neufassung des Gesetzes durch das Synonym »allein« ersetzt.[25] Eine Korrektur der Rechtsposition des Berechtigten war hiermit jedoch nicht verbunden.[26] Trotz der Wortunterschiede kann daher festgestellt werden, daß das Immaterialgüterrecht direkt oder indirekt Rechtspositionen beschreibt, die allesamt in gleicher Weise durch den Terminus »ausschließliches Recht« erfaßt werden.

3.1.3 Das ausschließliche Recht in seiner Verbindung zum (Sach-)Eigentum

Die besondere Natur des Rechts an geistigen Schöpfungen – des Urheberrechts – läßt sich ohne Rückgriff auf bekannte Rechtsinstitute nur sehr schwer erklären.

Die Lehre vom *geistigen* Eigentum hat über die gedankliche Verbindung zum Rechtsinstitut des *Sach*-Eigentums dazu beigetragen, den Grund und die Notwendigkeit des gesetzlichen Schutzes geistiger Schöpfungen zu erklären. Die Diskussion über die Zulässigkeit und den Wert des Vergleichs von geistigem Eigentum und (Sach-)Eigentum soll hier nicht nachgezeichnet werden.[27] Es reicht für den Gegenstand dieser Arbeit aus, Trennendes und Verbindendes am Wortlaut der Kernvorschrift des jeweiligen Rechtsgebietes aufzuzeigen.

§ 903 BGB besagt, daß »der Eigentümer einer Sache ... andere von jeder Einwirkung (auf die Sache) ausschließen« kann. Man darf davon ausgehen, daß die Verfasser des UrhG bei der Formulierung der Verwertungsrechte des Urhebers unter dem Eindruck der Lehre vom geistigen Eigentum standen und sich begrifflich und inhaltlich an § 903 BGB angelehnt haben. Das »Recht ... andere ... auszuschließen« wurde begrifflich verändert als »ausschließliches Recht« in das UrhG (§ 15 UrhG) übernommen. Inhaltlich sollte die Totalität des Eigentums[28] in gleicher Weise für das Urheberrecht gelten. Totalität bedeutet, daß das Eigentum nicht die Summe von Einzelbefugnissen,[29] sondern vielmehr ein ungeteiltes Recht ist. Diesem Grund-

24) Einen Überblick über die Entwicklung in der Gesetzessprache in den deutschsprachigen Ländern gibt *Schönherr*, in: FS *Troller*, S. 64ff.

25) *Schönherr*, in: FS *Troller*, S. 65. § 11 GebrMG lautet: »... allein der Inhaber befugt ist .«.

26) *Schönherr*, in: FS *Troller*, Fn. 66.

27) Hierzu *Troller*, Bd. I, S. 98–114; *Ulmer*, § 16 II; *Hubmann*, § 8 III; *Roeber*, UFITA Bd. 21 (1956), S. 166ff.; *Brinkmann*, S. 37–41. *Hubmann/Rehbinder*, § 8 II 5, verwirft den Begriff des »geistigen Eigentums« für das Urheberrecht.

28) Diesen Ausdruck verwendet *Säcker*, in: Münch.-Komm., § 903 Rdnr. 3.

29) Motive Bd. III (Sachenrecht), § 848: »Die einzelnen Befugnisse ... lassen sich nicht vollständig aufzählen: das Bedürfnis einer solchen Aufzählung liegt auch nicht vor, da das Eigentum nicht die Summe einzelner Befugnisse ist.«

prinzip trägt § 15 UrhG Rechnung, indem er einzelne Verwertungsrechte lediglich beispielhaft aufführt.[30)]

Eigentumsrecht und Urheberrecht sind bezüglich ihrer Totalität identisch. Sie bewirkt die umfassende Zuordnung der Sache bzw. des Werkes an den Berechtigten, den (Sach-)Eigentümer bzw. den Urheber. Die Totalität als die umfassende Zuordnung wird in der Gesetzessprache im BGB als das Recht, »andere ... auszuschließen«, im UrhG als »das ausschließliche Recht« ausgedrückt. In dieser Bedeutung, der umfassenden Zuordnung, gibt es zwischen Sachenrecht und Urheberrecht völlige Kongruenz.

Ein wesentlicher Unterschied zwischen dem ausschließlichen Recht des (Sach-)Eigentümers und dem des Urhebers, der den Vergleich erheblich relativiert, ergibt sich jedoch aus dem Zuordnungsobjekt. Die Sache und das Werk als die zu vergleichenden Zuordnungsobjekte stimmen zwar darin überein, daß das Objekt als ein einzelnes Objekt immer identifizierbar ist und deshalb dem Berechtigten zugeordnet werden kann. Der wesentliche Unterschied liegt jedoch in der Gegenständlichkeit des Objekts:

Im Sachenrecht ist die Identifizierbarkeit als ein einzelnes Objekt schon durch das einmalige körperliche Vorhandensein gewährleistet. Es ist diese räumliche und materielle Gebundenheit, die den (Sach-)Eigentümer in die Lage versetzt, die umfassende Zuordnung allein durch die Ausübung des Rechts, andere von jeder Einwirkung auf die Sache auszuschließen, jederzeit sicherzustellen. Der umfassenden Zuordnung des Objekts »Sache« steht ein einziger Handlungsakt (= andere auszuschließen) gegenüber, da die Sache auch nur einmal, nämlich körperlich, vorhanden ist.

Im Unterschied dazu zeichnet sich das Urheberrecht dadurch aus, daß das Werk nach außen drängt[31)] und sich in allen heute bekannten körperlichen und unkörperlichen Verwertungsformen in theoretisch unbegrenzter Anzahl präsentieren kann und dennoch das eine, immer identifizierbare und daher der Zuordnung fähige Werk bleibt. Hieran wird deutlich, daß der umfassenden Zuordnung des Werkes nicht ein Handlungsakt, sondern eine endlose Vielzahl von Handlungsakten gegenüberstehen.

Diese Gegenüberstellung zeigt deutlich, daß sich Sachenrecht und Urheberrecht in bezug auf das ausschließliche Recht – trotz der Kongruenz sowohl in dem Ziel, die umfassende Zuordnung des Objektes zu gewähr-

30) Nach h.M. hat der Gesetzgeber in § 15 UrhG kein allgemeines Verwertungsrecht begründet. Die beispielhafte Aufzählung einzelner Verwertungsrechte bezweckt jedoch, dem Urheber die Verwertung seiner Werke umfassend zu sichern und auch neue Verwertungsmöglichkeiten in § 15 UrhG einbeziehen zu können, vgl. *Ulmer,* § 43 II; *v. Ungern-Sternberg,* in: *Schrikker,* § 15 UrhG Rdnr. 11.

31) Vgl. *Troller,* Bd. I, S. 105; *Roeber,* UFITA Bd. 21 (1956), S. 166; Begründung des Regierungsentwurfes zum UrhG, Einleitung II. 1., BT-Drucks. IV/270, abgedruckt in: UFITA Bd. 45 (1966), S. 241.

leisten, als auch in der Wahl des Rechtsbegriffes – unterscheiden: Im Sachenrecht wird das Ziel der umfassenden Zuordnung in vollem Umfang durch das Recht, andere auszuschließen, erreicht. Übersetzt man das Recht, andere auszuschließen, in seinen funktionsbestimmten Rechtsbegriff, z.B. Untersagungs- bzw. Verbietungsrecht, kann man feststellen, daß das ausschließliche Recht des (Sach-)Eigentümers sich im Verbietungsrecht erschöpft. Das Verbietungsrecht allein garantiert die umfassende Zuordnung, und zwar deswegen, weil die Sache nur einmal vorhanden ist. Im Urheberrecht ist das zugeordnete Objekt, das Werk, zwar auch nur einmal vorhanden; infolge der Ubiquität des Werkes[32] ist es jedoch nicht möglich, die umfassende Zuordnung des Werkes allein durch ein Verbietungsrecht durchgehend zu gewährleisten. Deshalb ist das ausschließliche Recht des Urhebers umfassender als das des (Sach-)Eigentümers. Dieser Unterschied wurde von den Verfassern des Urhebergesetzes zumindest instinktiv richtig erfaßt, indem sie die Formulierung des § 903 BGB[33] nicht gleichlautend übernahmen. In § 15 UrhG heißt es nicht: »Der Urheber hat das Recht, andere von der Verwertung seines Werkes auszuschließen«, sondern: »Der Urheber hat das ausschließliche Recht, ... zu verwerten.« Diese Formulierung macht deutlich, daß das ausschließliche Recht des Urhebers als ein Rechtsanspruch auf umfassende Zuordnung des Werkes zu verstehen ist, insbesondere in seinen vermögensrechtlichen, aber auch in seinen persönlichkeitsrechtlichen Aspekten.

Zusammenfassend läßt sich feststellen, daß das ausschließliche Recht des (Sach-)Eigentümers und das des Urhebers nicht inhaltsgleich sind. Das Ziel eines ausschließlichen Rechts, einem Rechtssubjekt eine Rechtsposition umfassend zuzuordnen, wird beim Sacheigentum aufgrund der Körperlichkeit des zugeordneten Gegenstands schon und nur mittels des sog. Verbietungsrechts – das Recht, andere von der Einwirkung auf die Sache auszuschließen – erreicht. Im Urheberrecht kann dieses Ziel durch ein Verbietungsrecht nur zum Teil erreicht werden. Wegen der Ubiquität des Werkes muß daher dem ausschließlichen Recht des Urhebers ein weiterer Inhalt zugemessen werden.

32) Ausdruck von *Troller*, Bd. I, S. 105, der besagt, daß das Werk zur gleichen Zeit an verschiedenen Orten in beliebiger Häufigkeit und in vielfacher Gestalt genutzt werden kann.
33) Gesetzestext in Fn 37.

3.2 Das Ausschließlichkeitsrecht

Das Ausschließlichkeitsrecht ist unter dem Gesichtspunkt der Wortschöpfung zunächst nichts anderes als die substantivische Form des ausschließlichen Rechts.[34)] Als Rechtsbegriff dient es zur Bezeichnung einer Gruppe von Befugnissen aus dem Immaterialgüterrecht. *Troller* definiert das Ausschließlichkeitsrecht wie folgt:

»Als Ausschließlichkeitsrecht werden diejenigen Befugnisse erfaßt, die dem Berechtigten die Macht verleihen, Dritten die bestimmungsgemäße Benutzung eines Immaterialgutes zu verbieten, soweit nicht das Gesetz diese Herrschaft durch Ausnahmen einschränkt.«[35)]

Mit »Herrschaftsmacht« und »Verbot« bedient sich diese Definition weiterer Begriffe, die zuvor schon als funktionsbestimmte Rechtsbegriffe[36)] qualifiziert wurden und im weiteren genauer untersucht werden.

3.2.1 Das Ausschließlichkeitsrecht als unbeschränktes und einheitliches (umfassendes) Recht

Das UrhG garantiert in § 15 UrhG dem Urheber das ausschließliche Recht, sein Werk in körperlicher und unkörperlicher Form zu verwerten. Diese in sich klare und leicht verständliche Formulierung erweist sich bei näherer Betrachtung als Generalklausel, die im Grundsatz dem Urheber ein unbeschränktes Ausschließlichkeitsrecht zuweist. Zwar ist gleichzeitig selbstverständlich, daß das unbeschränkte Ausschließlichkeitsrecht kein schrankenloses Recht ist. Es wird eingegrenzt vom Verfassungsrecht und von den im sechsten Abschnitt des UrhG explizit aufgeführten Schranken.

Dennoch verdient die Tatsache der unbeschränkten Ausschließlichkeit besondere Hervorhebung. Der Vergleich von § 903 BGB mit § 15 UrhG und den entsprechenden Vorschriften des österreichischen und schweizerischen Urhebergesetzes[37)] zeigt, daß der Gesetzgeber dahin tendiert, Normen, die

34) S. oben S. 18.

35) *Troller*, Bd. I, S. 69.

36) S. oben S. 16.

37) § 903 BGB: »Der Eigentümer einer Sache kann, *soweit nicht Gesetz oder Rechte Dritter entgegenstehen*, mit der Sache nach Belieben verfahren und andere von jeder Einwirkung ausschließen.«
§ 14 Abs. 1 öUrhG: »Der Urheber hat *mit den vom Gesetz bestimmten Beschränkungen* das ausschließliche Recht, das Werk auf die ihm durch die folgenden Vorschriften vorbehaltenen Arten zu verwerten (Verwertungsrecht).«
§ 12 Abs. 2 URG (Schweiz): »Das durch dieses Gesetz gewährte Urheberrecht besteht in dem ausschließlichen Recht:« Es folgt eine *enumerative Auflistung.*
§ 15 Abs. 1 UrhG: »Der Urheber hat das ausschließliche Recht, sein Werk in körperlicher Form zu verwerten; das Recht umfaßt insbesondere ...«
§ 15 Abs. 2 UrhG: »Der Urheber hat ferner das ausschließliche Recht, sein Werk in unkörperlicher Form wiederzugeben (Recht der öffentlichen Wiedergabe); das Recht umfaßt insbesondere ...« (Hervorhebungen vom Verfasser.).

einem Rechtssubjekt sehr weitreichende Befugnisse geben, mit einem Hinweis auf deren Beschränkung durch die Rechtsordnung bzw. spezifischer gesetzlicher Ausnahmen zu versehen. Das Fehlen eines solchen Hinweises in § 15 UrhG ist nicht nur ein Indiz dafür, daß der deutsche Gesetzgeber dem Schutz des Urhebers einen hohen Stellenwert einräumt. Vielmehr offenbart sich, daß die unbeschränkte Ausschließlichkeit ein elementarer Bestandteil und ein Grundprinzip des geltenden Urheberrechts ist.

Der Gesetzgeber hat in § 15 UrhG das Ausschließlichkeitsrecht als ein einheitliches Recht[38)] konzipiert[39)], indem er die dort genannten Verwertungsrechte lediglich beispielhaft aufführt und dadurch implizit zukünftige neue Verwertungsarten dem Ausschließlichkeitsrecht unterstellt.[40)] Einheitlichkeit bedeutet daher, daß jedes einzelne Verwertungsrecht ein Teilrecht des umfassenden Ausschließlichkeitsrechts ist.[41)]

Die Einheitlichkeit fußt auf dem Gedanken, daß das Werk dem Urheber als eine natürliche Folge des Schöpfungsaktes umfassend zugeordnet ist.[42)]

Der Urheber hat als Folge des einheitlichen Ausschließlichkeitsrechts ein umfassendes Recht zur Verwertung seines Werkes in jeder denkbaren gegenwärtigen und künftigen Art und Weise sowie auf allen Verwertungsstufen.[43)]

3.2.2 Das Ausschließlichkeitsrecht in seiner Abgrenzung zum ausschließlichen Nutzungsrecht

Die im folgenden vorzunehmende Abgrenzung will nicht die in einschlägigen Lehrbüchern und Kommentaren nachzulesenden theoretischen Grundlagen des Urheberrechts erneut ausbreiten. Die Abgrenzung ist hier jedoch insofern erforderlich, als im wissenschaftlichen Sprachgebrauch das ausschließliche Recht des Urhebers und das ausschließliche Nutzungsrecht oft

38) Der Begriff des einheitlichen Rechts findet eine zweite Verwendung als Erklärung und Übersetzung des Urheberrechtsmonismus. Dort bezeichnet er die Einheit von Vermögens- und Urheberpersönlichkeitsrecht, vgl. z. B. *Hubmann/Rehbinder,* § 8 II und *Ulmer,* § 18.

39) Der Ausdruck der Konzeption berücksichtigt den Hinweis *Trollers,* Bd. I, S. 74, daß das Urheberrecht nicht zwangsläufig nur als einheitliches Recht gedacht werden kann.

40) Vgl. Begründung des Regierungsentwurfs zu § 15 UrhG BT-Drucks. IV/270, abgedruckt in: UFITA Bd. 45 (1965), S. 260.

41) Anstelle der Begriffe »einheitliches Recht« wird von einigen Autoren synonym der Begriff »umfassendes Recht« gebraucht; z. B. bei *Riklin,* S. 26, und *Troller,* Bd. I, S. 73 (umfassendes Herrschaftsrecht).

42) Vgl. *Krüger-Nieland,* GRUR 1957, S. 35: »Heute geht die moderne Urheberrechtstheorie aller Kulturstaaten von der Auffassung aus, daß dem Werkschöpfer die Herrschaft über sein geistiges Kind nicht erst durch die Einräumung einzelner, ausdrücklich aufgezählter Ausschließlichkeitsrechte von dem Gesetzgeber oder gar durch einen Verwaltungsakt verliehen wird, sondern daß diese Herrschaft eine natürliche, sachgerechte und unmittelbare Folge des Schöpfungsaktes ist, der mit der Person des Schaffenden untrennbar verbunden ist.«

43) *Vinck,* in: *Fromm/Nordemann,* § 15 UrhG Rdnr. 1.

in abgekürzter Form als ausschließliches Recht bezeichnet werden. Diese mangelnde Präzision stiftet Verwirrung, wenn unklar bleibt, welches der beiden ausschließlichen Rechte gemeint ist, erst recht, wenn das eine ausschließliche Recht mit dem Inhalt des anderen vermengt wird.

Weitaus wichtiger zeigt die Abgrenzung, daß die Entscheidung des Gesetzgebers für den Urheberrechtsmonismus weitreichende Auswirkungen auf die praktische wirtschaftliche Verwertung von Werken hat, die deutlich macht, daß der Monismus mehr ist als nur eine Theorie. Die Abgrenzung ist darüber hinaus Ausgangspunkt für die Bestimmung des Verhältnisses von Ausschließlichkeitsrecht und gesetzlichen Vergütungsansprüchen.[44)]

Wird das ausschließliche Recht in seiner substantivischen Form als Ausschließlichkeitsrecht gebraucht, so ist im Urheberrecht eindeutig das Ausschließlichkeitsrecht des Urhebers angesprochen; man würde niemals vom Ausschließlichkeitsrecht des Nutzers sprechen. Aus dem Kontext von § 15 UrhG ergibt sich, daß das Ausschließlichkeitsrecht das ausschließliche Verwertungsrecht ist. Verwertung bedeutet, das Werk in Wert zu setzen, salopp: es »zu Geld [zu] machen«.[45)]

Als Konsequenz des monistischen Prinzips ist und bleibt der Urheber immer alleiniger Inhaber des Verwertungsrechts, da es nicht nur die vermögensrechtlichen, sondern auch die persönlichkeitsrechtlichen Beziehungen des Urhebers zu seinem Werk widerspiegelt. Persönlichkeitsrechtliche Befugnisse sind höchstpersönlicher Art, und infolgedessen ist das Verwertungsrecht gemäß § 29 Satz 2 UrhG auch nicht übertragbar.

Der Urheber ist in der Regel allein nicht in der Lage, sein Werk zu verwerten. Das Gesetz bestimmt daher in § 31 UrhG, daß der Urheber einem anderen[46)] ein einfaches oder ausschließliches Nutzungsrecht einräumen kann. Der Inhaber eines Nutzungsrechts hat aus der Sicht des Urhebers die Funktion, das Werk für ihn zu verwerten. Der Vorgang der Nutzung wird auch Verwertung genannt.[47)] Diese prinzipiell nicht zu beanstandende Bezeichnung mag eine Quelle für die häufig anzutreffende Konfusion von Verwertungsrecht und Nutzungsrecht sein. Die Tatsache, daß der Inhaber eines Nutzungsrechts ein Werk verwertet, macht ihn nicht zum Inhaber eines *Verwertungs*rechts. Wenn daher gesagt wird, der Inhaber eines Nutzungsrechts verwerte das Werk, so bedeutet dies, daß der Inhaber eines

44) Dazu unten S. 78 ff.

45) *Wittweiler,* S. 36.

46) Dies sind im Regelfall die sog. Werkvermittler (vgl. *Wittweiler,* S. 37) oder sog. mittelbare Werknutzer (*Troller,* Bd. I, S. 105) bzw. Verwerter, deren Aufgabe darin besteht, das Werk an den Endnutzer weiterzuvermitteln.

47) *Vinck,* in: *Fromm/Nordemann,* § 15 UrhG Rdnr. 1, unterscheidet Nutzung in körperlicher und unkörperlicher Form und fährt dann fort: »Die *Nutzung* in körperlicher Form ... Die *Verwertungen* in unkörperlicher Form« (Hervorhebung vom Verfasser)

Nutzungsrechts das ausschließliche (Verwertungs-)Recht des Urhebers mittels des ihm eingeräumten einfachen oder ausschließlichen Nutzungsrechts verwertet.

An dieser Stelle sei noch ein Blick auf das ausschließliche Nutzungsrecht geworfen. § 31 Abs. 3 UrhG bestimmt, daß der Inhaber eines ausschließlichen Nutzungsrechts das Werk unter Ausschluß aller anderen Personen einschließlich des Urhebers nutzen darf. Das Recht, die Nutzung des Werkes durch andere abzuwehren, wird auch als Verbotsrecht charakterisiert.[48)] Verbotsrecht ist ein funktionsbestimmter Rechtsbegriff, der schon zur Charakterisierung des ausschließlichen Verwertungsrechts des Urhebers verwendet wurde.[49)] Das Verbotsrecht des Urhebers und das des Inhabers eines ausschließlichen Nutzungsrechts sind jedoch nicht gleich. Vor dem Hintergrund, daß dem Inhaber eines ausschließlichen Nutzungsrechts wegen der Unübertragbarkeit persönlichkeitsrechtlicher Befugnisse nur vermögensrechtliche Befugnisse zustehen, wird klar, daß sein Verbot sich nur gegen die Verletzung vermögensrechtlicher Befugnisse richtet. Dem Urheber verbleiben die persönlichkeitsrechtlichen Befugnisse, zu deren Schutz er sein Verbotsrecht auch gegenüber dem Inhaber eines ausschließlichen Nutzungsrechts einsetzen darf. Die abgeleiteten Nutzungsrechte bleiben daher im Bann des Urheberrechts als Mutterrecht.[50)] Die Abgrenzung der beiden ausschließlichen Rechte ist wesentlich für die Feststellung, daß das Ausschließlichkeitsrecht, also das ausschließliche Verwertungsrecht des Urhebers, seinen Verbotscharakter nicht dadurch verliert, daß vermögensrechtliche Befugnisse z. B. durch gesetzliche Vergütungsansprüche beschnitten oder gar z. B. in Form vergütungsfreier Nutzungstatbestände eliminiert werden. Das monistische Prinzip bewirkt das Verbleiben persönlichkeitsrechtlicher Befugnisse in der Hand des Urhebers.[51)] Das Ausschließlichkeitsrecht bleibt infolgedessen auch dann erhalten, wenn der Urheber ein ausschließliches Nutzungsrecht nicht mehr einräumen kann.[52)]

48) *Ulmer,* § 85 II.

49) S. oben S. 15.

50) *Ulmer,* § 83 II.

51) *Ulmer,* § 1 IV 2: »Die Schranken, die dem Urheberrecht gezogen werden, sind ihrem Wesen nach Schranken der Verwertungsrechte. Das Urheberpersönlichkeitsrecht bleibt grundsätzlich gewahrt.« Vgl. auch Art. 6 bis Abs. 1 RBÜ.

52) Zum Verhältnis Ausschließlichkeitsrecht und gesetzliche Vergütungsansprüche siehe unten S. 78 ff.

3.2.3 Das Ausschließlichkeitsrecht und seine Einordnung in das System der klassischen absoluten Rechte

Absolute Rechte geben ihrem Inhaber die Befugnis, den durch das Recht zugewiesenen Rechtsinhalt gegenüber jedem Dritten durchzusetzen. Auch das Ausschließlichkeitsrecht wird zu Recht als ein absolutes Recht qualifiziert. Damit steht es auf gleicher Stufe mit den anderen klassischen absoluten Rechten, allen voran den dinglichen Rechten, aber auch den Persönlichkeitsrechten und anderen mehr.[53)]

Bei näherer Betrachtung aber erweist sich die Einordnung des Ausschließlichkeitsrechts in das System der klassischen absoluten Rechte wenn nicht als fehlerhaft, so doch als unvollständig. Der Grund hierfür liegt im monistischen Prinzip, d.h. in der Untrennbarkeit von vermögens- und persönlichkeitsrechtlichen Elementen, welche mit Ausnahme des Urheberrechts unserer Rechtsordnung völlig fremd ist. Der Vergleich zwischen dem Eigentum als dem klassischen absoluten Recht und dem Ausschließlichkeitsrecht offenbart die Unvollständigkeit. Der Eigentümer als der Inhaber des Vollrechts kann Teilrechte auf einen Dritten übertragen. Ein solches Teilrecht besteht dann selbständig und unabhängig neben dem um das Teilrecht reduzierten Eigentum und vermittelt seinen Berechtigten ebenfalls ein absolutes Recht. Der Inhaber eines ausschließlichen Nutzungsrechtes genießt zwar ebenfalls eine absolute Rechtsposition, indem er jeden Dritten von der ihm erlaubten Nutzung ausschließen kann. Jedoch ist dies eine abhängige Rechtsposition, da die bei dem Urheber verbliebenen persönlichkeitsrechtlichen Befugnisse nicht isoliert neben den vermögensrechtlichen Befugnissen stehen.[54)] Im klassischen Verständnis ist das Ausschließlichkeitsrecht daher ein doppelt absolutes Recht, das jedoch nicht dividiert werden kann. Der Urheberrechtler drückt diesen Unterschied auch sprachlich aus: Urheberrecht und Nutzungsrecht stehen zueinander als Mutter- und Tochterrecht[55)], nicht als Voll- und Teilrecht[56)]; ein Nutzungsrecht wird eingeräumt[57)], nicht übertragen.

53) *Larenz,* BGB AT, § 13 III.

54) Zum Verhältnis von Verwertungs- und Nutzungsrechten auch *Schack*, ZUM 1989, S. 269.

55) *Ulmer,* § 18 II 3.

56) *Forkel,* S. 165ff., unterscheidet konstitutive und translative Rechtsübertragung. Erstere begründet eine vollständige Übertragung des Rechts, die zugleich einen Wechsel in der Rechtsinhaberschaft herbeiführt. Letztere ist Teilübertragung, die seinem Erwerber lediglich ein vom Verfügenden abgeleitetes (Teil-)Recht verschafft und im übrigen weiterhin von dem in der Hand des Verfügenden befindlichen Recht abhängig bleibt, a.a.O., S. 240. Derartige Übertragungsakte bezeichnet *Forkel* als gebundene Rechtsübertragungen, wobei die Gebundenheit des Rechts zum Schutz der Interessen des Verfügenden aufrechterhalten wird. Zu Recht ordnet *Forkel* das ausschließliche Nutzungsrecht den gebundenen Rechtsübertragungen zu (a.a.O., S. 165ff.). Die Gebundenheit des Rechts hat ihren Grund in dem nicht übertragbaren persönlichkeitsrechtlichen Kern des Urheberrechts.

57) So die Formulierung in § 31 Abs. 1 UrhG.

Die Qualifizierung des Ausschließlichkeitsrechts als eines absoluten Rechts ist nicht zu beanstanden, wenn gleichzeitig eingestanden wird, daß diese hergebrachten Rechtsbegriffe einer Rechtsordnung entstammen, die traditionell dualistisch aufgebaut ist, und wenn in der Konsequenz diese Rechtsbegriffe in einer dem Wesen des Urheberrechts entsprechenden Weise gebraucht werden. Der Urheberrechtsmonismus ist *de lege lata* eine tragende Säule des Urheberrechts und die adäquate Antwort auf die besondere Beziehung zwischen Urheber und Werk; er ist in der zivilrechtlichen Dogmatik singulär und fällt insofern innerhalb der Rechtsordnung aus dem Rahmen.

3.3 Das Ausschließungsrecht

Ausschließung ist neben Ausschließlichkeit die zweite grammatikalisch mögliche, in der Umgangssprache jedoch kaum gebräuchliche Substantivierung des Verbs »ausschließen«.[58] Der prinzipiellen Bedeutungsgleichheit[59] der beiden Substantive steht in der Rechtssprache eine eigenständige Entwicklung gegenüber, die den korrespondierenden Rechtsbegriffen Ausschließlichkeitsrecht und Ausschließungsrecht einen verschiedenen Bedeutungsinhalt zumißt.

Der Jurist benutzt den Rechtsbegriff Ausschließungsrecht zur Charakterisierung solcher Befugnisse, mittels derer der Inhaber dieses Rechts Dritten die potentielle rechtliche Einwirkungsmöglichkeit auf das Recht verbieten kann.[60] Das Ausschließungsrecht beleuchtet daher den negativen Aspekt eines Rechts.[61]

Das Ausschließlichkeitsrecht[62] dagegen ist bezüglich der Befugnisse, die das als Ausschließlichkeitsrecht qualifizierte spezielle Recht verkörpert, in dem Sinne neutral, als es die positiven und negativen Aspekte dieses Rechts in sich vereinigt. Die Unterschiedlichkeit der beiden Rechte wird gleichfalls unmittelbar verständlich, wenn man das Ausschließlichkeitsrecht als *ius exclusivum*, das Ausschließungsrecht als *ius excluendi* erfaßt.[63]

58) S. oben S. 18.
59) Ausschließlichkeit beschreibt einen Zustand, Ausschließung eine Handlung (Vorgang).
60) Vgl. z. B. für das Urheberrecht *Möhring/Nicolini,* § 15 Anm. 2.
61) Die sprachliche Differenzierung benutzt auch das österreichische UrhG. § 81 Abs. 1 öUrhG, der den Unterlassungsanspruch und damit den negativen Aspekt des Rechts regelt, lautet: »Wer in einem auf dieses Gesetz gegründeten Ausschließungsrecht verletzt worden ist, kann auf Unterlassung klagen.« Dahingegen verwendet § 14 Abs. 1 öUrhG (Wortlaut siehe Fn. 37) den Terminus »ausschließliches Recht«.
62) Das Ausschließlichkeitsrecht ist eine Wortschöpfung neueren Datums. Dieser Terminus hat – soweit ersichtlich – keinen Eingang in die Gesetzessprache gefunden.
63) Zu dieser Differenzierung *Schönherr,* in: FS *Troller,* S. 64.

Die vorstehende Unterscheidung erlaubt allerdings keine Aussage über das Verhältnis der beiden Rechte zueinander. Es stellt sich zunächst die Frage, ob ein Ausschließlichkeitsrecht (*ius exclusivum*) immer auch ein Ausschließungsrecht (*ius excluendi*) ist, und weiter, ob sich das Ausschließlichkeitsrecht im Ausschließungsrecht erschöpft. Bejaht man diese Frage – d.h. unterstellt man, daß das Ausschließlichkeitsrecht immer seine Entsprechung im Ausschließungsrecht erfährt, beide also im Ergebnis, lediglich unter umgekehrten Vorzeichen, übereinstimmen –, so repräsentierte das Ausschließungsrecht einen verzichtbaren, wenn auch nicht notwendigerweise überflüssigen Rechtsbegriff. Im folgenden soll das Verhältnis der beiden Rechte zueinander für das Eigentum und für das Urheberrecht untersucht werden.

3.3.1 Das Ausschließungsrecht im Sachenrecht

Der Begriff des Ausschließungsrechts kommt ursprünglich aus dem Sachenrecht.[64] Dort verwendet man ihn insbesondere zur Bezeichnung der negativen Befugnisse des Eigentümers.[65] Die positiven Befugnisse des Eigentümers faßt man unter dem Begriff des Einwirkungsrechts zusammen.[66] Einwirkungs- und Ausschließungsrechte beschreiben die Handlungsbefugnisse des Eigentümers. Zusammen bilden sie die zwei Bestandteile des Ausschließlichkeitsrechts Eigentum. Zur Bestimmung des Verhältnisses von Ausschließungsrecht und Ausschließlichkeitsrecht ist zuvor das Verhältnis von Einwirkungs- und Ausschließungsrecht zu klären.

Das Einwirkungsrecht ist im wesentlichen nichts anderes als das Verfügungsrecht des Eigentümers[67] über die Sache. Der Eigentümer legt durch seine Verfügung fest, welche Rechte an der Sache er einem Dritten überträgt. Durch dieselbe Verfügung legt er gleichzeitig inzident fest, welche Rechte an der Sache bei ihm verbleiben. Sobald der Dritte über die ihm durch Rechtsgeschäft übertragenen Rechte hinaus und damit ohne Rechtsgrund auf das Eigentum einwirkt, ist der Eigentümer kraft der ihm verbliebenen Verfügungsmacht berechtigt, den Eingriff in sein Eigentumsrecht abzuwehren. Einwirkungs- und Ausschließungsrecht verhalten sich daher spiegelbildlich. Sie sind die zwei Seiten derselben Verfügungsmacht.[68]

64) Vgl. *Seiler,* in: *Staudinger,* § 903 Rdnr. 2, 11; *Säcker,* in: Münch.-Komm., § 903 Rdnr. 5; *v.Tuhr,* S. 205.

65) *Säcker,* in: Münch.-Komm., § 903 Rdnr. 5, stellt zutreffend fest, daß das Auschließungsrecht nichts dem Eigentum Eigentümliches sei, da auch jedes andere dingliche Recht zum Gebrauch einer Sache ein solches Ausschließungsrecht vermittelt.

66) *Seiler,* in: *Staudinger,* § 903 Rdnr. 2, 10.

67) *Schönherr,* in: FS *Troller,* S. 71; *Seiler,* in: *Staudinger,* § 903 Rdnr. 10.

68) Vgl. *Schluep,* S. 219.

Für das Verhältnis von Ausschließlichkeitsrecht und Ausschließungsrecht ist zu folgern, daß das Ausschließlichkeitsrecht im Sachenrecht immer auch ein Ausschließungsrecht ist. Die hier festgestellte Kongruenz von Ausschließlichkeitsrecht und Ausschließungsrecht ist jedoch keine absolute, da ein Ausschließungsrecht seine Wirkung nur gegenüber Dritten entfalten kann. Die Kongruenz gilt daher nur in ihrer Drittbezogenheit. Ein Ausschließlichkeitsrecht vermittelt darüber hinaus seinem Inhaber eine Rechtsposition, die als subjektives Recht unabhängig von jeder Drittbezogenheit schon an sich einen Wert verkörpert. Im Eigentumsrecht repräsentiert das Haben der Sache an sich diesen Wert. Hieran zeigt sich, daß sich das Ausschließlichkeitsrecht nicht im Ausschließungsrecht erschöpft. Vielmehr ist das Ausschließungsrecht Bestandteil eines umfassenderen Ausschließlichkeitsrechts.

3.3.2 Das Ausschließungsrecht im Urheberrecht

Im Urheberrecht übernimmt das Ausschließungsrecht eine bei weitem bedeutendere Funktion für seinen Rechtsinhaber als vergleichsweise für den Eigentümer einer Sache. Ohne der Einzeluntersuchung vorzugreifen, läßt sich im Ergebnis feststellen, daß die Unterschiede weitaus größer sind als die Gemeinsamkeiten.

Die Bedeutung des Ausschließungsrechts für den Urheber kann man schon an der Vielzahl der gleichbedeutenden, den Charakter des Rechts als *ius excluendi* erfassenden Begriffe wie z.B. Abwehrrecht, Verbotsrecht, Verbietungsrecht, Ausschlußrecht etc. ermessen. Das Ausschließungsrecht erfaßt wie im Sachenrecht die negativen Befugnisse des Rechtsinhabers. Dem im Sachenrecht gebräuchlichen, zur Bezeichnung der positiven und negativen Befugnisse dienenden Begriffspaar Einwirkungsrecht – Ausschließungsrecht entspricht im Urheberrecht das Begriffspaar positives Nutzungsrecht – negatives Verbietungsrecht.[69)] Dieses Begriffspaar macht deutlich, daß das Ausschließungsrecht des Urhebers darauf gerichtet ist, anderen die *Nutzung* des Werkes zu verbieten. Vergleicht man die beiden Ausschließungsrechte im Hinblick auf das Objekt ihrer Ausschließung, so stellt man für das Sachenrecht fest, daß das Objekt der Ausschließung iden-

69) Das Begriffspaar geht wohl zurück auf *Hubmann*, Gewerblicher Rechtsschutz, § 5 I 4, der den positiven und negativen Inhalt der gewerblichen Schutzreche durch Benutzungsbefugnisse und Abwehrbefugnisse charakterisiert. Diese Differenzierung hält *Hubmann/Rehbinder*, § 8 III 1, auch für das Urheberrecht aufrecht, ohne allerdings ausdrücklich dieses Begriffspaar zu verwenden. *v. Gamm*, § 11 Rdnr. 11 und § 15 Rdnr. 2, unterscheidet positives Benutzungsrecht und negatives Verbietungsrecht.

tisch ist mit dem Schutzgegenstand des Sachenrechts: Ausschließungsobjekt und Schutzgegenstand im Sachenrecht ist das Eigentum. Diese Identität trifft für das Urheberrecht nicht zu: Schutzgegenstand des Urheberrechts ist das Werk,[70)] Objekt der Ausschließung ist nicht das Werk, sondern dessen Nutzung.

Trotz der Verschiedenheit im Objekt der Ausschließung wird in beiden Fällen der im Schutzgegenstand verkörperte Vermögenswert geschützt. Für das Sachenrecht wurde bereits gezeigt, daß das Eigentum an sich schon einen Vermögenswert hat.[71)] Dies ist ein realer, im Vermögen des Eigentümers jederzeit meßbarer Wert. Im Unterschied dazu hat das Werk für den Urheber zunächst nur einen ideellen Wert. Erst durch die Ver*wertung* des Werkes bekommt es für den Urheber einen realen Wert. Die Verwertung erfolgt durch Einräumung von Nutzungsrechten seitens des Urhebers. Das Ziel eines realen Vermögensschutzes läßt sich daher für den Urheber nur erreichen, wenn ihm die Kontrolle über die Nutzung gewährt wird.

Hier zeigt sich ein gravierender Unterschied in der Funktion des Ausschließungsrechts. Im Sachenrecht hat das Ausschließungsrecht rein defensiven Charakter; es hilft dem Eigentümer, einen bereits bestehenden Vermögensstand zu bewahren, so daß es nur gefordert ist, wenn dieser Vermögensstand durch Dritte bedroht ist. Im Urheberrecht dagegen ist das Ausschließungsrecht existentiell; es versetzt den Urheber überhaupt erst in die Lage, einen Vermögensstand zu schaffen. Im Urheberrecht hat das Ausschließungsrecht daher konstitutiven Charakter.[72)]

Ein weiterer Unterschied besteht im Verhältnis von Ausschließlichkeitsrecht und Ausschließungsrecht. Die für das Sachenrecht getroffene Feststellung, daß das Ausschließlichkeitsrecht des Eigentümers immer auch ein Ausschließungsrecht ist, gilt nicht für das Urheberrecht. Im Gegenteil, das Urheberrecht kennt auch Ausschließlichkeitsrechte ohne Ausschließungs-

70) *Hubmann/Rehbinder,* § 8 I 2. Präzisierend fügt *Hubmann,* a.a.O., hinzu, daß das Urheberrecht die Beziehungen des Urhebers zu seinem Werk schützt. Vgl. auch § 11 UrhG.

71) S. oben S. 29.

72) *Schluep,* S. 219ff., untersucht das Verhältnis von Herrschaftsrecht und Ausschlußrecht im Sachenrecht und im Immaterialgüterrecht (S. 220f.) im Hinblick auf die Nutzung des jeweiligen Gutes. Er kommt zu dem Ergebnis, daß im Sachenrecht die Nutzung grundsätzlich möglich ist, ohne daß dem Eigentümer ein Abwehrrecht (= Ausschließungsrecht) eingeräumt wird (S. 221). Im Immaterialgüterrecht dagegen wird der Ausschluß zu einem Element der Zuordnung, das Exklusivrecht ist Beherrschungsmittel (S. 221). *Schluep* zeigt auf, daß im Immaterialgüterrecht die Nutzung nur möglich ist, indem dem Berechtigten ein Ausschließungsrecht eingeräumt wird. Ebenso *Schönherr,* in: FS *Troller* S. 82: »Die Benutzung eines geistigen Gutes kann nur mit Hilfe eines Ausschließungsrechtes [vorbehalten] werden, und das ist wieder die negative Seite.« *Schönherr,* in: FS *Troller* S. 82, führt für das Immaterialgüterrecht aus: »Das ›Haben‹ eines Immaterialgutes kann daher nur durch die dem Berechtigten von der Rechtsordnung zugeordnete Ausschließungsbefugnis bewirkt werden.«

befugnis.[73] In diesen Fällen ist der Urheber zwar seiner negativen Befugnis, anderen die Nutzung seines Werkes zu untersagen, beraubt. Jedoch ist hierdurch die Funktion des Ausschließungsrechts, dem Urheber den Wert jeder Nutzung zu sichern,[74] nicht außer Kraft gesetzt. Der Grund für die Entziehung des Ausschließungsrechts liegt zum einen in der Abwägung widerstreitender Interessen, zum anderen wird das aus tatsächlichen Gründen eher wirkungslose, da nicht kontrollierbare Ausschließungsrecht durch einen effektiven Vergütungsanspruch ersetzt, der dem Urheber in jedem Fall eine Vergütung garantiert.

Für das Urheberrecht kann daher festgestellt werden, daß dem Ausschließlichkeitsrecht auch dann, wenn es seines negativen Bestandteils, des Ausschließungsrechts, beraubt ist, eine wesentliche und eigenständige Funktion in der Sicherung der Vermögenswerte zukommt.[75] Es bleibt auch ohne Ausschließungsbefugnis ein drittbezogenes Recht, das gegenüber jedem potentiellen Nutzer wirkt und damit ein absolutes Recht[76] ist. Damit bleibt dem Urheber auch die positive Befugnis, die ohne Ausschließungsrecht erzielten Vermögenswerte für sich in Anspruch zu nehmen.

3.4 Das Ausschlußrecht

Gelegentlich wird das Urheberrecht auch als Ausschlußrecht bezeichnet,[77] von der ihm innewohnenden Ausschlußwirkung[78] gesprochen. Sie beleuchtet den negativen Aspekt des ausschließlichen Rechts. Inhaltlich unterscheidet sich das Ausschlußrecht daher nicht vom Ausschließungsrecht, so daß auf die Ausführungen oben 3.3 verwiesen werden kann.

73) *Schönherr,* in: FS *Troller,* S. 64, verweist auf § 27 UrhG; im übrigen führt er weitere Beispiele für das Immaterialgüterrecht an.

74) Vgl. Begründung des Regierungsentwurfes zum UrhG Einleitung II. 1., BT-Drucks. IV/270, abgedruckt in: UFITA Bd. 45 (1965), S. 241.

75) Zum Verhältnis von Ausschließlichkeitsrecht und gesetzlichen Vergütungsansprüchen s. unten S. 78ff.

76) *v. Tuhr,* § 11: »Bisweilen werden die absoluten Rechte als Ausschließungsrechte charakterisiert ... Aber diese Eigenschaft ist für das absolute Recht nicht wesentlich ... Es kommt nur darauf an, daß die Rechtsmacht nicht ... gegenüber einer bestimmten Person, sondern im Verhältnis zu jedem Dritten besteht.« (S. 205). *Hubmann,* § 8 I 3, kennzeichnet die keine Ausschließungswirkung besitzenden Befugnisse der §§ 25–27 UrhG ihrem Wesen nach als absolute Rechte.

77) *Troller,* Geistiges Eigentum, S. 33, nennt es in einem Atemzug mit dem Verbietungsrecht. *Fikentscher,* S. 136ff. (S. 147), bezeichnet das Urheberrecht als Ausschlußrecht und untersucht das Verhältnis von gewerblichen, technischen und künstlerischen Ausschlußrechten zum Wettbewerb.

78) *Küfner,* S. 75.

3.5 Das Herrschaftsrecht

Wie gesehen,[79] hat das Herrschaftsrecht als Rechtstypus die Aufgabe, die spezifische Funktion eines subjektiven Rechts zu erfassen. Der Rechtstypus Herrschaftsrecht, der eine Mehrzahl unterschiedlicher subjektiver Rechte erfaßt, soll im folgenden für das Urheberrecht, d.h. für das ausschließliche Recht des Urhebers, näher untersucht werden. Die Untersuchung wird dadurch erleichtert, daß in der urheberrechtlichen Literatur die wesentlichen Aspekte des Herrschaftsrechts durch die Hinzufügung von Adjektiven, wie z.B. absolut, umfassend, ausschließlich und individuell, bereits angedeutet sind.

3.5.1 Das absolute Herrschaftsrecht

Herrschaft bedeutet Macht. Sie vermittelt Ungebundenheit, Entscheidungsfreiheit, Freiheit von jeglichen Zwängen. Betrachtet man Herrschaftsmacht aus der Sicht eines von ihr nicht Betroffenen, so steht dem Begünstigten – dem Herrschenden – stets ein Belasteter – ein Beherrschter – gegenüber. Diese beiden Aspekte der Herrschaftsmacht werden auch bei der Definition bzw. Umschreibung des Herrschaftsrechts herausgehoben. *Brem*[80] umschreibt das Herrschaftsrecht als Freiraum zur Betätigung des Willens des Rechtsinhabers in einem bestimmten sachlichen Bereich und als Befugnis, in diesem von entgegengesetzten Willensbetätigungen freien Bereich Normen zu setzen.

Riklin[81] betont die aktive Betätigungsfreiheit des Berechtigten, der über einen Ausschnitt aus der natürlichen Welt ausschließlich herrschen kann. Die Abgrenzung gegenüber Dritten, »die Verteidigung dieses von der Rechtsordnung vorgesehenen Freiraumes«,[82] erreicht der Rechtsinhaber, indem er »die übrigen Rechtsgenossen von einem bestimmten sachlichen Bereich« ausschließt, »d.h. ihnen innerhalb dieses sachlichen Bereiches negative Verhaltensnormen« erteilt.[83] Der Rechtstypus des absoluten[84] Herrschaftsrechts erfaßt damit Rechte, deren Funktion darin besteht, ihrem jeweiligen Inhaber in erster Linie größtmögliche Freiräume zu gewähren.[85]

79) S. oben S. 17.
80) *Brem,* S. 9.
81) Vgl. *Riklin,* S. 17 und S. 14.
82) *Brem,* S. 9.
83) *Brem,* S. 9.
84) Der Begriff des Herrschaftsrechts wird üblicherweise nur für solche Rechte verwendet, die zugleich auch absolute Rechte sind (vgl. *Riklin,* S. 15, in einer Klammerdefinition). Insofern ist das absolute Herrschaftsrecht ein Pleonasmus. *Brem,* S. 9, unterscheidet hingegen (einfache) Herrschaftsrechte und ausschließliche (= absolute) Herrschaftsrechte. *Riklin,* S. 12, unterscheidet Rechtsmacht in ihrer relativen und absoluten Wirkung.
85) *Riklin,* S. 14, weist darauf hin, daß der Freiraum durch den Abwehranspruch ermöglicht wird; ebenso *Brem,* S. 9.

Diese allgemeingültige Charakterisierung des Herrschaftsrechts wird jedoch dem absoluten Herrschaftsrecht des Urhebers nur oberflächlich gerecht und bedarf daher der Spezifizierung. *Ulmer*[86)] spricht in diesem Zusammenhang zutreffend von der Notwendigkeit der Vergeistigung des Herrschaftsbegriffs. In diesem Sinne müssen zwei prinzipielle Transformationen Beachtung finden. Zum einen muß das Herrschaftsrecht des Urhebers als eine rechtliche Herrschaft begriffen werden, zum anderen muß als Folge des monistischen Prinzips der Doppelcharakter des Herrschaftsrechts erkannt werden.

3.5.1.1 Die rechtliche Herrschaft

Die rechtliche Herrschaft ist in Beziehung zur tatsächlichen Herrschaft zu setzen.[87)] Der Sinngehalt dessen, was verkürzt und eher unpräzis[88)] als rechtliche Herrschaft bezeichnet wird, wird erst verständlich, wenn man den Blick auf den Gegenstand[89)] der Herrschaft richtet. Gegenstand der tatsächlichen Herrschaft ist ein Sachkörper, der dauerhaft räumlich und zeitlich gebunden ist. Diese Gebundenheit erlaubt dem Berechtigten eine tatsächliche Beherrschung, einen direkten Zugriff auf die Sache, weshalb man verkürzt von einer tatsächlichen Herrschaft spricht. Gegenstand der rechtlichen Herrschaft ist dagegen ein unkörperliches Gut, für den Urheber das Werk, das keiner räumlichen und zeitlichen Bindung unterliegt. Es ist ubiquitär. Der Urheber ist daher nur sehr begrenzt in der Lage, auf das Werk tatsächlich einzuwirken.[90)] Um den Urheber nicht schutzlos zu stellen, hat der Gesetzgeber die bereits bestehende tatsächliche Beherrschungsmöglichkeit ausgedehnt auf eine rechtliche, d.h. raum- und zeitungebundene[91)] Herrschaft.

Diese an sich banale und leicht verständliche Unterscheidung zwischen tatsächlicher und rechtlicher Herrschaft ist von herausragender und doch häufig unterschätzter Bedeutung. Die Konzeption einer rechtlichen Herr-

86) *Ulmer,* § 2 I.

87) Vgl. *Hubmann/Rehbinder,* § 8 III 2. Der Begriff der rechtlichen Herrschaft findet sich auch bei *Riklin,* S. 13f.

88) Jede Herrschaft ist rechtlich. Auch die tatsächliche Herrschaft über einen Gegenstand ist eine rechtliche Herrschaft, da das Recht die Rechtsbeziehungen zwischen Personen in bezug auf diesen Gegenstand regelt.

89) *Ulmer,* § 2 I, der den Begriff der rechtlichen Herrschaft vermeidet, indem er die Vergeistigung des Herrschaftsbegriffs an die Unterscheidung des Gegenstandsbegriffes koppelt, benutzt ihn gleich zweimal an anderer Stelle, § 18 IV.

90) Die tatsächliche Einwirkungsmöglichkeit beschränkt sich auf das Werkstück im Original, das *corpus mechanicum.*

91) Eine zeitliche Beschränkung ergibt sich allerdings aus den vom Gesetzgeber festgelegten Schutzfristen, vgl. §§ 64ff. UrhG.

schaft bleibt solange ein theoretisches Denkmodell, als sie nicht ihre Praktikabilität in der Verwertungsrealität unter Beweis stellt und das Ziel eines rechtlich beherrschbaren Schutzes des Urhebers verwirklicht.

Das Denkmodell einer rechtlichen Herrschaft muß sich an seiner Durchsetzbarkeit[92)] messen lassen. Gerade an diesem Punkt muß man verwundert feststellen, daß die Durchsetzbarkeit zu sehr unter dem Blickwinkel der traditionellen Kategorie der Sachgebundenheit beurteilt wird.[93)] Gleichermaßen trägt die isolierte Betrachtung der rechtlichen Herrschaft als solcher zu irreführenden Ergebnissen und schwerwiegenden Schlußfolgerungen bei. Die Schwierigkeit der Durchsetzbarkeit wird immer wieder zum Anlaß genommen, das sog. klassische Urheberrechtskonzept in Frage zu stellen und neue Schutzsysteme zu entwerfen.[94)] Deshalb scheint es angebracht, bei der Darstellung der rechtlichen Herrschaft des Urhebers darauf hinzuweisen, daß dem Gesetzgeber natürlich nicht verborgen geblieben ist, daß die Konstruktion einer rechtlichen Herrschaft zugleich die Frage nach deren Durchsetzbarkeit aufwirft. Der Gesetzgeber hat gerade in Kenntnis der besonderen Natur des Kommunikationsgutes sich für die rechtliche Herrschaft entschieden, auf die Verwertungsrealität reagiert und eine Grundentscheidung getroffen, die das Herrschaftsrecht des Urhebers zu einem tragenden Prinzip des Urheberrechtes macht. Das Problem der Durchsetzbarkeit der rechtlichen Herrschaft beantwortet sich aus dem Zusammenspiel von rechtlicher Herrschaft und dem tatsächlichen und rechtlichen Überbau, also insbesondere der Organisationsbildung und einer angepaßten Verwertungsgesetzgebung.[95)] Erst wenn dieses Zusammenspiel versagt oder unzureichend ist,[96)] kann man die Grundsatzentscheidung des Gesetzgebers durch notwendige Ersatzsysteme ergänzen.

92) *Uchtenhagen,* UFITA Bd. 114 (1990), S. 36, ist der Meinung, daß ausschließliche Rechte des Urhebers nur dort angebracht sind, wo man sie auch als solche durchsetzen kann.

93) Zum Beispiel *Brinkmann,* S. 40: »Das Geistes- oder Kommunikationsgut als Gegenstand der absoluten rechtlichen Zuordnung entzieht sich der Willensmacht des Rechtssubjekts. Es *fehlt* nicht nur an einer *raum-zeitlichen* Festlegung und einer *sachlichen Beherrschbarkeit,* sondern es besteht auch *rechtlich und faktisch* wegen der Nutzung des Gutes in den Sphären, die sich den Einblicken und Einwirkungsmöglichkeiten des Rechtsträgers in aller Regel entziehen, *keine Kontrollchance.*« (Hervorhebungen vom Verfasser)

94) *Brinkmann,* S. 40, behauptet, daß sich kommunikative Übermittlung und absolute subjektive Rechtsmacht widersprechen. Er hält das Prinzip der immaterialgüterrechtlichen, absoluten Rechtszuweisung für statisch (S. 56) und fordert konsequent, die methodischen Ideale auf urheberrechtstheoretischer Ebene durch ein responsives Rechtsverständnis zu ergänzen bzw. partiell abzulösen (S. 59).

95) *Brem,* S. 44–46.

96) Das individualrechtliche Schutzkonzept wird wegen der tatsächlichen Probleme in der Erfassung der Nutzung und der Verteilung der Einnahmen zuweilen vorschnell in Frage gestellt; vgl. nur *Reinhart,* UFITA Bd. 100 (1987), S. 229; *Larese,* in: FS *Giger,* S. 384.

3.5.1.2 Der Doppelcharakter des absoluten Herrschaftsrechts

Die zweite Transformation auf dem Weg zur Vergeistigung des Herrschaftsbegriffs ist der Doppelcharakter der urheberrechtlichen Herrschaft,[97] der Vermögensrecht und Persönlichkeitsrecht des Urhebers zu einer untrennbaren Einheit verschmilzt.[98] Brem[99] stellt zutreffend fest, daß die monistische Urheberrechtskonzeption von ihren Prämissen her stark mit der Ausbildung des Urheberrechts als eines Herrschaftsrechts verknüpft ist.

Der Urheberrechtsmonismus statuiert dadurch, daß die ideellen und materiellen Interessen des Urhebers am Werk in einer unauflöslichen Wechselbeziehung zum Schöpfer selbst stehen, das Prinzip der Willensunterworfenheit. Das Herrschaftsrecht ist daher nicht nur eine Ausprägung, sondern vielmehr eine zwingende Konsequenz des monistischen Prinzips.[100] Jede Einschränkung des Herrschaftsrechts, jede Verkürzung der Willensunterworfenheit des Werkes muß daher auf ihre Vereinbarkeit mit dem monistischen Prinzip überprüft werden.

3.5.2 Das ausschließliche Herrschaftsrecht

Das Urheberrecht wird immer dann als ausschließliches Herrschaftsrecht[101] bzw. als ausschließliches Recht[102] adressiert, wenn sein gegen jedermann gerichteter Charakter, die Drittwirkung des Rechts bzw. seine absolute Wirkung herausgestellt werden sollen. Der Begriff des ausschließlichen Herrschaftsrechts ist seiner Kurzform »ausschließliches Recht«, wie sie in § 15 UrhG erscheint, vorzuziehen, wenn die Willensbezogenheit und -abhängigkeit betont werden soll. Bezüglich der absoluten Wirkung kann auf die Ausführungen oben 3.5.1 verwiesen werden.

97) *Ulmer,* § 2 I 2, § 18 IV formuliert treffend, daß das Werk dem Urheber nicht nur als ein wirtschaftlich verwertbares Gut, sondern zugleich als ein Kind seines Geistes zusteht, mit dem ihn ein ideelles Band verbindet.

98) S. oben S. 26: Das Ausschließlichkeitsrecht als doppelt absolutes, jedoch unteilbares Recht.

99) *Brem,* S. 3.

100) Vgl. oben S. 14.

101) Zum Beispiel *Brem,* S. 9; *Riklin,* S. 25.

102) *v. Ungern-Sternberg,* in: *Schricker,* § 15 UrhG Rdnr. 1, definiert Verwertungsrechte als »ausschließliche (absolute) Rechte«; *Vinck,* in: *Fromm/Nordemann,* § 15 UrhG Rdnr. 1; *v. Gamm,* § 15 Rdnr. 2; Einf. Rdnr. 26. *De Boor,* S. 25, führt aus, daß der Begriff des ausschließlichen Rechts strenggenommen nicht zum Wesen des Urheberrechts passe. Das Urheberrecht könne als absolutes Genußrecht bezeichnet werden. Das Wesen der ausschließlichen Rechte liege dagegen darin, daß man Dritte als zugunsten des Berechtigten »ausgeschlossen« bezeichnet.

3.5.3 Das umfassende Herrschaftsrecht

Das Attribut »umfassend« wird häufig gewählt, wenn die Konzeption des ausschließlichen Rechts als ein nicht in Einzelbefugnisse aufgespaltenes Recht, sondern als ein einheitliches Recht, aus dem die Befugnisse fließen, aufgezeigt werden soll.[103)]

Die Verwendung des Begriffs umfassendes Herrschaftsrecht bietet sich auch für die Bestimmung des Verhältnisses von ausschließlichem Recht und gesetzlichem Vergütungsanspruch an. Letzterer ist insofern nicht umfassend, als er nicht alle dem ausschließlichen Recht zugehörigen Befugnisse aufweist.[104)]

3.5.4 Das individuelle Herrschaftsrecht

Die bisher vorgestellten funktionsbestimmten Rechtsbegriffe gleichen sich darin, daß sie das ausschließliche Recht des Urhebers in erster Linie – wenn auch mit unterschiedlicher Schärfe – in seiner Wirkung gegenüber Dritten erfassen: Das Ausschließungsrecht, das absolute Recht, das Verbotsrecht[105)], sie alle erfassen das ausschließliche Recht des Urhebers in seiner Ausgrenzungswirkung. Diese Betrachtung aus dem Blickwinkel der Nutzer ist insofern berechtigt, als das Werk als Kommunikationsgut nach außen drängt. Allerdings darf diese Betrachtungsweise nicht die einzige bleiben. Dem individuellen Herrschaftsrecht kommt das Verdienst zu, den Blick von der Ausgrenzungswirkung zu lösen[106)] und das ausschließliche Recht aus dem Blickwinkel seines Rechtsinhabers, des Urhebers, zu betrachten. Das Urheberrecht als individuelles Herrschaftsrecht[107)] zu umschreiben, hilft zu erkennen, daß der Gesetzgeber durch die Zuerkennung eines ausschließlichen Rechts eine auf den einzelnen Urheber bezogene Willensherrschaft statuiert hat, die zugleich eine Grundsatzentscheidung für ein individualrechtlich gestaltetes Schutzsystem ist.

In einer Willensherrschaft steht das einzelne Rechtssubjekt als gestaltende Persönlichkeit im Zentrum der Betrachtung. In der Gestaltung seiner Rechtsbeziehung zu dritten Rechtssubjekten ist es völlig frei. Es ist frei in der Aufnahme wie auch der Ausgestaltung, d.h. dem »ob« und »wie« einer

103) Vgl. Fn. 41.
104) Zum Verhältnis ausschließliches Recht und Vergütungsanspruch, s. unten S. 78 ff.
105) Hierzu unten S. 38 ff.
106) Der Begriff »individuelles Herrschaftsrecht« ist sprachlich besonders gelungen, da er am deutlichsten die Gestaltungsbefugnisse des Urhebers in bezug auf sein Werk ausdrückt. Die Gestaltungsbefugnisse des Urhebers werden teilweise verkannt oder unterschätzt, so z.B. von *Melichar*, S. 37, der das individuelle Herrschaftsrecht mit dem Verbotsrecht gleichsetzt.
107) So der gleichnamige Titel der Monographie von *Riklin*.

Rechtsbeziehung. Seine Herrschaft ist *will*kürlich, da die Entscheidung selbst und die ihr zugrundeliegenden Maßstäbe und Wertvorstellungen allein subjektiv begründet sind. Für das Urheberrecht bedeutet Willensherrschaft, daß der Urheber seinen Willen in bezug auf das Werk gegenüber Dritten artikuliert: Er formuliert seine ideellen und wirtschaftlichen Interessen, die er nach eigenen Maßstäben gewichtet. Der Urheber befindet sich in der aktiven Rolle, da er die Bedingungen für die Verwertung seines Werkes stellt. Er hat eine individuelle Gestaltungsmöglichkeit und Dispositionsbefugnis.[108)] Die Nutzung seines Werkes durch Dritte ist als Folge der Willensherrschaft von seiner Zustimmung abhängig. Die Willensherrschaft ist daher eng verknüpft mit der Vertragsfreiheit.[109)] Das Verhältnis von Urheber und Nutzer ist das von Willensherrschaft und Willensunterworfenheit.

Die individualistische Konzeption des Urheberrechts, die in § 15 UrhG im ausschließlichen Recht des Urhebers ihren positiv-rechtlichen Ausdruck erfahren hat, ist zugleich ein normatives Schutzprinzip.[110)] Aus den verschiedenen Schutzkonzepten, die dem Urheber unterschiedlich abgestufte Einwirkungsmöglichkeiten[111)] auf die Verwertung des Werkes geben, hat sich der Gesetzgeber für das Schutzkonzept entschieden, das die Interessen des Urhebers in bestmöglicher Weise berücksichtigt.

Die Zuordnung des Werkes an den Willen des Urhebers ist nicht nur ein optimaler Urheberschutz.[112)] Das individualistische Schutzkonzept fügt sich zudem in die naturrechtliche Begründung des Urheberrechts ein. Danach entspricht die Zuerkennung ausschließlicher Befugnisse der Schöpferleistung und -würde. Es fügt sich außerdem nahtlos ein in ein Rechtssystem, das der Selbstverantwortung des Einzelnen oberste Priorität einräumt und den Ausgleich widerstreitender Interessen auf der Ebene des Privatrechts im Vertragsrecht favorisiert.[113)]

108) *Riklin*, S. 11; vgl. auch seine Ausführungen zur Inhaltsbestimmung des individuellen Herrschaftsrechts, S. 13f.

109) Näheres dazu unten S. 39.

110) Dies verkennt *Brinkmann*, S. 55ff., der den Schutz vor unbefugter wirtschaftlicher Verwertung als das materielle Schutzziel des UrhG ansieht (S. 55). In der von ihm geforderten adäquaten Theorie des modernen Urheberrechtes ist kein Platz für die Prinzipien der subjektiv-rechtlichen, formalen Rechtszuweisung und Eigenverantwortung im Wirtschaftsverkehr (S. 60).

111) *Brem*, S. 23–26 und S. 28, unterscheidet die allein in das Belieben des Urhebers gestellte Einwirkungsmöglichkeit (das ausschließliche Herrschaftsrecht) von der vom Gesetzgeber vorgegebenen, am Durchschnittsinteresse gemessenen Einwirkungsmöglichkeit, die vom Urheber nur noch vollzogen wird (der gesetzliche Vergütungsanspruch).

112) *Brem*, S. 13.

113) Vgl. *Brem*, S. 28 und S. 14.

Die Entscheidung für ein individualistisches Schutzkonzept begründet zugleich eine Schutzverpflichtung des Staates.[114] Er hat auf den Schutz der individualrechtlichen Rechtsposition des Urhebers bedacht zu sein.[115] Daher ist es richtig, überall dort, wo die Verwertungspraxis Schwierigkeiten in der Implementierung des individualrechtlichen Schutzkonzepts begegnet, »systemkonforme Lösungen«[116] anzumahnen.

3.6 Das Verbotsrecht

Das ausschließliche Recht wird besonders im Zusammenhang mit der Durchsetzung der materiellen Interessen des Urhebers Verbotsrecht genannt. Es verleiht dem Urheber die Macht, die Zahlung des Entgelts für die Nutzung seines Werkes zu bestimmen, indem er der Nutzung erst zustimmt, wenn die materielle Gegenleistung seinen Vorstellungen entspricht. Der Ausgleich der widerstreitenden Interessen bezüglich der Höhe des Entgelts vollzieht sich dabei nach den Gesetzen von Angebot und Nachfrage,[117] so daß das Verbotsrecht kein uferloses Instrument zur Durchsetzung egoistischer Interessen darstellt.

Die funktionsbestimmte Betrachtung des Verbotsrechts verengt den Blick zu sehr auf die materielle Komponente des Urheberrechts und vernebelt zudem den rechtlichen Unterbau dieses Rechts. Die Willensherrschaft als Teilaspekt des ausschließlichen Rechts hat die Verbindung zur Vertragsfreiheit offengelegt, indem sie die Abhängigkeit der Werknutzung von der Zustimmung des Urhebers aufzeigt.[118] Dieser Bezug wird am Verbotsrecht noch augenfälliger, wenn man sich verdeutlicht, daß der Nutzung urheberrechtlich geschützter Werke ein Autorisationsakt,[119] d.h. eine Außerkraftsetzung des Verbots vorangeht. Diese Autorisierung erfolgt durch Vertrag.[120]

114) Vgl. oben S. 16 und Fn. 10.

115) *Riklin,* S. 347; *Ruzicka,* in: FS *Roeber,* S. 360; *Karnell,* Copyright 1986, 54: "the state interest expressed in the legislation giving initial exclusivity of rights to the author should also be directed towards attempts to assure the author of the practical effects of the exclusivity."

116) *Riklin,* in: FS 100 Jahre URG, S. 71: »Anzustreben sind systemkonforme Lösungen im Sinne des Respekts vor der individualrechtlichen Ausgestaltung des Urheberrechts und in Einklang mit dem bestehenden Verfassungsrecht. Es soll das Primat der Selbsthilfe und der Privatinitiative gelten.« Vgl. auch *Brem,* S. 49, der im Erlaß zwingender urhebervertraglicher Vorschriften und einer angepaßten Verwertungsgesetzgebung systemkonformere Mittel erkennt als in gesetzlichen Vergütungsansprüchen.

117) Vgl. *Nordemann,* GRUR 1979, S. 282, zur Ausschaltung der Marktgesetze durch gesetzliche Vergütungsansprüche.

118) S. oben S. 36f.

119) *Faludi,* UFITA Bd. 105 (1987), S. 35, weist zutreffend auf das Autorisationsrecht (Genehmigungsrecht) des Urhebers als Teil des Ausschließlichkeitsrechts hin.

120) *Walter,* in: FS *Knap,* S. 133, führt zutreffend aus, daß das Verbotsrecht als Grundlage für die Erzielung angemessener Vertragsbindungen (eines angemessenen Entgelts) dient.

3.6.1 Verbotsrecht und Vertragsfreiheit

Die Vertragsfreiheit ist eine der tragenden Säulen unserer Privatrechtsordnung.[121] Sie gilt auch für das Urheberrecht.[122] Vertragsfreiheit als die Freiheit der Auswahl des Vertragspartners vollzieht sich ungestört nur, wenn die Vertragspartner etwa gleich stark sind. In diesem Falle erweist sich der Vertrag als taugliches Mittel zur Erreichung eines angemessenen Interessenausgleichs. Sobald die Vertragspartner nicht mehr in etwa gleich stark sind, besteht die Gefahr, daß das Ziel des gerechten Interessenausgleichs verfehlt wird. Hier ist zu prüfen, ob die Disparität ein solches Ausmaß erreicht, daß gesetzlich präventive oder reaktive Schutzmechanismen erforderlich sind, die diese Disparität kompensieren,[123] um so das mit der Vertragsfreiheit angestrebte Ziel der Vertragsgerechtigkeit zu erreichen.[124]

Das Verbotsrecht des Urhebers ist ein wesentlicher Bestandteil der urheberrechtlichen Vertragsfreiheit.[125] Dies wird deutlich, wenn man sich von der verbreiteten Vorstellung löst, das Verbotsrecht habe lediglich die Funktion als Abwehrrecht, als Schutzrecht gegen unbefugte Werknutzung und als ein die Werknutzung negierendes Recht. Das Verbotsrecht ist vielmehr ein aktives Instrument in der Hand des Urhebers, welches ihm ermöglicht, im Vorfeld der Nutzung des Werkes eine vertragliche Einigung über die Bedingungen der Nutzung zu erzielen. So wirkt das Verbotsrecht in die Abschlußfreiheit und die Inhaltsfreiheit hinein.[126]

Die Abschlußfreiheit ermöglicht dem Urheber, frei darüber zu entscheiden, ob er überhaupt und mit wem er einen Vertrag schließen will. In seiner Entscheidung, ob er eine Nutzung des Werkes überhaupt gestatten will, ist der Urheber selbstherrlich.[127]

121) *Radbruch/Zweigert,* S. 88, bezeichnet sie als die traditionelle vierte Säule des Privatrechts.

122) Vgl. *Ulmer,* Urhebervertragsrecht, S. 11, und *Reimer* (Hrsg.), Vertragsfreiheit im Urheberrecht, 1977.

123) Vgl. die grundsätzlichen Ausführungen zur Kompensation gestörter Vertragsfreiheit bei *Hönn.*

124) Ein solcher Kompensationsmechanismus im Urheberrecht ist der Abschlußzwang gem. § 11 WahrnG und die Anordnung der Staatsaufsicht über Verwertungsgesellschaften gem. § 18 WahrnG.

125) Vgl. auch oben S. 29 ff. zum Ausschließungsrecht.

126) *Riklin,* S. 221, führt unter Bezugnahme auf *Pedrazzini* aus, daß die Ausschließlichkeit des Urheberrechts es mit sich bringe, daß der Urheber völlige Vertragsabschluß- und Vertragsgestaltungsfreiheit besitze, die den durch die Rechtsordnung allgemein gezogenen Grenzen der Vertragsfreiheit unterworfen sei.

127) Vgl. *Hönn,* S. 18. Er führt aus, daß im Rechtsgeschäft die Anerkennung der »Selbstherrlichkeit« des einzelnen hinsichtlich der schöpferischen Gestaltung von Rechtsverhältnissen liege.

Die Inhaltsfreiheit erlaubt dem Urheber, zu entscheiden, zu welchen Bedingungen er der Nutzung seines Werkes zustimmt. Insoweit genießt er Vertragsgestaltungsfreiheit.

3.6.2 Die Ansatzpunkte des Verbotsrechts

Die Ansatzpunkte des Verbotsrechts sind durch das monistische Prinzip vorgegeben. Der Abschluß eines Werknutzungsvertrages kann daher aus ideellen oder materiellen Gründen bzw. aus einer Kombination beider scheitern. Aufgrund der monistischen Struktur des Urheberrechts ist eine strikte Trennung dieser Elemente weder möglich noch nötig.

3.7 Das Verbietungsrecht

Verbotsrecht und Verbietungsrecht[128)] werden unterschiedslos zur Bezeichnung der Teilfunktionen des ausschließlichen Rechts, wie sie im Abschnitt über das Verbotsrecht dargestellt sind, verwendet. Lediglich der sprachliche Unterschied mag eine Nuance in der Weise ausdrücken, daß ›Verbietung‹ den noch ausstehenden, nicht zwangsläufig erfolgenden Untersagungsakt des Urhebers beschreiben hilft, wohingegen ›Verbot‹ einen bereits abgegrenzten Bereich gegenüber Dritten markiert.

128) *Kohler*, S. 3, beschreibt die Funktionsbestimmung des Verbietungsrechts folgendermaßen: »Das Verbietungsrecht ist nur die Schale, welche den fruchtbaren Kern umschließt.« Der fruchtbare Kern ist das Genußrecht, das dem Urheber die ökonomische Ausbeute sichert.

Teil 2 Die Vergesellschaftung des Urheberrechts

Betrachtet man die zuvor dargelegten verschiedenen Aspekte des ausschließlichen Rechts in einer Gesamtschau, dann gewinnt man den Eindruck, daß das Prinzip der Ausschließlichkeit auf die Idee des autonom über sein Herrschaftsrecht verfügenden Urhebers fixiert ist:[129] Der Urheber steuert die Verbreitung seines Werkes, er selbst bestimmt die wirtschaftlichen Bedingungen der Werknutzung und schließlich überwacht er die Beachtung seiner materiellen und ideellen Bedingungen. Doch selbstverständlich kann das ausschließliche Recht in diesem unangetasteten, reinen Zustand in einer Massenkommunikationsgesellschaft, in der das geistige Werk zwischen Kulturgut und Handelsgut oszilliert, nur begrenzt ausgeübt werden. Auch der Gesetzgeber mußte bei der Verabschiedung des UrhG im Jahre 1965 dieser Entwicklung Rechnung tragen. Er hat sich dennoch für die Beibehaltung des Prinzips der Ausschließlichkeit entschieden, zugleich aber das individuelle Herrschaftsrecht durch die gleichzeitige Verabschiedung des WahrnG in einen (neuen) Gesamtzusammenhang gestellt. Das ausschließliche Recht als das traditionelle materielle Recht erfährt seine Anpassung an die veränderte Verwertungsrealität durch die Zusammenfassung von individuellen Herrschaftsrechten in einer zentralen Verwaltungseinheit.[130]

Die gemeinsame Verwaltung urheberrechtlicher Befugnisse, die schon über Jahrzehnte erfolgreich ausgeübt wurde,[131] bewirkt auf seiten des einzelnen Urhebers eine begrenzte *Ent*individualisierung, da er auf die Werknutzung nicht direkt Einfluß nehmen kann. Trotz der feststellbaren Entindividualisierung ist die Idee des autonom über sein Herrschaftsrecht verfügenden Urhebers so lange gültig und lebendig, als dem einzelnen Urheber individuelle Rechte verbleiben, die seinen Einfluß auf die Werkverwertung sichern. Die Bestätigung des Prinzips der Ausschließlichkeit im UrhG und die gleichzeitige Verabschiedung des WahrnG zeigen, daß der Gesetzgeber im individuellen Herrschaftsrecht des Urhebers das Grundprinzip erkennt,

129) So auch *Spoendlin*, in: FS 100 Jahre URG, S. 400.

130) *Karnell*, Copyright 1986, 47: "Copyright may nowadays be said to consist of two closely connected, partly integrated types of legal text, the traditional, substantive copyright law and the administrative copyright law ..."

131) Zur Geschichte der Verwertungsgesellschaften vgl. *Nordemann*, in: *Fromm/Nordemann*, Einl. WahrnG; *Hubmann/Rehbinder*, § 7 IV; *Mauhs*, S. 12ff.

das in modifizierter Form auch den Herausforderungen der neuen Verwertungsrealität gewachsen ist. Das WahrnG ist daher die modifizierte Fortsetzung des individualrechtlichen Urheberrechtsschutzkonzepts.[132)]

Das ursprüngliche, vom Urheber direkt ausgeübte ausschließliche Recht ist verschiedenen tatsächlichen und rechtlichen Einflüssen ausgesetzt, die in unterschiedlicher Weise auf das individuelle Herrschaftsrecht zurückwirken.[133)] Tatsächliche Faktoren sind zum Beispiel die Konkurrenz- und Marktverhältnisse, denen der Urheber bei der Verwertung seines Werkes unterworfen ist. Die rechtlichen Faktoren sind in erster Linie das WahrnG selbst und die internen Bestimmungen der Verwertungsgesellschaften. Die Verkürzung der individualrechtlichen Befugnisse des Urhebers, insbesondere durch zwingende gesellschaftsinterne Bestimmungen, sind gerechtfertigt, solange sie im Rahmen einer effektiven Verwaltung auf ein unbedingt notwendiges Maß beschränkt sind und das Schutzkonzept mit seiner individualrechtlichen Basis bewahren. In diesem Zusammenhang ist auch darüber nachzudenken, ob die Verkürzung von Herrschaftsbefugnissen durch die Gewährung von Kontrollbefugnissen gemildert werden muß. Die dieserart auf ein unumgängliches Mindestmaß reduzierte Entindividualisierung des Herrschaftsrechts ist eine zulässige und auch vom Gesichtspunkt des individualistischen Urheberrechtskonzepts unangreifbare Kollektivierung.

Die vorliegende Untersuchung hat sich zur Aufgabe gemacht, die Grenzlinie zu einer ungerechtfertigten Kollektivierung individualrechtlicher Befugnisse zu bestimmen. Die ungerechtfertigte Kollektivierung durchbricht das gesetzlich statuierte individualrechtliche Schutzkonzept; sie erscheint in dieser Arbeit unter dem Schlagwort der Vergesellschaftung. Im folgenden werden zunächst einige allgemeine Aspekte verwertungsgesellschaftlicher Tätigkeit beleuchtet, bevor die Modifikation des ausschließlichen Rechts von seinem reinen Urzustand zu einem teilentindividualisierten Recht als Folge der gemeinsamen Wahrnehmung von Urheberrechten dargestellt wird.

132) Ein ähnlicher Gedanke findet sich bei *Dietz*, in: *Dittrich*, Urheberrecht, S. 209. *Dietz* betrachtet das Urheberrecht im objektiven Sinne als ein Gesamtsystem aus materiellrechtlicher Schutzgewährung, Urhebervertragsrecht und Recht der Verwertungsgesellschaften. Ein effektiver Urheberrechtsschutz lasse sich nur in diesem Gesamtsystem bewerkstelligen.

133) Hierzu ausführlich unten S. 55 ff

III Das ausschließliche Recht und seine Wahrnehmung durch die Verwertungsgesellschaften

1 Die Funktion von Verwertungsgesellschaften

Vom wirtschaftlichen Standpunkt aus betrachtet sind Verwertungsgesellschaften Dienstleistungsunternehmen.[134] Der Urheber, der seine Nutzungsrechte in eine Verwertungsgesellschaft einbringt, bedient sich einer optimierten Organisationsstruktur, die wirtschaftliche und rechtliche Kompetenz und Know-how in der Vermarktung[135] urheberrechtlicher Nutzungsbefugnisse als Dienstleistung anbietet. Die Verwertungsgesellschaft hilft dem Urheber, sein ausschließliches Recht zu verwerten; ihre primäre Funktion besteht darin, ein Entgelt für die Einräumung von Nutzungsbefugnissen an einem Werk zu kassieren[136], d.h. schlicht, Rechte zu Geld zu machen.[137]

Die Dienstleistung erfolgt grundsätzlich vierstufig:[138] Autorisierung der Werknutzung, d.h. Nutzung unter Anerkennung eines fremden Rechts; Kontrolle der Nutzung; Inkasso des Entgelts und schließlich die Ausschüttung des Entgelts an den Berechtigten. Der Urheber kann auf diese Leistungen praktisch nicht verzichten, da sie einen *Mehr*wert einbringen, den er trotz formaler Rechtsinhaberschaft selbst nicht realisieren könnte. Da die Tätigkeit der Verwertungsgesellschaften uneigennützig und nicht auf Erzielung von Gewinn gerichtet ist,[139] zahlen die Berechtigten lediglich einen Verwaltungskostenanteil.

Verwertungsgesellschaften, die ausschließliche Nutzungsrechte verwerten, sind Interessenvertreter der Urheber.[140] Diese Feststellung stützt sich

134) *Schulze,* S. 102.

135) *Karnell,* Copyright 1986, 49: "Copyright societies are marvellous marketing-tools for author's rights ..."; ebenso *Dillenz,* EIPR 1990, 194: "The mass-marketing of copyright by copyright societies ..."

136) Vgl. § 1 WahrnG: »... für Rechnung mehrerer Urheber ...«

137) *Dillenz,* EIPR 1990, 192, beschreibt die Funktion von Verwertungsgesellschaften als "a model for turning rights into money".

138) *Ficsor,* Copyright 1986, 352; *Karnell,* Copyright 1986, 56; *Menzel,* S. 9.

139) § 2 Ziff. 1 Satzung GEMA, § 1 IV. Satzung VG Wort.

140) Hiergegen spricht auch nicht die Begründung des Regierungsentwurfs zum WahrnG, abgedruckt in UFITA Bd. 46 (1966), S. 271ff. Dort heißt es: »... diese Zusammenfassung aller Rechte in der Hand einer Verwertungsgesellschaft (ist) notwendig. Sie dient gleichermaßen dem Interesse der Urheber wie auch den Interessen der Verwerter ...« Dies besagt lediglich, daß die Bündelung der Rechte in einer Verwertungsgesellschaft auch im Interesse der Verwerter liegt, nicht jedoch, daß die Verwertungsgesellschaft auch Interessenvertreter der *Verwerter* ist.

nicht auf das Selbstverständnis bzw. die Entstehungsgeschichte[141] dieser Gesellschaften. Sie basiert in erster Linie auf der durch den Wahrnehmungsvertrag begründeten treuhänderischen Bindung[142] der Verwertungsgesellschaften. Diese verpflichtet und rechtfertigt weitere über das Vierstufenpaket hinausgehende Dienstleistungen, von denen hier nur Rechtsberatung, ständiger Kontakt zu Gesetzgebungsorganen (Lobby) und Interessenvertretung auf internationaler und supranationaler Ebene genannt sein sollen.[143]

Von Rechts wegen haben Verwertungsgesellschaften die Funktion, Individualrechte, die ihnen zur gemeinsamen Auswertung anvertraut sind, in einem größtmöglichen Umfang auch als Individualrechte durchzusetzen.[144] Das WahrnG, das den rechtlichen Rahmen der Tätigkeit von Verwertungsgesellschaften bestimmt, ist die modifizierte Fortsetzung des individualrechtlichen Urheberschutzkonzepts.[145] Verwertungsgesellschaften leiten ihre Daseinsberechtigung letztlich von dem Umstand ab, daß sie besser als der einzelne Urheber und besser als gesetzlich fixierte Vergütungsansprüche, die statische und unflexible Parameter zur Erfassung der Nutzung aufstellen, in der Lage sind, die Rechte optimal zu nutzen.[146] Erfüllten die Verwertungsgesellschaften diese Aufgabe nicht bzw. nicht ausreichend, dann könnten sie ebenso durch eine staatliche, öffentlich-rechtliche Verwaltungsorganisation ersetzt werden. Die Verpflichtung zur Gewährleistung größtmöglichen Individualschutzes setzt eine Zielvorgabe, an der sich die Verwertungsgesellschaften in Anbetracht ihres faktischen Monopols, das ihnen ein konkurrenzloses Mandat und daher eine Garantie zur Wahrnehmung ausschließlicher Rechte gewährt, ständig messen lassen müssen.

141) Hierzu *Schulze*, S. 40ff.; WIPO-Report 1989, Nr. 20–24.

142) Vgl. dazu unten S. 49 ff.

143) Eine sehr ausführliche Auflistung findet sich bei *Ficsor*, Copyright 1985, 351f.

144) Vgl. *Wittmann*, S. 39–46, zur Stufenleiter der Verwertungsarten (S. 43), und *Riklin*, S. 196ff., der für gewisse Werkkategorien die kollektiv-individuelle Wahrnehmung fordert (S. 198f.). *Ficsor*, Copyright 1985, 344, typisiert die Kollektivierung der individuellen Befugnisse auf verschiedenen Ebenen.

145) Vgl. oben S. 42.

146) Vgl. *Ficsor*, Copyright 1985, 350: "collective administration of rights as a 'third alternative' between individual administration and non-voluntary licensing ... this function is the raison d'être of real author's societies".

Zwang impliziert Unfreiwilligkeit: Die Eigenbestimmung weicht der Fremdbestimmung, wobei das Ausmaß der Fremdbestimmung durchaus variieren kann.

Zwang im Verhältnis von Urheber und Verwertungsgesellschaft verleitet zu dem Schluß, daß der Zusammenschluß von Urhebern in einer Verwertungsgesellschaft nicht auf einer eigenbestimmten Entscheidung, sondern eher auf einem der Not gehorchenden und damit nicht gänzlich freiwilligen Entschluß beruht. Dies ist ein Trugschluß. Im Gegenteil dient die Einräumung gleichartiger Rechte zur gemeinsamen Wahrnehmung der Entfaltung und größtmöglichen Erhaltung der individuellen Rechtsposition, dem ausschließlichen Recht des Urhebers, und damit dem Ziel der Wahrung der Eigenbestimmung über die Nutzung des Werkes.

Zwang im Verhältnis zwischen Urheber und Verwertungsgesellschaft läßt sich zwei Kategorien zuordnen. In die erste Kategorie gehören der tatsächliche und der rechtliche Zwang, Rechte durch eine Verwertungsgesellschaft wahrnehmen zu lassen; die zweite Kategorie erfaßt den rechtlichen Zwang *in* der Verwertungsgesellschaft.

2.1 *Tatsächlicher Zwang zur Einbringung von Rechten in eine Verwertungsgesellschaft*

Der tatsächliche Zwang, Rechte in eine Verwertungsgesellschaft einzubringen, ist ein altes Phänomen. Der Tatbestand, der diese Organisation (= die Verwertungsgesellschaften) herbeizwingt,[147)] ist die organisatorische Unmöglichkeit der Wahrnehmung der Verwertungsrechte seitens des Urhebers selbst.[148)] Diese Unmöglichkeit existiert als Problem nicht erst seit der Erfindung der technischen Verbreitungsmöglichkeiten der letzten Jahrzehnte, insbesondere von Film und Rundfunk. Die Unmöglichkeit der persönlichen Wahrnehmung ist dem Schutzgut des Urheberrechts vielmehr immanent: Sie gründet auf der Ubiquität des Werkes.[149)] Die Unmöglichkeit der persönlichen Wahrnehmung ist als Problem durch immer neue Verbreitungsmöglichkeiten lediglich augenfälliger geworden. Die Urheber haben hierauf ihrerseits durch Organisationsbildung reagiert. Das Beispiel der Entstehung der ersten französischen Urheber-Organisation[150)] im Jahre

147) *Troller,* Eingriffe, S. 23.
148) Explizit für den Musikbereich *Mentha,* UFITA Bd. 45 (1965), S. 62.
149) Vgl. oben Fn. 32.
150) Die Geschichte des Komponisten Bourget, der sich weigerte, seine Zeche in einem noblen Konzert-Café zu zahlen, weil dort seine Musik wiederholt unentgeltlich aufgeführt wurde, erzählt *Schulze,* S. 41 f.

1851 zeigt, daß die ersten Verwertungsgesellschaften als Selbsthilfegruppen der Urheber entstanden sind. Damals faßten die Urheber ihre Rechte in einer selbstverwalteten organisatorischen Einheit zusammen, um der drohenden *Ent*wertung ihrer Rechte durch gemeinsame *Ver*wertung entgegenzutreten. Diese Aufgabe wird heute von professionellen Verwertungsorganisationen erfüllt. Der Grund ihrer Tätigkeit, die Unmöglichkeit persönlicher Wahrnehmung, hat sich nicht verändert. Allerdings darf man nicht übersehen, daß die Verwertungsrechte in erster Linie von Nicht-Urhebern verwaltet werden. Dieser Unterschied beseitigt nicht nur die in den ursprünglichen Verwertungsgesellschaften vorgefundene Unmittelbarkeit bzw. Identität von Verwaltern und Verwalteten. Zugleich birgt sie die Gefahr einer Verselbständigung der Eigeninteressen der Verwertungsgesellschaft.[151)]

Der tatsächliche Zwang, Rechte in eine Verwertungsgesellschaft einzubringen, betrifft die Urheber in unterschiedlichem Ausmaß. In erster Linie sind die Inhaber der sogenannten kleinen Rechte[152)] betroffen, da sich hier das Problem der Unmöglichkeit der persönlichen Wahrnehmung am dringlichsten stellt. Der tatsächliche Zwang beeinträchtigt die Eigenbestimmung der Urheber keineswegs. Er ist lediglich die Ursache dafür, daß die Urheber ihre Rechte freiwillig einer Verwertungsgesellschaft einräumen, um so ihre Interessen zu wahren.

Für einige Ausnahmefälle[153)] hat der Gesetzgeber einen rechtlichen Zwang zur Wahrnehmung der Rechte durch eine Verwertungsgesellschaft angeordnet. Man spricht in diesem Zusammenhang auch von Verwertungsgesellschaftenpflicht. Ein solcher rechtlicher Zwang betrifft nur Verwertungsvorgänge, die der Urheber vernünftigerweise schon von sich aus einer Verwertungsgesellschaft zur Wahrnehmung treuhänderisch übertrüge, weil er sie praktisch unmöglich selbst wahrnehmen kann. Deshalb kann auch hier von Fremdbestimmung und Unfreiwilligkeit ernstlich keine Rede sein.

151) Ein Konfliktpotential liegt in der Verselbständigung der Interessen einer Verwertungsgesellschaft. *Karnell,* Copyright 1986, 65, warnt angesichts der Abhängigkeit der Urheber von den Experten einer Verwertungsgesellschaft vor denjenigen, "who may view themselves as representatives more of the interest of the organization itself than of the interests of the authors whose rights they administer".

152) Zur Erläuterung dieses Begriffs: *Ulmer,* § 51 II; *Hubmann/Rehbinder,* § 48 IV 1; *Riklin,* S. 45. Zu den kleinen Rechten zählen insbesondere das Recht zur konzertmäßigen, d.h. nicht bühnenmäßigen, Aufführung und das Senderecht.

153) Betroffen sind die gesetzlichen Vergütungsansprüche der §§ 27 UrhG (Bibliothekstantieme), 49 UrhG (Pressespiegelvergütung) und 54 UrhG (Geräte- und Betreiberabgabe).

2.2 Rechtlicher Zwang in der Verwertungsgesellschaft

Das Kernproblem der Unfreiwilligkeit im Verhältnis von Urheber und Verwertungsgesellschaft liegt also nicht in der Tatsache des notwendigen Zusammenschlusses in einer (bzw. in der einzigen, für ihren Bereich konkurrenzlosen) Verwertungsgesellschaft, sondern im rechtlichen Zwang *in* der Verwertungsgesellschaft.

Der Urheber muß die Statuten der jeweiligen Verwertungsgesellschaft[154)] anerkennen, um in den Genuß der gemeinsamen Wahrnehmung seiner Rechte zu kommen. Ihm bleibt keine andere Wahl, als die Bedingungen der Verwertung anzuerkennen.[155)] Solange sich diese Bedingungen im Rahmen der Notwendigkeiten einer effizienten Verwaltung und Verwertung halten, kann man nicht von aufgezwungenen, dem (vernünftigen) Willen der Urheber widersprechenden Bestimmungen reden.

Die Einbußen im Recht, insbesondere der Verlust der unmittelbaren Einwirkung auf das ausschließliche Recht, müssen hingenommen werden, um das Urheberrecht in seinem Wesenskern zu erhalten und es vor sonst drohender völliger Entwertung zu bewahren. Zwang, d.h. Unfreiwilligkeit im Verhältnis von Urheber und Verwertungsgesellschaft, beginnt erst dort, wo dem Urheber kraft des Statuts ein über das Notwendige hinausgehender Verzicht im Hinblick auf das von ihm eingebrachte Recht abgenötigt wird.

Tatsächlicher und rechtlicher Zwang zur Einbringung von Rechten in eine Verwertungsgesellschaft sowie Zwang *in* der Verwertungsgesellschaft sind zwei getrennte Problemkreise. Beide sind jedoch eng verzahnt, da jeder Urheber, der seine Rechte in eine Verwertungsgesellschaft einbringt, einen bestehenden Normenkatalog über die Verwertungsbedingungen vorfindet. Eine Zwangsläufigkeit in dem Sinn, daß der tatsächliche Zwang als die Notwendigkeit, Urheberrechte in eine Verwertungsgesellschaft einzubringen, unmittelbar auch den rechtlichen Zwang als die – mangels Alternative – bedingungslose Unterwerfung unter die Statuten der jeweiligen Verwertungsgesellschaft nach sich zieht, besteht grundsätzlich nicht. Im Gegenteil ist es nicht nur die Verpflichtung, sondern im eigentlichen Sinne die Existenzberechtigung jeder Verwertungsgesellschaft, einen gesellschaftsinternen rechtlichen Rahmen zu formen, der jedem Urheber ein Höchstmaß

154) GEMA, VG Wort und VG Bild-Kunst sind wirtschaftliche Vereine i.S. des § 22 BGB. Statuten sind daher Satzungen sowie die detaillierten Bestimmungen der Wahrnehmungsverträge.

155) *Mentha,* UFITA Bd. 45 (1965), S. 63; *Riklin,* S. 238; WIPO-Report 1989, Nr. 39 und 273; *Karnell,* Copyright 1986, 50: "... the option to stay out of a collective administration organization is tantamount to one's work not being used at all or being used without due respect for the copyright involved ..."

an Einwirkungsrechten auf alle mit der Verwertung seines ausschließlichen Rechts zusammenhängende Vorgänge garantiert.[156] Andernfalls wird es schwer, das ausschließliche Recht des Urhebers, das durch den Tatbestand seiner Einräumung an eine Verwertungsgesellschaft rechtlich unangetastet bleibt,[157] von der gesetzlichen Lizenz abzugrenzen. In der Realität jedoch ist das Bild von der Untrennbarkeit des tatsächlichen Zwangs *zur* Verwertungsgesellschaft und des rechtlichen Zwangs *in* der Verwertungsgesellschaft vorherrschend. *Karnell*[158] schreibt: The author's "options will be either to abstain from having his right administered or to adapt to whatever is contained in the collective administration organisation's statutes or distribution rules".

Die Praxis nicht weniger Verwertungsgesellschaften bestärkt das Stigma der Unfreiwilligkeit und des rechtlichen Zwangs im Verhältnis von Urheber und Verwertungsgesellschaft.[159] Ein besonders anschauliches Beispiel liefert § 2b) Verteilungsplan der VG Wort. Diese Norm, die als allgemeiner Grundsatz den einzelnen Verteilungsplänen vorangestellt ist, bestimmt, daß die im individuellen Verlagsvertrag zwischen Autor und Verlag getroffene Vereinbarung hinsichtlich der Aufteilung der Erlöse aus der Wahrnehmung durch die VG Wort durch eine starre allgemeinverbindliche Quote[160] ersetzt wird. Die VG Wort mißachtet mit dieser Bestimmung des Verteilungsplans die Vertragsfreiheit. Ein solcher Eingriff in die Vertragsfreiheit, der mit dem Hinweis zu rechtfertigen versucht wurde, daß eine Verwertungsgesellschaft überfordert wäre, wenn sie jeden Verlagsvertrag einzeln auf die individuell getroffene Vereinbarung hin prüfen müßte,[161] findet heutzutage keine überzeugende Begründung mehr. Die Daten und Informationen, die unter Einsatz modernster Datenverarbeitungssysteme von den Verwertungsgesellschaften im Rahmen ihrer Tätigkeit verwaltet und erhoben werden, sind so umfassend, daß das Argument der Überforderung heute nicht mehr glaubhaft ist. Besonderen Anstoß muß in diesem Zusammenhang die Empfehlung erregen, daß in die individuellen Verlagsverträge eine vom Verteilungsmodus der VG Wort abweichende Quotelung nicht mehr aufgenommen werden sollte, da sie – so die Begründung – für Wahrnehmungsberechtigte der VG Wort wirkungslos sei.[162] Das ist wohl so zu verstehen,

156) Diese Garantie zur Einwirkung ergibt sich unmittelbar aus der treuhänderischen Bindung der Verwertungsgesellschaft, vgl. dazu unten S. 49 ff.

157) S. unten S. 63.

158) *Karnell,* Copyright 1986, 51.

159) Das Problem des satzungsmäßigen Einbehalts eines prozentualen Anteils von dem Individualaufkommen der Berechtigten zur Finanzierung von Sozialeinrichtungen wird unten S. 94 ff. untersucht.

160) Der Autor erhält 70 %, der Verleger 30 % des Aufkommens.

161) *Melichar,* S. 86 f.

162) So *Melichar,* S. 86.

daß die VG Wort sich wegen der starren Quote sowieso über eine abweichende individuelle Vereinbarung hinwegsetzt. Mit dieser Einflußnahme und Einmischung in die Gestaltung individueller Verlagsverträge greift die VG Wort in Lebenssachverhalte ein, die eindeutig außerhalb ihres Aufgabengebietes liegen.

3 Die treuhänderische Bindung der Verwertungsgesellschaften

Die treuhänderische Bindung der Verwertungsgesellschaften gegenüber den Berechtigten ist fester Bestandteil der vom Patentamt als Aufsichtsbehörde genehmigten Satzungen[163)] wie auch der darauf bezugnehmenden Wahrnehmungs- bzw. Berechtigungsverträge. In diesem Licht erscheint das Treuhandverhältnis als eine die Beziehung von Urheber und Verwertungsgesellschaft prägende Selbstverständlichkeit. Zugleich entspricht es dem Willen des Gesetzgebers.[164)]

Die Rechtsbeziehung zwischen dem Urheber als Treugeber und der Verwertungsgesellschaft als Treuhänder erzeugt für beide Rechtssubjekte treuhandspezifische Rechte und Pflichten. Zwar ist einsichtig, daß detaillierte Regelungen hierzu mit Blick auf den Verwertungsgegenstand – Musik, Literatur, Kunst – und die Flexibilität des Regelungsinstruments sinnvollerweise im Berechtigungsvertrag geregelt werden (sollten). Dennoch verwundert es, daß im WahrnG an keiner Stelle – nicht einmal im zweiten Abschnitt des Gesetzes, der die Überschrift »Rechte und Pflichten der Verwertungsgesellschaft« trägt – explizit auf das Bestehen eines Treuhandverhältnisses hingewiesen wird. Um so dringlicher ist die Frage nach der rechtlichen Grundlage zu stellen. Erst dann kann auch die Frage nach Inhalt, Umfang und Qualität der gegenseitigen treuhänderischen Rechte und Pflichten beantwortet werden.

163) Vgl. § 2 Nr. 2 der Satzung der GEMA, § 1 Abs. 3 der Satzung der VG Wort, § 3 der Satzung der VG Bild-Kunst. Entsprechende Regelungen finden sich auch in den als GmbH betriebenen Verwertungsgesellschaften. Satzungen bzw. Gesellschaftsverträge sind abgedruckt in der dtv-Textausgabe Urheber- und Verlagsrecht, Beck-Verlag.

164) Vgl. Begründung des Regierungsentwurfes zum WahrnG, abgedruckt in UFITA Bd. 46 (1966), S. 271 ff.

3.1 *Grundlagen der treuhänderischen Bindung*

3.1.1 Begründung des Regierungsentwurfs

In der Begründung des Regierungsentwurfs zum WahrnG[165] heißt es, daß die Urheber, die ihre Rechte zur gemeinsamen Wahrnehmung übertragen, der Verwertungsgesellschaft oft den wesentlichen Teil ihres Vermögens anvertrauen.[166] Die in diesem Zusammenhang getroffene Wahl des Wortes »anvertrauen« indiziert schon eine Treuhandstellung der Verwertungsgesellschaften. Diese wird im Regierungsentwurf durch die Erwähnung zweier konkreter Pflichten präzisiert: Sachgemäße Verwaltung des Vermögens und gerechte Verteilung der Vergütungen.[167]

Man kann schon Zweifel haben, ob die Einschätzung, daß wesentliche Teile des Vermögens übertragen werden, heute noch zutrifft. Dagegen sprechen nicht nur die große Zahl der angestellten Urheber, sondern auch die empirischen Untersuchungen, die belegen, daß nur ein kleiner Prozentsatz der Urheber allein von seinen Werken leben kann.

Selbst wenn man die im Regierungsentwurf getroffenen Feststellungen gelten läßt, kann hieraus eine Treuhandstellung noch nicht abgeleitet werden. Dem deutschen Recht ist ein allgemeiner Rechtsgrundsatz fremd, daß die Tatsache, daß wesentliche Teile des Vermögens Gegenstand eines Rechtsgeschäftes sind, treuhänderische Pflichten erzeugt. Allerdings offenbart sich im Regierungsentwurf der parlamentarische Wille, die Rechtsbeziehung zwischen Urheber und Verwertungsgesellschaft einer treuhänderischen Bindung zu unterwerfen, die ihren Grund im Schutz des Urhebers findet.

3.1.2 Das Urheberrechtswahrnehmungsgesetz

Im WahrnG finden sich an verschiedenen Stellen Hinweise auf die treuhänderische Bindung der Verwertungsgesellschaften.

§ 1 Abs. 1 WahrnG spricht von der Wahrnehmung »für Rechnung mehrerer Urheber«. Der Regierungsentwurf sieht in diesem Begriffsmerkmal die Treuhandstellung begründet.[168] Diese Verknüpfung ist jedoch rechtlich nicht zwingend.

165) Abgedruckt in UFITA Bd. 46 (1966), S. 271 ff.
166) A. a. O., S. 273.
167) A. a. O., S. 273.
168) A. a. O., S. 278: »... Begriffsmerkmal der Wahrnehmung der Rechte für Rechnung der Urheber oder Leistungsschutzberechtigten, d.h. der Treuhandstellung der Verwertungsgesellschaften ...«

Das Gesetz erwähnt mehrfach die zur Wahrnehmung »anvertrauten« Rechte.[169] Diese Formulierung findet sich nur im ersten Abschnitt des Gesetzes, der die Erlaubnis zum Geschäftsbetrieb regelt. Da die Erlaubnispflichtigkeit auch und gerade zum Schutz der Urheber besteht und insoweit auch das Innenverhältnis von Urheber und Verwertungsgesellschaft der Aufsicht des Patentamtes unterliegt, kann in der Wahl der Formulierung »anvertraut«, wenn auch nicht eine rechtlich verbindliche Anordnung eines Treuhandverhältnisses, so doch die Bestätigung bzw. die Aufnahme einer vor Inkrafttreten des WahrnG jahrzehntelang geübten Praxis erkannt werden. Letzteres könnte auch die Erklärung für den Verzicht des Gesetzgebers auf die explizite Anordnung der treuhänderischen Bindung im Gesetz sein. Im Außenverhältnis, d.h. in der Beziehung von Verwertungsgesellschaft und Nutzer, spricht das WahrnG konsequent auch nur von wahrgenommenen Rechten.[170]

Stärkstes Indiz und letztlich auch die rechtlich verbindliche Anordnung der treuhänderischen Bindung der Verwertungsgesellschaft ist § 6 Abs. 2 WahrnG.[171] Diese Norm ordnet zwingend die Bildung einer gemeinsamen Vertretung der Berechtigten an, sofern diese nicht schon als Mitglied der Verwertungsgesellschaft ihre Belange wahren können. Der Gesetzgeber bringt mit dieser Vorschrift unmißverständlich zum Ausdruck, daß die Verwertungsgesellschaften ungeachtet ihrer durch die Wahl der Rechtsform vorgegebenen Organisationsstruktur die Mitwirkung der Urheber garantieren müssen. Dieser Eingriff in die Organisationshoheit der Verwertungsgesellschaften findet seine Begründung und Rechtfertigung nur in der Stellung des Urhebers als Treugeber.[172]

Das Treuhandverhältnis tritt ergänzend zur Rechtsform der Verwertungsgesellschaft hinzu. Es steht in einer Wechselbeziehung zur Verwertungsgesellschaft und überlagert deren Rechtsform wegen seines zwingenden Charakters.

Den genannten Vorschriften des WahrnG ist daher der allgemeine Rechtsgrundsatz zu entnehmen, daß Urheber und Verwertungsgesellschaft in einem Treuhandverhältnis zueinander stehen.

169) § 1 Abs. 3; § 2 Nr. 3; § 3 Abs. 1 Nr. 3 WahrnG.

170) Z. B. § 11 Abs. 1; § 12; § 13 Abs. 1 WahrnG.

171) Die rechtliche Verbindlichkeit folgt auch aus der Überschrift des zweiten Abschnitts des WahrnG. Er lautet: »Rechte und Pflichten der Verwertungsgesellschaft«.

172) Den Gefahren, die sich aus der faktischen Monopolstellung der Verwertungsgesellschaften ergeben, muß nicht zwangsläufig mit Eingriffen in die Organisationshoheit entgegengesteuert werden, da hierfür die Kontrollmechanismen nach dem GWB ausreichen.

3.1.3 Ableitung aus der Funktion der Verwertungsgesellschaft

Riklin[173] leitet die treuhänderische Bindung der Verwertungsgesellschaften aus ihrer Dienstleistungsfunktion[174] ab. Sie leisten dem Urheber in erster Linie Verwertungshilfe, indem sie ihre Organisation dazu einsetzen, jedem potentiellen Nutzer Nutzungsrechte zu vermitteln. Ihre Funktion besteht daher in der Erleichterung des Rechtsverkehrs zwischen Urheber und Nutzer. Aus dem fehlenden Eigeninteresse an der Werknutzung und aus der Aufgabe, im Interesse und zum Vorteil der Urheber tätig zu werden, schließt *Riklin* auf eine fiduziarische Rechtsübertragung.

3.1.4 Das ausschließliche Recht des Urhebers

Die treuhänderische Bindung der Verwertungsgesellschaft läßt sich schließlich auch unmittelbar aus dem ausschließlichen Recht des Urhebers herleiten. Der Urheber räumt der Verwertungsgesellschaft als Folge des monistischen Prinzips nur den vermögensrechtlichen Bestandteil seines ausschließlichen (Verwertungs-)Rechts, das sogenannte Nutzungsrecht, ein. Das Verwertungsrecht selbst, insbesondere dessen urheberpersönlichkeitsrechtlicher Bestandteil, verbleibt infolge seiner Unübertragbarkeit beim Urheber.[175]

Der Urheberrechtsmonismus ist die Ursache dafür, daß das der Verwertungsgesellschaft eingeräumte Nutzungsrecht wie durch ein untrennbares Band mit dem Urheber verbunden bleibt. Die Verwertungsgesellschaft erlangt deshalb niemals eine vom Urheber losgelöste Rechtsposition:[176] Sie bleibt über das Verwertungsrecht mit ihm verbunden.[177] Diese Bindung geht jedoch nicht einseitig zu Lasten der Verwertungsgesellschaft. Das durch den Abschluß des Wahrnehmungsvertrages begründete Rechtsverhältnis erzeugt wechselseitige Rechte und Pflichten, die im Rahmen eines Treuhandverhältnisses zum Ausgleich zu bringen sind. Die Unaufhebbarkeit der Einheit des ausschließlichen Rechts (monistisches Prinzip) ist der Grund und der Garant für das Recht des Urhebers zur Einflußnahme und

173) *Riklin,* S. 188f.
174) Dazu oben S. 43.
175) Vgl. zum monistischen Prinzip oben S. 13f.
176) Dagegen spricht auch nicht das Recht der Verwertungsgesellschaft, die Rechte im eigenen Namen geltend zu machen; vgl. § 3 Berechtigungsvertrag der GEMA und § 3 Wahrnehmungsvertrag der VG Wort.
177) Wenn man dem entgegenhalten wollte, daß dies eine theoretische und praxisferne Konstruktion sei, da das Urheberpersönlichkeitsrecht in der Verwertungsrealität keine Rolle spiele, so kann dieses Argument nur greifen, wenn in der Konsequenz die monistische Theorie abgelehnt und die dualistische Theorie als einzig richtige anerkannt würde. Die *lex lata* des deutschen Urheberrechts steht dem jedoch eindeutig entgegen.

Mitwirkung. Es wird allerdings durch das Treuhandverhältnis eingeschränkt.[178]

Für diese Herleitung der treuhänderischen Bindung spricht auch das Verständnis des ausschließlichen Rechts als eines individuellen Herrschaftsrechts.[179] Danach beschränkt sich das ausschließliche Recht nicht auf das Recht, die Nutzung eines Werkes zu verbieten. Vielmehr vermittelt es auch positive, d.h. gestalterische Befugnisse, die in modifizierter Form[180] auch im Verhältnis zwischen Urheber und Verwertungsgesellschaft fortwirken.[181]

3.2 Treuhänderische Bindung für alle wahrgenommenen Rechte

Die treuhänderische Bindung der Verwertungsgesellschaft erstreckt sich auf alle ihr eingeräumten Rechte, d.h. auf ausschließliche Rechte wie auf gesetzliche Vergütungsansprüche. So findet sich in den Wahrnehmungs- bzw. Berechtigungsverträgen der Verwertungsgesellschaften hinsichtlich der dort aufgeführten Rechte und Ansprüche die Formulierung, daß diese zur treuhänderischen Wahrnehmung eingeräumt werden.[182] Diese Treuhandklausel hat allerdings nur deklaratorische Bedeutung. Jede Rechtseinräumung urheberrechtlicher Befugnisse erfolgt unabhängig von einer Klausel im Berechtigungsvertrag nur zu treuen Händen. Die treuhänderische Bindung und die ihr immanente Befugnis, daß der Urheber als Treugeber auf die Verwaltung seines Rechts Einfluß nehmen darf, haftet als untrennbarer Bestandteil am Urheberrecht; sie wird deswegen bei jeder Rechtseinräumung gleich einer Belastung des Rechts mittransportiert.

Für das ausschließliche Recht des Urhebers gilt, daß ihm aufgrund des Urheberrechtsmonismus das Verwertungs- und Urheberpersönlichkeitsrecht als Teil des einheitlichen Urheberrechts verbleibt und ihm so Einflußrechte gesichert sind.[183] Diese Begründung greift gleichermaßen für die gesetzlichen Vergütungsansprüche,[184] sofern man sie als degenerierte,

178) Vgl. die Ausführungen zur Entindividualisierung des Urheberpersönlichkeitsrechts unten S. 56 f.

179) S. oben S. 36 ff.

180) Vgl. dazu unten S. 60 ff.

181) *Mentha,* UFITA Bd. 45 (1965), S. 67, vertritt die Auffassung, daß das ausschließliche Recht des Urhebers durch die Inanspruchnahme der Dienste der Verwertungsgesellschaft, d.h. durch Abschluß des Berechtigungsvertrages, erschöpft ist. Diese Auffassung, die vor dem Hintergrund des Abschlußzwanges der Verwertungsgesellschaft (§ 11 WahrnG) erfolgt, basiert auf dem zu engen, weil nur den negativen Charakter erkennenden Verständnis des ausschließlichen Rechts. Die Erschöpfung des Rechts würde überdies zur Verneinung der treuhänderischen Bindung der Verwertungsgesellschaft führen.

182) § 1 Berechtigungsvertrag der GEMA; § 1 Wahrnehmungsvertrag der VG Wort.

183) S. oben S. 51.

184) Mit Ausnahme des Folgerechts (§ 26 UrhG); vgl. *Brem,* S. 67 ff.

d.h. um das Verbotsrecht geminderte, Herrschaftsrechte qualifiziert. Denn der Entzug des Rechts, die Werknutzung zu autorisieren, ändert nichts an der Untrennbarkeit von Urheberpersönlichkeitsrecht und Verwertungsrecht.

Dagegen müssen diejenigen, die in den gesetzlichen Vergütungsansprüchen eigenständige Rechte im Sinne eines *aliud* zum Herrschaftsrecht sehen,[185)] zur Begründung der treuhänderischen Bindung auf das WahrnG zurückgreifen, da ihnen der Weg über das Urheberpersönlichkeitsrecht versperrt ist.

Im Ergebnis gilt also die insbesondere aus § 6 Abs. 2 WahrnG abgeleitete Treuhandstellung der Verwertungsgesellschaften unterschiedslos für Nutzungsrechte, Einwilligungsrechte und Vergütungsansprüche.[186)]

185) Zum Beispiel *Melichar,* S. 14. Auch *Ulmer,* der Vergütungsansprüche als reine Vermögensrechte sieht (s. unten Fn. 321), ist dieser Meinung zuzuordnen. Diese Auffassung ist abzulehnen, da die Entscheidung des Gesetzgebers für gesetzliche Vergütungsansprüche nicht auf einer dogmatisch begründeten zwingenden Notwendigkeit, sondern insbesondere auf praktischen Erwägungen (Nutzerfreundlichkeit) und der Durchsetzbarkeit der Rechte (Kombination von Vergütungsanspruch und Verwertungsgesellschaftenpflichtigkeit des Anspruchs) beruht. Zur Kritik auch unten, S. 86 ff.

186) Vgl. § 6 Abs. 1 i.V.m. § 1 Abs. 1 WahrnG.

IV Das ausschließliche Recht und seine Entindividualisierung bei Wahrnehmung durch Verwertungsgesellschaften

Die nachstehenden Ausführungen beschränken sich auf diejenigen Verwertungsgesellschaften, die ausschließliche Urheberrechte[187)] wahrnehmen. Verwandte Schutzrechte, soweit sie ihrem Inhaber überhaupt eine ausschließliche Rechtsposition vermitteln, bleiben ausgeklammert. Verwertungsgesellschaften verwalten eine Fülle ausschließlicher Urheberrechte, die in den Wahrnehmungsverträgen im einzelnen detailliert aufgeführt werden.[188)] Hier sollen nicht der Grad der Entindividualisierung einzelner Ausschließlichkeitsrechte und deren Notwendigkeit analysiert, sondern von einer grundsätzlichen Warte aus allgemeine, verwertungsgesellschaftenübergreifende Betrachtungen angestellt werden: Ausgehend von der zuvor dargelegten Konzeption des Ausschließlichkeitsrechts als eines Rechts, das dem Urheber durch die Verleihung von Herrschaftsbefugnissen die Durchsetzung, aber auch die Verteidigung seiner individuellen Interessen in bezug auf das Werk sichert, soll die notwendige und daher gerechtfertigte Entindividualisierung von der willkürlichen und nicht legitimierten Vergesellschaftung des Urheberrechts abgegrenzt werden. Der Begriff der Entindividualisierung, der insoweit völlig wertneutral verwandt wird, legt offen, daß die Betrachtung aus dem Blickwinkel des Urhebers erfolgt. Dies ist gerechtfertigt, da das Urheberrecht ein subjektives Recht ist.

Bei der Beantwortung der Frage, ob das ausschließliche Recht des Urhebers im Rahmen der gemeinsamen Wahrnehmung einer Vergesellschaftung anheimfällt, muß das Augenmerk besonders auf die positive Seite des Rechts, d.h. auf die Gestaltungs- und Einwirkungsbefugnisse des Urhebers auf die Nutzung seines Werkes, gerichtet werden. Sie verleihen dem Urheber die Macht, kraft der ihm zuerkannten Autorisierungshoheit seine Bedingungen in den Vertrag über die Nutzung des Werkes einzubringen. Diese Macht, die am besten durch das individuelle Herrschaftsrecht beschrieben wird, ist für den Urheber von größter Bedeutung, da das Werk an sich keinen meßbaren Vermögenswert besitzt. Erst die Nutzung des Werkes durch Dritte schafft diesen Wert; in der Autorisierung der Werknutzung liegt die Wertschöpfung.

187) Zur Einordnung der gesetzlichen Vergütungsansprüche s.unten S. 78 ff.
188) Vgl. § 1 Berechtigungsvertrag der GEMA und § 1 Wahrnehmungsvertrag der VG Wort.

In Anbetracht der Ubiquität des Werkes und der Besonderheit, daß die Nutzung eines Werkes nicht notwendig dessen Materialisierung erfordert, muß das individuelle Herrschaftsrecht als eine rechtliche Herrschaft über das Werk begriffen werden.[189)] Die rechtliche Herrschaft über das Werk bleibt ein fiktives Konstrukt, wenn nicht weitere Merkmale, die die Verwirklichung der Herrschaft sichern, hinzutreten. Diese Merkmale müssen es möglich machen, die rechtliche Herrschaft auf die Ebene der tatsächlichen Herrschaft im Sinne einer effektiven Erfassungsmöglichkeit der Werknutzung zurückzuführen. Von großer Bedeutung sind hierbei die Organisationsbildung, wie sie von den Verwertungsgesellschaften, aber auch den Nutzervereinigungen angeboten werden, und der Einsatz standardisierter Verfahren, die helfen, die unüberschaubare Zahl von Werknutzungen jedenfalls annähernd zu erfassen. Dieses Ergänzungssystem transformiert das fiktive Konstrukt der rechtlichen Herrschaft in die tatsächliche Beherrschbarkeit der Werknutzung.

1 Die Entindividualisierung des Urheberpersönlichkeitsrechts

Gestützt auf das Urheberpersönlichkeitsrecht kann jeder Urheber die Nutzung seines Werkes durch Dritte von der Erfüllung seiner spezifischen ideellen Interessen abhängig machen. Diese Macht fließt aus der Willensherrschaft des Urhebers über sein Werk.[190)]

Sobald der Urheber seine ausschließlichen Nutzungsrechte einer Verwertungsgesellschaft zur gemeinsamen Wahrnehmung eingeräumt hat, sind jedoch der Geltendmachung ideeller Interessen faktische Schranken gesetzt. Die Vergabe eines Rechtepakets zur Nutzung – häufig das Gesamtrepertoire einer Verwertungsgesellschaft – macht die Individualisierbarkeit eines Werkes unmöglich. Der Urheber ist daher schon mangels individueller Kontrollmöglichkeit gezwungen, die Verletzung ideeller Interessen hinzunehmen. Schon wegen dieser faktischen Schranke spielt das Urheberpersönlichkeitsrecht im Rahmen der Verwaltungstätigkeit der Verwertungsgesellschaften eine nur untergeordnete Rolle.[191)] Aber auch aus Rechtsgründen ist die Bedeutung des Urheberpersönlichkeitsrechts gemindert. Der Wahrnehmungsvertrag berechtigt die Verwertungsgesellschaft, Nutzungsrechte in pauschalierter Form (Gesamtrepertoire, Gesamtverträge etc.) gegen Entgelt einzuräumen. Zur Erfüllung dieser Aufgabe kann

189) S. oben S. 33 f.
190) Dazu oben S. 36 f.
191) Vgl. *Wittweiler*, S. 81; *Brem*, S. 30.

keine Rücksicht auf Einzelinteressen genommen werden. Der Urheber als Treugeber ist daher verpflichtet, ideelle Interessen persönlicher Natur[192] zurückzustellen. Die rein individualrechtliche Konzeption des Urheberpersönlichkeitsrechts schrumpft zu einer standardisierten Konzeption. Verletzungen des Urheberpersönlichkeitsrechts werden daher nur dann relevant, wenn sie gleichermaßen von jedem Urheber gerügt würden. Im Wahrnehmungsvertrag ist insofern auf der Grundlage des Treuhandverhältnisses ein stillschweigender Verzicht des Urhebers[193] auf die Geltendmachung geringfügiger Verletzungen des Urheberpersönlichkeitsrechts zu erblikken.[194]

An dieser Stelle muß man allerdings hinzufügen, daß die Gefahr der Verletzung berechtigter ideeller Interessen gering ist.[195] Der Urheber stimmt im Wahrnehmungsvertrag allen dort genannten Nutzungsarten nur zu den üblichen Bedingungen zu. Außerdem ist kaum vorstellbar, daß in dem für die Verwertungsgesellschaften wichtigsten Feld der Sekundär- bzw. Tertiärverwertung ideelle Interessen betroffen sein können.[196]

Die Entindividualisierung des Urheberpersönlichkeitsrechts ist die logische Voraussetzung für eine effektive Verwaltung urheberrechtlicher Befugnisse durch die Verwertungsgesellschaften. Schwerwiegende Beeinträchtigungen des Urheberpersönlichkeitsrechts können vom Urheber mit den Sanktionen des § 97 UrhG geahndet werden.

2 *Die Entindividualisierung des ausschließlichen Rechts*

Das ausschließliche Recht vermittelt dem Urheber die Macht, die Bedingungen über die Nutzung seines Werkes bestimmen zu können. Das Verbotsrecht als Teilelement des ausschließlichen Rechts gibt Verhandlungsmacht; es ist Ausdruck der Vertragsfreiheit. Die Effektivität des Verbotsrechts ist allerdings von der Kontrollierbarkeit der Nutzung abhängig. Dort, wo die Überwachung der Nutzung eines Werkes versagt, verkümmert das Verbotsrecht. Zur Erhaltung der positiven Effekte der Rechtsmacht, die aus dem ausschließlichen Recht fließen, nimmt der Urheber für die Bereiche, in

192) *Riklin,* S. 196.

193) *Karnell,* Copyright 1986, 48: "... moral rights, normally nontransferable but usually waivable in respect of more or less clearly specified uses of his work."

194) Insofern ist *Hubmann,* UFITA Bd. 48 (1966), S. 36, zu widersprechen, der behauptet, daß der Abschlußzwang in § 11 WahrnG dem Urheber die Geltendmachung ideeller Interessen abschneidet.

195) *Brem,* S. 30.

196) *Brem,* S. 30. Beispielhaft seien hier nur die öffentliche Wiedergabe von Funksendungen oder die Weitergabe durch Kabel genannt.

denen seine Kontrolle nur unvollkommen sein kann, die Dienste einer Verwertungsgesellschaft entgegen. Die Einschaltung der Verwertungsgesellschaft modifiziert allerdings den Inhalt des ausschließlichen Rechts. Diese Modifikationen bewirken eine (Teil-)Entindividualisierung des ausschließlichen Rechts. So ist als Folge der Zusammenfassung von ausschließlichen Rechten in einem faktischen Monopol das Gesetz von Angebot und Nachfrage, d.h. die freie Aushandelbarkeit und marktkonforme Anpassung der Vergütungshöhe für eine Werknutzung, beeinträchtigt. Der Interessenausgleich von Urheber und Nutzer vollzieht sich daher unter veränderten Konkurrenz- und Marktverhältnissen. Die ursprünglich unmittelbare Vertragsbeziehung zwischen Urheber und Nutzer wird in zwei selbständige Rechtsbeziehungen aufgespalten. Urheber und Verwertungsgesellschaften sind über den Wahrnehmungsvertrag, Verwertungsgesellschaft und Nutzer über einen Nutzungsvertrag gebunden.

2.1 (Teil-)Entindividualisierung des Verbotsrechts im Verhältnis von Urheber und Verwertungsgesellschaft

Mit der Einräumung von Nutzungsrechten an eine Verwertungsgesellschaft zum Zwecke der gemeinsamen Wahrnehmung überträgt der Urheber auch sein Verbotsrecht. Die Verwertungsgesellschaft nimmt dieses individuelle Verbotsrecht unter einer kollektiven Zusammenfassung wahr. Das hat eine (Teil-)Entindividualisierung des Verbotsrechts zur Konsequenz.

2.1.1 Verbotsrecht und Verwertungsmonopol

Ein erster Einschnitt in die Vertragsfreiheit besteht darin, daß sich der Inhaber eines Urheberrechts einem faktischen Verwertungsmonopol, der Verwertungsgesellschaft, gegenübersieht.[197] Die Freiheit der Wahl des Vertragspartners zur Wahrnehmung der Rechte ist mangels Alternative aufgehoben. Allerdings muß die Beschränkung auf eine einzige, konkurrenzlos agierende Verwertungsgesellschaft[198] nicht zwangsläufig dazu führen, daß der Berechtigte auf die Durchsetzung seiner individuellen Interessen vollständig verzichten muß. So besteht in Teilbereichen die Möglichkeit der kollektiv-individuellen Wahrnehmung.[199] In diesem Fall bietet die Verwertungsgesellschaft Nutzungsrechte an, die der Nutzer nicht durch

197) *Spoendlin,* in: FS 100 Jahre URG, S. 378; *Dillenz,* EIPR 1990, 192.

198) Miteinander konkurrierende Verwertungsgesellschaften sind nur im Filmbereich anzutreffen. Einen Überblick gibt *Nordemann,* in: *Fromm/Nordemann,* Einl. WahrnG Rdnr.9.

199) Hierzu *Riklin,* S. 198–200; vgl. auch *Karnell,* Copyright 1986, 50.

Zahlung des veröffentlichten Tarifs,[200] sondern nur nach den individuellen Bedingungen des Urhebers und unter Vermittlung der Verwertungsgesellschaft erwirbt. Die kollektiv-individuelle Wahrnehmung erlaubt dem Berechtigten, bestimmte Werkkategorien oder bestimmte Auswertungsarten von der gemeinsamen Wahrnehmung auszunehmen. Der Berechtigte kann somit unter dem Dach der Verwertungsgesellschaft sein (volles) Verbotsrecht, das nicht durch allgemeine Bestimmungen verkürzt ist, ausüben und so die Bedingungen der Werknutzung nach seinen eigenen Maßstäben durchsetzen. So können z.B. die Berechtigten der VG Bild-Kunst gem. § 18 Wahrnehmungsvertrag Sondervereinbarungen für die Verwertung ihrer Werke treffen. Die VG Bild-Kunst gibt eine Liste mit den Namen aller von ihr vertretenen Berechtigten heraus. Diese Liste informiert den Nutzer durch entsprechende Kennzeichnung der Namen über bestehende Sondervereinbarungen hinsichtlich der ihr übertragenen Reproduktionsrechte. VG Wort und GEMA dagegen haben die kollektiv-individuelle Wahrnehmung nicht eingeführt.[201] Die Einbringung von Nutzungsrechten in die Verwertungsgesellschaft hat daher, von den Ausnahmen der kollektiv-individuellen Verwertung abgesehen, eine (Teil-)Entindividualisierung des ausschließlichen Rechts des Urhebers zur Folge.

2.1.2 Verlust des individuellen Verhandlungsmonopols

Der Urheber verhandelt mit der Verwertungsgesellschaft nicht über den Preis für die Nutzung seiner Werke. Vielmehr gilt für jeden Berechtigten derselbe Vergütungssatz pro Nutzungseinheit. Qualitative Elemente, wie z.B. die Berühmtheit des Urhebers oder der durchschlagende wirtschaftliche Erfolg eines Werkes, die in einem individuell ausgehandelten Nutzungsvertrag eine überdurchschnittliche Vergütung erwarten ließen, finden keine Berücksichtigung. Es gelten allein quantitative Berechnungsmaßstäbe. Diese Nivellierung der Vergütung, die teilweise beklagt wird,[202] ist eine Konsequenz der Zusammenfassung der Rechte in Werkkategorien,[203] die von der Verwertungsgesellschaft als Gesamtpaket gegen Zahlung der veröffentlichten Tarife zur Nutzung eingeräumt werden. Die fehlende Berücksichtigung qualitativer Bewertungsmaßstäbe führt gelegentlich zu dem Vorwurf

200) Vgl. § 13 Abs. 2 WahrnG.

201) *Riklin,* S. 198f., führt aus, daß eine kollektiv-individuelle Wahrnehmung in Teilbereichen auch bei den literarischen und Musikverwertungsgesellschaften möglich ist.

202) *Riklin,* S. 196; *Hertin,* in: Medienzeitalter, S. 81.

203) *Freegard,* Copyright 1985, 444.

der Gleichschaltung der Urheber.[204] Die Zusammenfassung der Rechte in Werkkategorien bewirkt außerdem, daß der Wettbewerb zwischen den Urhebern bzw. ihren Werken um die Gunst der Nutzer ausgeschaltet ist.[205]

2.1.3 Verlust direkter Entscheidungs- und Kontrollbefugnisse

Eine weitere Begleiterscheinung der Zusammenfassung von ausschließlichen Rechten in einer Verwertungsgesellschaft ist der Verlust direkter Entscheidungs-[206] und Kontrollbefugnisse[207] über die Nutzung des Werkes. An die Stelle der eigenbestimmten Entscheidung des Urhebers tritt die tarifbestimmte, für alle Berechtigten nach allgemeinverbindlichen Regeln ausgeübte Verwaltung der Rechte durch die Verwertungsgesellschaft, die allerdings treuhänderisch gebunden bleibt. Die direkten Kontrollbefugnisse entfallen, da die Nutzungsrechte der Geschäftsführung der Verwertungsgesellschaft anvertraut sind und von ihr verwaltet werden. Sie werden durch eine mittelbare Kontrolle der geschäftsführenden Vertreter der Verwertungsgesellschaft über die Mitgliederversammlung der Berechtigten und deren Vertreter in Aufsichts-, Verwaltungsrat und ähnlichen Gremien ersetzt.

2.1.4 Einbruch in das individualrechtliche Schutzkonzept?

Die Auswirkungen verwertungsgesellschaftlicher Verwaltung auf das ausschließliche Recht werden sehr unterschiedlich beurteilt. Das Spektrum reicht von der Meinung, daß die zentrale Wahrnehmung urheberrechtlicher Befugnisse durch Verwertungsgesellschaften der vollen Verwirklichung des individuellen Herrschaftsrechts dient,[208] bis hin zu der Ansicht, daß ausschließliche Rechte in der Hand einer Verwertungsgesellschaft zu reinen Entschädigungsansprüchen schrumpfen.[209] Übereinstimmung besteht darin, daß das ausschließliche Recht erheblichen Veränderungen ausgesetzt ist.[210] Umstritten ist allerdings die Frage, ob die kollektive Wahrnehmung den Wesensgehalt des ausschließlichen Rechts antastet. So wird teilweise

204) *Cohen Jehoram*, Copyright 1990, 216: "... collecting societies are the great equalizers among authors as far as their tariffs are concerned." Ebenso *Riklin*, in: FS 100 Jahre URG, S. 65.
205) *Karnell*, Copyright 1986, 51.
206) *Karnell*, Copyright 1986, 49.
207) WIPO-Report, Nr. 16.
208) *Riklin*, S. 153.
209) *Cohen Jehoram*, Copyright 1990, 214.
210) WIPO-Report 1989, Nr. 259: "Still, it is undeniable that through collective administration, an exclusive right cannot as fully prevail as when it is exercised by the right owners themselves"; vgl. auch *Kerever*, Copyright 1983, 374 und *Karnell*, Copyright 1986, 49–54.

behauptet, daß das Prinzip der Ausschließlichkeit im Verhältnis zwischen Berechtigtem und Verwertungsgesellschaft verlorengehe.[211] Diese Ansicht muß erklären, wo die Grenzlinie zwischen kollektiv wahrgenommenen ausschließlichen Rechten und gesetzlichen Vergütungsansprüchen verläuft.[212] Nach anderer Ansicht bleibt der Wesensgehalt trotz der (Teil-)Entindividualisierung des Rechts unangetastet.[213]

Eine Gesamtbetrachtung der gemeinsamen Wahrnehmung von ausschließlichen Rechten in Verwertungsgesellschaften zeigt, daß trotz einer festzustellenden (Teil-)Entindividualisierung der Rechte das traditionelle individualrechtliche Schutzkonzept erhalten bleibt. Die Einbußen im Recht werden innerhalb der vorgegebenen Sachzwänge durch vertragliche und gesetzliche korrigierende Maßnahmen auf ein notwendiges Minimum reduziert. Das Wesensmerkmal der gemeinsamen Wahrnehmung von Urheberrechten besteht darin, daß jeder Berechtigte die Verwertungsgesellschaft ermächtigt, in bezug auf seine Werke über die Bedingungen der Nutzung zu verhandeln, ohne daß eine Rücksprache mit den betroffenen Berechtigten erfolgen müßte.[214] Dem Berechtigten verbleibt jedoch aufgrund der treuhänderischen Bindung der Verwertungsgesellschaften ein aus der Natur des ausschließlichen Rechts abgeleitetes und im Berechtigungsvertrag deklaratorisch bestätigtes Kontroll- und Einwirkungsrecht, das ihm ein Mitspracherecht bei der Verwaltung der Rechte sichert.[215] Schließlich greift auch das WahrnG korrigierend ein, um Einbrüche in das Individualrecht abzuwehren. § 6 Abs. 1 WahrnG verpflichtet die Verwertungsgesellschaft, Rechte und Ansprüche zu angemessenen Bedingungen wahrzunehmen. Dies bedeutet auch, daß die Verwertungsgesellschaft verpflichtet ist, den Individualbezug des wahrgenommenen Rechts zu respektieren. Mittelbar äußert sich diese Verpflichtung auch in den im WahrnG enthaltenen Hinweisen[216] auf die treuhänderische Bindung der Verwertungsgesellschaft gegenüber ihren Berechtigten. Dabei sind die Berechtigten zur Wahrung ihrer Interessen nicht in eine passive Rolle gedrängt oder auf gerichtlichen Schutz angewiesen. § 6 Abs. 2 WahrnG verpflichtet die Verwertungsgesellschaft zur Bildung einer gemeinsamen Vertretung, die die Belange der Berechtigten wahren soll. Das infolge der gemeinsamen Wahrnehmung faktisch entzogene

211) *Cohen Jehoram,* Copyright 1990, 216: "This all means that in between the author and his collecting society the main feature of copyright gets lost: the exclusivity, the right to refuse."
212) Der entscheidende Unterschied wird in dem Verbleib der Vertragsgestaltungsfreiheit erkannt, d.h. in der Freiheit, die Höhe der Vergütung durch Tarife bestimmen zu können; vgl. WIPO-Report 1989, Nr. 224.
213) *Kerever,* Copyright 1983, 374; *Ficsor,* Copyright 1985, 341; WIPO-Report 1989, Nr. 16.
214) *Freegard,* Copyright 1985, 443.
215) Vgl. oben S. 51.
216) Vgl. oben S. 50 f.

Gestaltungsrecht, d.h. die Befugnis, die Bedingungen der Werknutzung aufzustellen und deren Einhaltung zu kontrollieren, wandelt sich so zu einem Mitwirkungsrecht innerhalb der Verwertungsgesellschaft.[217)] In der Transformation des bei individueller Wahrnehmung bestehenden Gestaltungsrechts – des individuellen Herrschaftsrechts – zu einem Mitwirkungsrecht bei gemeinsamer Wahrnehmung zeigt sich sehr deutlich, daß das WahrnG mit seinen Bestimmungen das individualrechtliche Urheberschutzkonzept des UrhG modifiziert fortsetzt.

2.1.5 Garantie des individualrechtlichen Schutzkonzepts durch die Aufsichtsbehörde

Der Gesetzgeber hat in § 19 Abs. 1 WahrnG festgelegt, daß das Patentamt als staatliche Aufsichtsbehörde darauf zu achten hat, daß die Verwertungsgesellschaft den ihr nach dem WahrnG obliegenden Verpflichtungen ordnungsgemäß nachkommt. Zu den Verpflichtungen, die die Verwertungsgesellschaft zu erfüllen hat, gehört die Umsetzung des individualrechtlichen Schutzkonzepts des UrhG im Verhältnis von Berechtigten und Verwertungsgesellschaft. Diese Verpflichtung folgt zum einen daraus, daß das WahrnG das individualrechtliche Schutzkonzept des UrhG fortsetzt, zum anderen daraus, daß der Gesetzgeber die Urheber zur Verwirklichung der ihnen zustehenden Vergütungen gesetzlich auf die Einschaltung der Verwertungsgesellschaften verweist,[218)] und nicht zuletzt aus dem Umstand, daß den Urhebern aufgrund der (faktischen) Monopolstellung der Verwertungsgesellschaft Gefahren hinsichtlich der Respektierung ihrer Rechte als Individualrechte drohen.[219)]

Mit der Einrichtung einer Staatsaufsicht hat der Gesetzgeber gegenüber den Urhebern eine Schutzgarantie übernommen. Das Patentamt, dem diese Aufgabe zugewiesen ist,[220)] darf in dieser Funktion als Anwalt und Schutzherr der Urheber angesehen werden. Eine effiziente Aufgabenerfüllung setzt allerdings voraus, daß dem Patentamt bei Mißachtung des Individualrechts auch direkte Eingriffsbefugnisse gegenüber den Verwertungsgesellschaften zustehen. Trotz jahrzehntelanger Diskussionen über die Rechtsnatur der Aufsicht sind die Befugnisse des Deutschen Patentamtes bis heute

217) Ähnlich *Brinkmann,* S. 29: »Die Rechtsposition des Inhabers von Verwertungsrechten geht in ein Mitgliedschaftsverhältnis über.«

218) So *Häußer,* in: FS *Roeber,* S. 128, unter Hinweis auf die verwertungsgesellschaftenpflichtigen Vergütungsansprüche.

219) So auch *Arnold/Rehbinder,* UFITA Bd. 118 (1992), S. 206.

220) Die aufsichtsrechtliche Zuständigkeit des Bundeskartellamts gem. § 102a GWB soll hier unberücksichtigt bleiben.

nicht eindeutig geklärt.[221] Die Fruchtlosigkeit dieser Diskussionen war auch die Folge des inzwischen als gescheitert anzusehenden Versuchs, die (eingreifende) Staatsaufsicht über die privatrechtlich organisierten Verwertungsgesellschaften als mit der grundgesetzlich geschützten Vereinigungsfreiheit für unvereinbar[222] zu propagieren.[223] Die erst kürzlich vertretene Auffassung,[224] daß das Patentamt nicht nur direkte Eingriffsrechte, sondern auch Eingriffspflichten hat, kann nur nachdrücklich unterstützt werden. Nach der hier vertretenen Auffassung folgt die Eingriffspflicht des Patentamtes aus der Schutzgarantie des Staates gegenüber den Urhebern, die ihren Grund darin findet, daß das WahrnG das Grundprinzip des Urheberrechts als eines ausschließlichen Rechts in modifizierter Form fortsetzt.[225]

2.1.6 Ergebnis

Zusammenfassend kann festgestellt werden, daß im Verhältnis von Berechtigtem und Verwertungsgesellschaft trotz der auf Sachzwängen beruhenden (Teil-)Entindividualisierung das ausschließliche Recht des Urhebers in seinem Wesensgehalt erhalten bleibt. Der ungerechtfertigten Entindividualisierung wird durch Vertrag und Gesetz entgegengewirkt. Die Verwertungsgesellschaft ist durch den Berechtigungsvertrag treuhänderisch gebunden, so daß die Rechteinhaber auf die Verwaltung Einfluß haben. Als vertragliches Korrekturinstrument kann bei richtiger Handhabung auch die Installation eines Wertungsverfahrens[226] angesehen werden. Die gesetzlichen Korrekturinstrumente sind die Verpflichtung, die Rechte zu angemessenen Bedingungen wahrzunehmen, die Garantie von Mitwirkungsrechten und die Übernahme von Schutzpflichten gegenüber den Berechtigten durch die Aufsichts- und Eingriffsbefugnisse des Patentamtes.

221) Einen umfassenden Überblick gibt *Löhr,* S. 46ff.

222) Die auch heute noch vertretene Ansicht, daß die Aufsichtsbehörde die Satzungs- und Verbandsautonomie der Verwertungsgesellschaften zu respektieren habe und deshalb gegen die vereinsrechtlich gefaßten Mehrheitsbeschlüsse nicht aufsichtsrechtlich einschreiten könne, verkennt, daß die Grundprinzipien des UrhG nicht über das Vereinsrecht ausgehebelt werden können. Dies zu verhindern, ist die vorrangige Aufgabe der Aufsichtsbehörde. Sie erfüllt damit die ihr vom Gesetzgeber übertragene Verpflichtung zum Schutzes des Urheberrechts als eines Individualrechts (s. oben S. 42 und Fußn. 10). *Ruzicka,* S. 360, bejaht ebenfalls ein Eingriffsrecht der Aufsichtsbehörde, das er mit der individualrechtlichen Konzeption des WahrnG begründet.

223) Sogar der Präsident des Deutschen Patentamts hat sich in einem Aufsatz mit dem Titel »Aufsicht über Verwertungsgesellschaften und Vereinsautonomie« persönlich mit dieser Problematik befaßt, vgl. *Häußer,* in: FS *Roeber,* S. 113ff.

224) *Arnold/Rehbinder,* UFITA Bd. 118 (1992), S. 210ff.

225) S. oben S. 42.

226) Die allein nach quantitativen Kriterien erfolgende Verteilung der Erträge aus der Wahrnehmung (s. oben S. 59) kann durch ein Verfahren, das nachträglich qualitative Parameter berücksichtigt, wertend korrigiert werden. S. auch unten, S. 101 ff., zum Wertungsverfahren bei der GEMA.

2.2 *Das ausschließliche Recht im Verhältnis von Verwertungsgesellschaft und Nutzer*

Auch im Verhältnis von Verwertungsgesellschaft und Nutzern bleibt der Wesensgehalt des ausschließlichen Rechts unangetastet. Die individuellen Verbotsrechte werden infolge der gemeinsamen Wahrnehmung faktisch zu einem kollektiven Verbotsrecht zusammengefaßt. Der Abschlußzwang gemäß § 11 WahrnG löst die dem Verbotsrecht innewohnende Vertragsgestaltungskraft nicht auf,[227)] sondern bindet die Macht der Verwertungsgesellschaft, die ihr durch die Konzentration des Angebots zuwächst, in ein System rechtlich überprüfbarer Gebühren[228)] ein, damit für die Nutzung der Werke marktgerechte Preise ausgehandelt werden.

227) Vgl. Begründung des Regierungsentwurfs zu § 11 WahrnG, BT-Drucks. IV/271, abgedruckt in UFITA Bd. 46 (1966), S. 281.

228) Vgl. *Brinkmann,* S. 30. Er führt aus, daß an die Stelle einer freien Marktpreisbildung eine rechtlich kontrollierbare Festsetzungsentscheidung tritt, die die konkreten Marktbedingungen und den Nutzen des Werkes berücksichtigt, aber letztlich nicht die Prozesse des Marktes nachbilden kann (a.a.O.,S. 30). Zu nennen ist hier insbesondere die bei dem Patentamt gebildete Schiedsstelle für Urheberrechtsstreitfälle.

V Das ausschließliche Recht und die Vorsorge- und Unterstützungseinrichtungen der Verwertungsgesellschaften

1 Einführung

Die Bereitstellung von Finanzmitteln zur Sicherung eines sozialen Mindeststandards der Urheber bei Krankheit und im Alter beruht auf einem inzwischen weitverbreiteten gesellschaftlichen Konsens. Staatlich gewährte Für- und Vorsorge und individuelle private soziale Absicherung ergeben hierbei ein aufeinander abgestimmtes Gesamtsystem.

Dieser Konsens ist das Ergebnis eines langen Ringens um die Anerkennung der schöpferischen Leistungen der Urheber und ihrer Ausstrahlung in die Gesellschaft. Er beruht auf der Erkenntnis, daß die soziale Mindestsicherung der Urheber ein Akt ausgleichender Gerechtigkeit für deren Werkschaffen in einem sich als Kulturstaat begreifenden Gemeinwesen ist. Diese Errungenschaft darf man ohne Übertreibung als die Verwirklichung des im Grundgesetz ausdrücklich normierten Sozialstaatsgebotes für einen bestimmten Lebensbereich bezeichnen. Allerdings findet das Sozialstaatsgebot seine Beschränkung in dem im Grundgesetz an gleicher Stelle genannten Rechtsstaatsgebot. Beide vom Grundgesetz in scheinbarer Eintracht ausgesprochenen Gebote stehen in einem schwierigen Spannungsverhältnis zueinander, da nicht jedes sozial erwünschte Ergebnis zugleich dem Rechtsstaatsgebot entspricht. Dieses Spannungsverhältnis tritt offen zutage, wenn es um die Vereinbarkeit von verwertungsgesellschaftsinternen Vorsorge- und Unterstützungseinrichtungen mit dem ausschließlichen Recht des Urhebers geht. So gerät der soeben herausgestellte Konsens über die Bejahung eines sozialen Sicherungssystems für die Urheber schon wegen der sich unmittelbar anschließenden Problematik der Finanzierung in Gefahr. Es geht dabei um die Frage, welche Gruppen die finanziellen Lasten zu tragen haben.

Bei den verwertungsgesellschaftsinternen Sicherungssystemen besteht die Besonderheit, daß die finanziellen Lasten nicht zwischen verschiedenen Gruppen mit gegenläufigen Interessen aufgeteilt werden, sondern daß die umzuverteilenden Mittel einheitlich von allen Wahrnehmungsberechtigten aufgebracht werden. In diesem Punkt besteht ein entscheidender Unterschied zu der Lastenverteilung im Künstlersozialversicherungsgesetz (KSVG). Dort stehen Künstler und Publizisten den sogenannten Vermarktern gegenüber. Auch die gedanklich naheliegende Verbindung zum Modell der betrieblichen Alterssicherung[229] versagt. Hier stehen die Interessen des Betriebes an der Optimierung des Gewinns den Interessen der Arbeiter und Angestellten an einer betrieblichen Zusatzsicherung gegenüber. Urheber und Verwertungsgesellschaft zeichnen sich dagegen durch das Fehlen dieses Interessengegensatzes aus. Die Verwertungsgesellschaften arbeiten uneigennützig. Ihre Tätigkeit ist nicht auf die Erzielung von Gewinn gerichtet, und sie unterliegt der treuhänderischen Bindung.[230]

Der Streit über den von der Gesamtheit der Berechtigten einer Verwertungsgesellschaft aufgebrachten Sozialabzug entzündete sich vor allem an der Belastung der ausländischen, d.h. der nicht der nationalen Verwertungsgesellschaft angeschlossenen Wahrnehmungsberechtigten, da diesen Urhebern der Zugang zu Sozialleistungen – der internationalen Praxis der Verwertungsgesellschaften entsprechend – verwehrt ist. Die rechtliche Diskussion hat sich seit Jahrzehnten auf die kontrovers diskutierte Frage konzentriert, ob diese (spezielle) Belastung der ausländischen Wahrnehmungsberechtigten das Prinzip der Inländerbehandlung verletzt.[231] Wirtschaftlich betrachtet geht es um den Verteilungskampf der nationalen Verwertungsgesellschaften um den Einbehalt des Sozialanteils der ausländischen Wahrnehmungsberechtigten zur Finanzierung der Sozialleistungen der inländischen Urheber. Dieser mit Leidenschaft geführte Streit hat den Blick auf die Vereinbarkeit von Sozialabzügen in ihrer Gesamtheit, d.h. auch der von den nationalen Wahrnehmungsberechtigten erhobenen, weggelenkt. Gerade dieser Aspekt, also die Vereinbarkeit von Sozialabzügen mit dem ausschließlichen Recht des Urhebers, ist Gegenstand der folgenden Betrachtung. Sie ist weitreichender als die Frage der Vereinbarkeit mit internationalen Abkommen und Verträgen und bezieht sich auf die von fast allen Staaten getragene Grundüberzeugung, daß das Urheberrecht durch seine Konstruktion als ausschließliches Recht dem Urheber die Früchte seiner Arbeit sichern soll. Die Brisanz der aufgeworfenen Rechtsfrage liegt in der Bedrohung der Existenz von Sozialkassen schlechthin, wenn als Ergebnis die Unvereinbarkeit von Sozialabzug und ausschließlichem Recht festgestellt werden sollte,[232] da in diesem Fall den Sozialkassen die rechtliche Grundlage entzogen wäre. Die rechtstheoretische Betrachtung erfährt ihre praktische Ergänzung anhand des Sozialabzuges bei der VG Wort und der GEMA.

229) In diesem Sinne *Menzel*, S. 12.

230) Vgl. z.B. § 2 Satzung der GEMA und § 1 Satzung VG Wort.

231) Einen umfassenden Überblick über den Meinungsstand in der Literatur gibt *Dillenz*, GRUR Int. 1988, S. 911ff.

232) Zur Zulässigkeit der rechtsgeschäftlichen Verfügung von Tantiemen zugunsten der Sozialkasse durch Statut (Satzung) s. unten S. 153 f.

Soziale Leistungen für Urheber haben in den Musikverwertungsgesellschaften eine lange Tradition. An vorderster Stelle rangierten die Leistungen für eine angemessene Altersversorgung der wohlverdienten Mitglieder. Diese wiederkehrenden Leistungen bezeichnete die CISAC, die Dachorganisation der Musikverwertungsgesellschaften, in einem in französischer Sprache gehaltenen Bericht als *»service des pensions, des retraites«*.[233] Zugleich wurden auch einmalige Leistungen gewährt.

Die finanzielle Unterstützung der langjährigen Mitglieder begründete man mit der Erwägung, daß denjenigen Urhebern, die infolge der Übertragung der Rechte an ihren Werken einen gewichtigen Beitrag zur Fortentwicklung der betreffenden Verwertungsgesellschaft geleistet haben, als Gegenleistung in Fällen sozialer Bedürftigkeit ein legitimer Anspruch auf finanzielle Unterstützung zustehe.[234]

Der Umfang dieser Geldzuteilungen hatte schon Anfang der 30er Jahre ein solches Ausmaß erreicht, daß die CISAC auf eine entsprechende Anfrage der Repräsentanten der GEMA 1932 einen Bericht über die Praxis des Sozialabzugs in den angeschlossenen nationalen Verwertungsgesellschaften erstellte.[235] Darin wurde festgestellt, daß viele der Verwertungsgesellschaften, die entsprechende Fonds eingerichtet hatten, die Geldmittel aus einem pauschalen Abzug von 10 % auf die Gesamtverteilungssumme aufbrachten. Der Generalsekretär der CISAC empfahl den Mitgliedsgesellschaften für die zukünftige Finanzierung der Sozialfonds ausdrücklich die damalige Praxis der GEMA. Sie behielt ebenfalls 10 % von der Gesamtverteilungssumme ein, jedoch unter ausdrücklichem Ausschluß des auf ausländische Gesellschaften entfallenden Anteils am Aufkommen.[236]

Die nationalen Verwertungsgesellschaften setzen sich dennoch über diese Empfehlung hinweg. Der Grund liegt darin, daß einige nationale Verwertungsgesellschaften ohne Rückgriff auf den Sozialabzug ausländischer Berechtigter überhaupt auf die Einrichtung von Unterstützungsfonds verzichten müßten.[237]

Vor diesem Hintergrund interpretierte die CISAC im Jahre 1958 den Sozialabzug in einer offiziellen Verlautbarung zu der entsprechenden Be-

233) Bericht des Generalsekretärs der CISAC auf einem Kongreß in Wien 1932, abgedruckt bei *Dittrich,* in: FS 50 Jahre UrhG, S. 84–87.

234) Ebd.

235) Siehe Fn. 233.

236) A.a.O., S. 86. Diese Empfehlung deutet darauf hin, daß den Verantwortlichen der CISAC die Problematik der Kollision mit dem Prinzip der Inländerbehandlung bewußt war.

237) So stammen ca. 75–80 % der in der Schweiz genutzten Rechte im Musikbereich aus dem Ausland; vgl. *Uchtenhagen,* in: FS 100 Jahre URG, S. 82.

stimmung im CISAC-Mustervertrag als freiwillige Leistung der wichtigen Gesellschaften zugunsten der kleineren Gesellschaften. Der offizielle Text[238] lautet: *»la retenue des 10 % au maxium en faveur des oeuvres sociales, d'assistance, culturelles se traduit essentiellement par un abandon volontaire de la part des sociétés les plus importantes pour permettre aux autres sociétés d'alimenter leurs caisses de pensions, d'assistance, culturelles et autres, ce qu'elles ne pourraient faire que difficilement sans cela; le dit abandon constituant en quelque sorte une contrepartie des services rendus, par ces dernières aux sociétés des pays grands producteurs de musique.«*

In Anbetracht der 1932 ausgesprochenen Empfehlung kann diese Interpretation der »Freiwilligkeit« nur als schlichte Hinnahme der allseits geübten Praxis angesehen werden.

Hatte die rechtliche Diskussion um den Sozialabzug in der Vergangenheit in erster Linie die Abzüge aus den bereits individuell zugeordneten Tantiemen aus der Vergabe von Aufführungs- und Senderechten zum Gegenstand, so verlagerte sich der Schwerpunkt seit Beginn der 60er Jahre auf den Sozialabzug aus den Einnahmen für die sogenannten gesetzlichen Vergütungsansprüche.

Die Schwierigkeit, die Summe der Einnahmen, wie z.B. aus der Geräteabgabe oder der Bibliothekstantieme, individuell, d.h. gekoppelt an die Nutzung eines bestimmten Werkes, zuzuordnen, weckte neue Begehrlichkeiten für einen weiteren Ausbau der sozialen Sicherungssysteme für Urheber. Da es sich bei den angesprochenen gesetzlichen Vergütungsansprüchen um Tatbestände einer entgeltpflichtigen urheberrechtlichen Nutzung handelt, deren Erträge entsprechend dem Grundanliegen des Urheberrechts dem einzelnen Urheber zur individuellen Existenzsicherung zufließen sollen, dies aber wegen der Schwierigkeiten einer individualbezogenen Erfassung und den damit verbundenen Kosten vielfach als wirtschaftlich unvertretbar angesehen wird, lag es nahe, den Schritt von der individualbezogenen Existenzsicherung hin zu einer gesamtheitlichen, kollektiven Existenzsicherung zu wagen. Die Variationsmöglichkeiten der kollektiven Existenzsicherung sind weit gespannt. Für bestimmte Teilbereiche der Verwertung werden ausschließlich sozial orientierte Lösungen vorgeschlagen.[239] Ganz überwiegend favorisieren die Befürworter einer auch kollektiv ausgerichteten Existenzsicherung das Modell der sozialen

238) Abgedruckt bei *Dittrich,* in: FS 50 Jahre UrhG, S. 88.

239) Dies gilt insbesondere für die Erträge der literarischen Verwertungsgesellschaften aus den gesetzlichen Vergütungsansprüchen. Einen umfassenden Überblick über die internationale Praxis gibt *Melichar,* in: *Becker,* Verwertungsgesellschaften, S. 50ff. Vgl. auch die rechtsvergleichende Untersuchung bei *v. Lewinski.*

Teilwidmung.[240] Sie verstehen das Urheberrecht als ein Instrument des Ausgleichs[241] und appellieren an die Solidarität der Urheber.[242] Dieser Appell erklärt sich aus der juristisch-konstruktiven Schwäche des Modells vom ausgleichenden Urheberrecht nach der *lex lata*. Grundprinzip des Urheberrechts ist die individuelle Existenzsicherung, die ihre schärfste Ausformung in dem Prinzip des ausschließlichen Rechts gefunden hat. Dieses Prinzip kennt keine kollektiven Elemente.[243] Folglich räumt ein Vertreter der Theorie vom ausgleichenden Urheberrecht auch ein, daß es »sich dabei freilich letztlich um Wertungen (handelt), die sich rechtlich nicht argumentieren lassen.«[244]

Die Gegner des Sozialabzugs von den Einnahmen aus den gesetzlichen Vergütungsansprüchen begründen ihren Widerspruch gerade mit dieser Unvereinbarkeit mit dem ausschließlichen, d.h. individualbezogenen, Urheberrecht.[245] Sie favorisieren angesichts der Schwierigkeit der Feststellung der tatsächlichen Nutzung ein Zuschlagmodell. Die individuell nicht zuordnungsfähigen Erlöse werden unter Heranziehung geeigneter, der individuellen Zuordnung fähiger Vergleichsmaßstäbe in einem Zuschlagverfahren verteilt.[246]

Die aus Rechtsgründen miteinander unvereinbaren Lösungen – ausgleichendes Urheberrecht und Zuschlagverfahren – haben in der verwertungsgesellschaftlichen Verteilungspraxis ein harmonisches Nebeneinander gefunden.[247] Dennoch ist der Sozialabzug bei den gesetzlichen Vergütungsansprüchen ein ständiges Reiz- und Streitthema. Dies hat nicht zuletzt der Rechtsstreit AUSTRO-MECHANA ./. GEMA plastisch vor Augen geführt. Die GEMA hatte als Reaktion auf eine Bestimmung des

240) *Walter,* in: *Dittrich,* Urheberrecht, S. 243 und 251ff.

241) *Walter,* in: FS *Knap,* S. 135; *derselbe,* in: FS 50 Jahre UrhG, S. 258ff.; *derselbe,* in: *Dittrich,* Urheberrecht, S. 251ff.; vgl. auch *Dillenz,* in: FS *Uchtenhagen,* S. 47f.

242) Das Schlagwort der »Solidarität« wird vielfach allzu bereitwillig aufgegriffen. *Melichar,* in: *Becker,* Verwertungsgesellschaften, S. 56, spricht sogar vom »Imperativ der Solidarität«.

243) Davon zu unterscheiden ist die Frage der Zulässigkeit der rechtsgeschäftlichen Verfügung von Tantiemen zugunsten der Sozialkasse durch Statut, s. dazu unten S. 153 f.

244) *Walter,* in: *Dittrich,* Urheberrecht, S. 254.

245) *Koumantos,* A.L.A.I. 1978, S. 103/104, *Rob du Bois,* A.L.A.I. 1978, S. 85. *Riklin,* S. 258, ist der Ansicht, daß der Zufluß von Erträgnissen in Sozial- und Berufsfonds prinzipiell im Widerspruch zum subjektiven Charakter des Urheberrechts stehe. Dennoch deutet er an, daß ein solidaritätsbedingter »Finanzausgleich« vertretbar und gerecht sei, sofern diese Sozialabgaben nur einen kleineren Anteil der Erträgnisse ausmachen (S. 247).

246) Vgl. *Riklin,* S. 244, zu den denkbaren Verteilungsmöglichkeiten; ebenso *Walter,* in: FS *Knap,* S. 136.

247) So werden die Erträge aus der Bibliothekstantieme bei der VG Wort zur Hälfte sozialen Zwecken zugeführt; die andere Hälfte wird im Rahmen der Individualausschüttung verteilt. *Müller-Sommer,* ZUM 1988, S. 4, würdigt diese Praxis als »ein gemeinsames Bekenntnis sowohl zur sozialen Verantwortung als auch zum Urheberrecht als einem Individualrecht«. Ausführlich zur Bibliothekstantieme, *Melichar,* S. 91–95; das Verfahren zur Feststellung der individuellen Vergütung ist bei *v. Lewinski,* S. 40ff., ausführlich dargestellt.

öUrhG,[248] wonach die Verwertungsgesellschaften den überwiegenden Teil der Erträge aus gesetzlichen Vergütungsansprüchen – u.a. aus der Vergütung für private Überspielung (Leerkassettenabgabe) – ihren sozialen Einrichtungen zuzuführen haben, erklärt, daß sie, nachdem die AUSTRO-MECHANA 51 % der Vergütung aus der Leerkassettenabgabe für ihre Sozialeinrichtungen einbehielt, nunmehr ihrerseits 51 % der auf Berechtigte der AUSTRO- MECHANA entfallenden Erträge aus der Leerkassettenabgabe der GEMA-Sozialkasse zuführen werde. Der österreichische Oberste Gerichtshof hat in seinem Urteil vom 14. Juli 1987[249] entschieden, daß die Bestimmung der öUrGNov., soweit sie auf ausländische Staatsangehörige angewendet werde, konventionsrechtlich unzulässig sei, da sie gegen den Grundsatz der Inländerbehandlung verstößt.

Die geschichtliche Entwicklung um den Abzug für soziale Zwecke in ihrem gesamten Spektrum, d.h. in ihrem tantiemenbezogenen Abzug und dem der gesetzlichen Vergütungsansprüche, steht vor einer neuen Phase, deren Ergebnisse man mit Spannung erwarten muß. Anlaß sind die sehr kritischen Anmerkungen der WIPO[250] – der Organisation, die die Einhaltung der Revidierten Berner Übereinkunft überwacht – zur Praxis des Sozialabzuges in den Verwertungsgesellschaften der Mitgliedsländer.

Dort wird mit unmißverständlicher Deutlichkeit betont:[251] *“Both the exclusive rights and the possible rights to remuneration are ... determined as the rights of individual right owners.”* Dieses Grundprinzip fordere hinsichtlich der schwer bzw. nicht zuordnungsfähigen Erträge die Verteilung der Erträge nach dem Zuschlagverfahren: *“a reasonable rough justice ist much better from the viewpoint of right owners than no justice.”*[252] Im übrigen greift der Bericht auch die Praxis der Zuweisung von Tantiemen an Sozial- und Kulturfonds durch gesellschaftsinternes Statut, d.h. durch rechtsgeschäftliche (Zwangs-) Verfügung bei Abschluß des Berechtigungsvertrages, auf.[253]

Es bleibt abzuwarten, ob und ggf. welche korrigierenden Maßnahmen die nationalen Verwertungsgesellschaften ergreifen werden, um dem Prinzip der Ausschließlichkeit im Rahmen der Verwaltung der Rechte schärfere Konturen zu verleihen. Es ist zu befürchten, daß die Macht des Faktischen, d.h. die jahrzehntelang auch international geübte Praxis des Sozialabzuges, die Oberhand behalten wird, da das Überdenken der festen Strukturen die Aufgabe bzw. Beschneidung traditioneller (sozialer) Besitzstände zur Folge haben könnte.

248) Art. II (6) öUrhG Nov. 1980. Der Text ist abgedruckt bei *Handl,* ZUM 1986, S. 271.
249) Abgedruckt in GRUR Int. 1988, S. 365.
250) WIPO-Report, Nr. 296–305.
251) A.a.O., Nr. 296.
252) WIPO-Report, Nr. 296.
253) A.a.O., Nr. 299ff.

3 *Rechtsgrundlagen zur Einrichtung von Vorsorge- und Unterstützungseinrichtungen*

3.1 *Das Urheberrechtswahrnehmungsgesetz*

Der Gesetzgeber von 1965 hat in § 8 WahrnG bestimmt: »Die Verwertungsgesellschaft soll Vorsorge- und Unterstützungseinrichtungen für die Inhaber der von ihr wahrgenommenen Rechte oder Ansprüche einrichten.« Inhaltlich nahm diese Bestimmung ausdrücklich auf die bei der GEMA seit Jahrzehnten bestehende Sozialkasse Bezug, die nach Ansicht des Gesetzgebers Vorbildcharakter für alle Verwertungsgesellschaften haben sollte.[254)] Diese Kasse gewährt ihren Mitgliedern unter bestimmten Voraussetzungen eine nach genau definierten Parametern bemessene laufende finanzielle Unterstützung im Alter.[255)] Angesichts der bekannt schwierigen sozialen Lage vieler Künstler hatte der Gesetzgeber in erster Linie die freischaffenden Urheber im Auge, da diese im Unterschied zu den in abhängigen Dienstverhältnissen stehenden Urhebern die finanziellen Mittel für ihre Krankenversicherung und Altersvorsorge vollständig aus eigener Tasche aufbringen mußten und insoweit auf sich selbst gestellt waren.[256)]

Die GEMA-Sozialkasse hatte aus Sicht des Gesetzgebers von 1965 bewiesen, daß die Verwertungsgesellschaften fähig sind, ein soziales Sicherungssystem aufzubauen, das die erforderlichen Geldmittel in einem Akt der Selbsthilfe der in der Verwertungsgesellschaft zusammengeschlossenen Urhebergemeinschaft finanziert. Nach anfänglichem Streit über die Bedeutung und den Rechtscharakter dieser Vorschrift[257)] kann heute die Auffassung, daß § 8 WahrnG nur einen moralischen Appell, eine Empfehlung, eine Aufforderung, eine Ermunterung zur Selbsthilfe bezweckt, als gesicherte Rechtsmeinung angesehen werden.[258)]

Diese Feststellung steht in Einklang mit dem Grundprinzip des Urheberrechts als eines ausschließlichen Rechts, nicht zuletzt wegen des ihm immanenten umfassenden Zuweisungsgehalts, der durch eine verbindliche Anordnung der Sozialpflichtigkeit einer Verwertungsgesellschaft angetastet würde.

254) Begründung des Regierungsentwurfes zu § 8 WahrnG, BT-Drucks. IV/271, abgedruckt in UFITA Bd. 46 (1966), S. 281; vgl. auch *Schulze*, S. 95.

255) Zu den Einzelheiten s. unten S. 108 ff.

256) *Peinemann*, UFITA Bd. 52 (1969), S. 166f., hat diese Unterscheidung am Beispiel von Urhebern und Leistungsschutzberechtigten aufgezeigt.

257) *Hubmann*, UFITA Bd. 48 (1966), S. 22ff., erblickt in § 8 WahrnG eine gesetzliche Verpflichtung, deren Nichtbeachtung zwingend die Versagung bzw. den Widerruf der Erlaubnis zum Geschäftsbetrieb durch die Aufsichtsbehörde auslöst, S. 27 und S. 33.

258) *Nordemann, in: Fromm/Nordemann*, § 8 WahrnG und § 7 WahrnG Rdnr. 1; *Reinbothe*, in: *Schricker*, § 8 WahrnG Rdnr. 2.

Trotz des insoweit geklärten Rechtscharakters von § 8 WahrnG als Appell zur Selbsthilfe wirken weiterhin überholte Interpretationen zu § 8 WahrnG fort, die geeignet sind, die Rechtsgrundlage für die Existenz von Vorsorge- und Unterstützungseinrichtungen, insbesondere für den juristisch nicht versierten Wahrnehmungsberechtigten zu verdunkeln. Klar ist, daß Vorsorge- und Unterstützungseinrichtungen wegen des Prinzips des Urheberrechts als eines ausschließlichen Rechts nur freiwillige[259)] Einrichtungen sein können, die ihre Rechtsgrundlage allein in der von jedem Urheber individuell vorzunehmenden und den Charakter des ausschließlichen Rechts beachtenden rechtsgeschäftlichen Verfügung im Wahrnehmungsvertrag haben.

Aussagen, die § 8 WahrnG als *Auftrag* zur Wahrnehmung sozialpolitischer Aufgaben[260)] deuten bzw. die hierin eine *Zuweisung* von Aufgaben, die ursprünglich der staatlichen Fürsorge unterstehen,[261)] erblicken, sind geeignet, beim juristischen Laien rechtliche Fehlvorstellungen auszulösen bzw. zu unterhalten. Die wechselseitige Bezugnahme von verwertungsgesellschaftlichem Statut auf § 8 WahrnG wie umgekehrt von § 8 WahrnG auf die Praxis der Verwertungsgesellschaften erzeugt bei dem juristisch nicht versierten Wahrnehmungsberechtigten die (irrige) Vorstellung, es handle sich bei den Vorsorge- und Unterstützungskassen um eine von der Verwertungsgesellschaft kraft gesetzlicher[262)] Anordnung zu erfüllende Pflichtaufgabe, während in Wahrheit nur rechtlich unverbindlich an die soziale Selbsthilfe appelliert wird. Die Bezugnahme auf § 8 WahrnG schafft daher keine Rechtsgrundlage. Dem Urheber wird jedoch bei Abschluß des Berechtigungsvertrages kaum bewußt sein, daß er mit seiner Unterschrift auch über die ihm in Erfüllung der treuhänderischen Bindung bereits individuell zugeordneten Tantiemen zugunsten der Speisung von Vorsorge- und Unterstützungseinrichtungen rechtsgeschäftlich verfügt, wenn ihm zugleich der gesetzgeberische *Auftrag* aus § 8 WahrnG vorgehalten wird.[263)]

259) So schon *Schulze,* Recht und Unrecht, S. 24f., in seiner Eigenschaft als Generaldirektor der GEMA. Ebenso *Möller,* Copyright 1988, 487.

260) *Melichar,* S. 30.

261) *Häußer,* FuR 1980, S. 58.

262) In einem von der VG Bild-Kunst herausgegebenen Informationsblatt, in dem sie ihre Tätigkeit erläutert, findet sich unter der Überschrift »Sozialwerk« folgender Satz: »Die VG Bild-Kunst ist *gesetzlich* verpflichtet, ein Sozialwerk zur Unterstützung bedürftiger Urheber in Notsituationen zu unterhalten.« (Hervorhebung vom Verfasser).

263) § 6a) Berechtigungsvertrag GEMA (abgedruckt in GEMA-Jahrbuch 1991, S. 69ff.) lautet: »Satzung wie Verteilungsplan, ..., bilden einen Bestandteil dieses Vertrages.« § 17 Satzung der GEMA bestimmt: »Die Verteilung des Aufkommens einschließlich der für soziale und kulturelle Zwecke bereitgestellten Mittel erfolgt nach einem Verteilungsplan, ... Die allgemeinen Grundsätze des Verteilungsplans sind Bestandteil der Satzung. *Dies gilt insbesondere für die den §§ 7 und 8 des WahrnG entsprechenden Grundsätze.«* (Hervorhebung vom Verfasser)

Dies gilt gleichermaßen für die Abzweigung von Geldern aus den Erlösen für die Wahrnehmung gesetzlicher Vergütungsansprüche.

Allerdings, und insoweit muß die Kritik an den Verwertungsgesellschaften hinsichtlich der Verweisung auf § 8 WahrnG abgemildert werden, gerät die Verwertungsgesellschaft in eine Zwickmühle, sobald der Gesetzgeber selbst Zielvorgaben formuliert. Geradezu klassisch ist die im Gesetzgebungsverfahren zur Bibliothekstantieme geäußerte Erwartungshaltung, daß 50 % der Erlöse für soziale Einrichtungen zu verwenden sind.[264)] Dies ist nicht nur eine unzulässige Einflußnahme auf die Geschäftsführung der betroffenen Verwertungsgesellschaften, die im Innenverhältnis zwischen Wahrnehmungsberechtigtem und Verwertungsgesellschaft gerade vor dem Hintergrund des ausschließlichen Rechts des Urhebers zu rechtlichen Spannungen führt.[265)] Sie unterwirft vor allem die Verwertungsgesellschaften einem faktischen Zwang zur Abführung beträchtlicher Finanzmittel an Sozialfonds und impliziert eine Entscheidung gegen die Verteilung nach dem Zuschlagverfahren.

3.2 *Das verwertungsgesellschafteninterne Statut*

Die Verteilungspläne und/oder die Satzungen der Verwertungsgesellschaften enthalten Bestimmungen über die Finanzierung und Verteilung der Einnahmen für kulturelle und soziale Zwecke. Diese Bestimmungen sind über eine entsprechende Verweisungsnorm im Berechtigungsvertrag Bestandteil der individuellen rechtsgeschäftlichen Vereinbarung zwischen dem Wahrnehmungsberechtigten und seiner Verwertungsgesellschaft. Sie erfassen ausschließliche Rechte und Vergütungsansprüche gleichermaßen. Die Einbeziehung dieser Bestimmungen durch ein System von Rückbeziehung und Verweisung, das zudem aufgrund seiner Verschachtelung für den Berechtigten nicht sofort überschaubar ist[266)], bewirkt (bezweckt?)[267)] einen Auto-

264) Schriftlicher Bericht des Rechtsausschusses, BT-Drucks. VI/3246, UFITA Bd. 64 (1972), S. 219: »Durch die Neuregelung soll ... den Urhebern, insbesondere den Schriftstellern, ermöglicht werden, bei der Verwertungsgesellschaft einen Sozialfonds zu gründen, um dadurch in gewissem Umfang für Alter und Notfälle Vorsorge zu treffen.«

265) Die Verwendung von 50 % der Erträge für soziale Zwecke steht im Widerspruch zu der Verpflichtung aus dem Wahrnehmungsvertrag, die Einnahmen nach Abzug der Verwaltungskosten an die Bezugsberechtigten zu verteilen. Vgl. hierzu auch *v. Lewinski*, S. 38. *Handl*, ZUM 1986, S. 272, spricht für das österreichische Recht (Art. II 6 der UrhG Nov. 1980) von dem gesetzlichen Zwang zur Verletzung der einzelvertraglichen Vereinbarungen zwischen der Verwertungsgesellschaft und ihren Bezugsberechtigten.

266) Zum Gebot der Transparenz, d.h. der Verständlichkeit der Bestimmungen über den Sozialabzug, bei der GEMA und VG Wort s.unten S. 97 f. und 125 ff.

267) Die finanzielle Ausstattung der Sozialeinrichtungen, die einen in etwa vorhersehbaren »Haushaltsbedarf« zur Erfüllung der übernommenen Verpflichtungen bei der Geschäftsführung anmelden, ist durch einen automatischen Sozialeinbehalt gesichert. Dieses Ziel wird ganz bewußt verfolgt.

matismus: Wer einen Berechtigungsvertrag mit einer Verwertungsgesellschaft schließt, verfügt zugleich, daß ein Teil seiner individuellen und der individualisierbaren[268] Erträge sozialen und kulturellen Zwecken zugeführt wird. Dieser Automatismus rechtfertigt, das verwertungsgesellschafteninterne Statut als die Rechtsgrundlage für den Sozialabzug anzusehen, obwohl dies strenggenommen nur der mit dem jeweiligen Urheber geschlossene Berechtigungsvertrag bewirken kann.[269]

Eine zwingende Notwendigkeit für diesen Automatismus des Sozialabzuges besteht nicht. Da die Verwertungsgesellschaft nach § 8 WahrnG rechtlich nicht verpflichtet ist, Vorsorge- und Unterstützungseinrichtungen zu betreiben, ist sie auch nicht verpflichtet, Bestimmungen über einen Sozialabzug in ihren Verteilungsplan bzw. in ihre Satzung aufzunehmen. Die Verwertungsgesellschaften, d.h. ihre Berechtigten, sind vielmehr in ihrer Entscheidung frei, interne soziale Einrichtungen zu schaffen und zu unterhalten.[270] Um so dringender stellt sich die Frage, ob der von den Verwertungsgesellschaften praktizierte Automatismus des Sozialabzuges aus dem Blickwinkel des Urheberrechts als eines ausschließlichen Rechts den jeweiligen Berechtigten in ein »Korsett aufoktroyierter Freiwilligkeit« zwängt und so das Individualrecht des Urhebers in Teilbereichen einer unfreiwilligen Vergesellschaftung aussetzt. Die Frage nach der Vereinbarkeit von Sozialeinrichtungen mit dem ausschließlichen Recht muß an den Bestimmungen der einzelnen Verwertungsgesellschaften gemessen und beantwortet werden. Den Bestimmungen der VG Wort und der GEMA ist hierzu ein besonderer Abschnitt[271] vorbehalten.

Festzuhalten bleibt, daß die rechtliche Grundlage des Sozialabzugs allein in den Rechtsbeziehungen zwischen dem Wahrnehmungsberechtigten und seiner Verwertungsgesellschaft wurzelt. Die Ausgestaltung dieser Rechtsbeziehung ist an die Beachtung des Prinzips des Urheberrechts als eines ausschließlichen Rechts gebunden und daran zu messen.

268) Dazu sind auch die Erträge zu rechnen, die im Zuschlagverfahren verteilt werden könnten.

269) *Juranek,* in: FS 50 Jahre UrhG, S. 177.

270) Wenn die Berechtigten sich für die Einrichtung von Vorsorge- und Unterstützungseinrichtungen ausgesprochen haben, besteht allerdings eine rechtlich bindende Verpflichtung, entsprechende Bestimmungen in den Verteilungsplan und die Satzung aufzunehmen. Das ergibt sich aus dem Sinn von § 7 S. 3 WahrnG, wonach ein willkürliches Vorgehen bei der Verteilung verhindert werden soll.

271) S. unten S. 94 ff.

3.3 Internationale Vereinbarungen (CISAC-Standardvertrag)

Der internationale Dachverband der Verwertungsgesellschaften, die CISAC[272)], hat in ihre Vertragstexte, die die Wahrnehmung von Urheberrechten durch Gegenseitigkeitsverträge betreffen, Bestimmungen aufgenommen, die es den Verwertungsgesellschaften erlauben, von dem Tantiemenaufkommen, das einer anderen nationalen Verwertungsgesellschaft zufällt, einen Abzug von höchstens 10 %[273)] vorzunehmen, um sie eigenen Pensions-, Hilfs- oder Unterstützungskassen zuzuführen. Art. 8 Abs. 2 Mustervertrag im EG-Bereich für das Aufführungs- und Senderecht gemäß CISAC-Standardvertrag[274)] lautet: »Wenn sie kein zusätzliches Inkasso für Pensions-, Hilfs- oder Unterstützungskassen ihrer Mitglieder oder für die Förderung der nationalen Künste oder für Fonds vornimmt, die auf irgendeine Weise dem vorerwähnten Zweck vorbehalten sind, hat jede der Gesellschaften die Möglichkeit, von der von ihr kassierten und auf die vertragschließende Gesellschaft entfallenden Summe höchstens 10 % in Abzug zu bringen, die den betreffenden Zwecken zuzuführen sind.« Diese Selbstbindung der Verwertungsgesellschaften, die in der Literatur vielfach Zuspruch erfährt, weil sie den maßvollen Umgang und den Respekt vor dem Ausschließlichkeitsrecht unterstreiche und zugleich die soziale Verantwortung der Verwertungsgesellschaft gegen ihren Wahrnehmungsberechtigten offenbare, darf nicht darüber hinwegtäuschen, daß derartige Vereinbarungen keine rechtliche Grundlage im Sinne einer Legitimation für einen (Sozial-) Abzug schaffen können. Allerdings ist dies bisher von niemandem, auch nicht von der CISAC,[275)] behauptet worden.

272) Confédération Internationale des Sociétés d'Auteurs et Compositeurs, Paris.

273) Die 1982 verabschiedeten »Richtlinien der CISAC für Verträge zwischen Verwertungsgesellschaften auf literarischem Gebiet« erlauben in Ausnahmefällen einen über 10 Prozent hinausgehenden Sozialabzug. Art. V der Richtlinien lautet: »Die Vertragspartner sind ermächtigt, von den Netto-Verteilungssummen denselben Prozentsatz für sich abzuziehen, den sie gemäß den Statuten von den Netto- Verteilungssummen für ihre eigenen Mitglieder abziehen. Diese Abzüge, die beispielsweise zur Unterhaltung eines Sozialfonds bestimmt sein können, sollen 10 Prozent nicht übersteigen. Innerhalb dieser 10-Prozent-Grenze ist die Gesellschaft berechtigt, die Höhe des Abzugs so festzusetzen, wie sie es für angemessen betrachtet, sofern ein Abzug von den Ausschüttungen an ihre eigenen Mitglieder in der gleichen Prozenthöhe festgesetzt wird.
Unabhängig davon kann, falls eine Gesellschaft – in Ausnahmefällen, die der anderen Gesellschaft angezeigt werden müssen und die sich auf einen bestimmten Rechtetyp beziehen müssen – gezwungen ist, einen über 10 Prozent hinausgehenden Abzug zu machen, entweder, weil ihre nationale Gesetzgebung dies verlangt, oder aus jedem anderen rechtlichen Grund, der gerechtfertigt ist zur Förderung größeren Urheberrechtsschutzes, die andere Gesellschaft einen gleich hohen Prozentsatz abziehen von den Vergütungen, die sie im Hinblick auf denselben betreffenden Rechtetypus einnimmt.«

274) Abgedruckt in GEMA-Jahrbuch 1991, S. 86.

275) Vgl. die offiziellen Erläuterungen der CISAC zu Art. 8 Mustervertrag, abgedruckt bei *Dittrich,* in: FS 50 Jahre UrhG, S. 88–90.

Trotzdem schwingt in der Aussage, daß es sich bei dem 10 %igen Abzug um einen freiwilligen Verzicht der reicheren zugunsten der ärmeren Verwertungsgesellschaften handele,[276)] unterschwellig die Vorstellung mit, als ob *die Verwertungsgesellschaften* über eine verselbständigte, d.h. von den Wahrnehmungsberechtigten der eigenen Gesellschaft losgelöste Verfügungsmasse befinden könnten.[277)]

Die CISAC-Vertragsbestimmung der Verwertungsgesellschaften ist jedoch nicht mehr als die ausdrückliche Bestätigung und Respektierung einer jahrzehntelang international geübten (legitimationslosen) Praxis des Sozialabzuges. Sie entfaltet keine Wirkung auf die Beziehung zwischen Berechtigtem und Verwertungsgesellschaft und schafft auch keine Rechtsverbindlichkeit in diesem Rechtsverhältnis. Daher ist fragwürdig, mit welcher Legitimation die treuhänderisch gebundene Verwertungsgesellschaft über einen Teil des im Ausland erzielten, auf ihre (inländischen) Berechtigten entfallenden Tantiemenaufkommens verfügt.[278)] Eine diesbezügliche Ermächtigung enthält weder der Berechtigungsvertrag noch die Satzung noch der Verteilungsplan. Der Verzicht der Verwertungsgesellschaft auf die Einforderung der Erträge, die den eigenen Wahrnehmungsberechtigten aus der Verwertung ihrer Werke im Ausland zustehen, verstößt daher gegen die Verpflichtung, die übertragenen Rechte treuhänderisch wahrzunehmen.

276) S. oben S. 68.

277) Diese Vorstellung hat vielfach Eingang in die juristische Literatur gefunden; z.B.: *Juranek*, in: FS 50 Jahre UrhG, S. 167: »Die inländische *Verwertungsgesellschaft erlaubt* der ausländischen, z.B. 10 % von den Netto-Beträgen abzuziehen, die Bezugsberechtigten der inländischen Gesellschaft aus der Verwertung der Werke im Ausland zustehen.« Schärfer noch *Brügger*, S. 116: »Der CISAC-Standardvertrag *ermächtigt die Autorengesellschaft*, 10 % der Nutzungserträgnisse abzuzweigen.« In diesen Zusammenhang gehört auch § 1 Ziff. 4 a) Allgemeine Grundsätze Verteilungsplan A GEMA. Dort heißt es: »Es werden *aufgrund der Gegenseitigkeitsverträge* jeweils 10 % von der Verteilungssumme für soziale und kulturelle Zwecke bereitgestellt.« (Hervorhebungen vom Verfasser)

278) *Melichar*, in: *Becker*, Verwertungsgesellschaften, S. 49, führt aus, daß die juristische Literatur bis heute keinen Zweifel an der Vereinbarkeit von Art. 8 CISAC-Mustervertrag mit dem Konventionsrecht oder dem EG-Vertrag gehabt habe. Unerörtert bleibt aber die Frage, ob diese Regelung mit dem Urheberrecht als ausschließlichem Recht vereinbar ist. Hierzu unten S. 77 ff.

Die Summe der Einzelbefugnisse, die das UrhG dem Urheber zuspricht, wird entsprechend einer gebräuchlichen Systematik in zwei Gruppen aufgeteilt: die ausschließlichen Rechte und die Vergütungsansprüche. Beide Gruppen sind Bestandteil des Urheberrechts, das als ein einheitliches Recht begriffen wird.[279)] Die Wahrnehmungsverträge der Verwertungsgesellschaften folgen dieser Systematik; sie differenzieren in der Auflistung der Rechte, die der Urheber in die Verwertungsgesellschaft einbringt, zwischen Rechten und Ansprüchen.[280)]

Das Verhältnis von Vergütungsanspruch und ausschließlichem Recht ist bis heute heftig umstritten. Der Streit entzündete sich an der Frage, ob der gesetzliche Vergütungsanspruch ein (um das Verbotsrecht) verkürztes ausschließliches Recht und daher ein wesensgleiches Minus zum ausschließlichen Recht ist[281)] oder ob der gesetzliche Vergütungsanspruch eine völlig neue, in das System der ausschließlichen Rechte nicht einordnungsfähige Rechtsschöpfung und daher ein *aliud* ist.[282)] Dieser Streit ist nicht allein juristisch-dogmatischer Natur. Im Kern ist auch die Frage angesprochen, ob und gegebenenfalls wieweit der gesetzliche Vergütungsanspruch ein individualbezogenes Recht ist: Ist er ein an die Person des Urhebers gebundenes individuelles Recht, oder ist er ein Anspruch, der zwar noch individuelle Züge trägt, die sich aber so weit verflüchtigt haben, daß er nur noch eine Summe von Individuen erfaßt, d.h. gruppenspezifisch wirkt?

Dieses Problem wirkt sich innerhalb der Verwertungsgesellschaften bei der Verteilung der Einnahmen, die aus gesetzlichen Vergütungsansprüchen erzielt werden, aus. Sollen diese Einnahmen in den Fällen einer fehlenden Erfassung – wenn also die Zuordnung einer Nutzungshandlung an einen bestimmten Urheber versagt – nach dem Zuschlagverfahren individuell oder aber im Sinn des ausgleichenden Urheberrechts gruppenspezifisch verteilt werden? Die Praxis der Verwertungsgesellschaften zeigt, daß eine Korrelation zwischen der Höhe des Sozialabzuges und der Individualisierbarkeit der Einnahmen besteht. Aus diesem Grunde wird die Praxis des Sozialabzuges in ihrer juristischen Verankerung bei beiden Gruppen näher betrachtet.

279) *Ulmer,* § 18 II.
280) § 1 Wahrnehmungsvertrag VG Wort; § 1 Berechtigungsvertrag GEMA.
281) So *Nordemann,* in: *Fromm/Nordemann,* vor §§ 45 UrhG Rdnr. 7.
282) So z.B. *Melichar,* S. 14; *ders.* in: *Schricker,* vor §§ 45ff. UrhG Rdnr. 18.

4.1 Der Sozialabzug beim Verbotsrecht

Die Erlöse aus der Wahrnehmung ausschließlicher Rechte werden dem jeweiligen Berechtigten individuell zugeordnet. Er erhält den auf die Nutzung seiner Werke entfallenden Anteil am Ertrag.[283)] Diese ungekürzte Zuweisung entspricht dem Grundsatz, daß das Urheberrecht ein subjektives Recht ist. Auf diesen bereits individuell zugeordneten Betrag erheben die Verwertungsgesellschaften kraft einer entsprechenden Bestimmung in ihren Statuten einen Sozialabzug von bis zu 10 %.[284)] Dieser bereits dargestellte Automatismus des Sozialabzuges ist mit dem ausschließlichen Recht des Urhebers aus Rechtsgründen unvereinbar, da die Verwertungsgesellschaft in eine bestehende individuelle Rechtsposition eingreift. Rechtsgrundlage für den Sozialabzug beim ausschließlichen Recht kann daher nur eine rechtsgeschäftliche Verfügung des Berechtigten sein. Ob der Wahrnehmungsvertrag im Rechtsverhältnis zwischen Verwertungsgesellschaft und Berechtigten einen solchen rechtsgeschäftlichen Verfügungstatbestand beinhaltet, der außerdem die Grundentscheidung des UrhG achtet, dem Urheber die Früchte seiner Arbeit durch – wenn auch nicht vollständige, so doch weitgehende – Zuordnung der Erlöse aus der Nutzung zu sichern,[285)] ist anhand der Einzelabzüge und ihrer Verwendung zu beantworten. International haben sich die Verwertungsgesellschaften darauf verständigt, den Höchstsatz für den Sozialabzug bei ausschließlichen Rechten auf 10 % festzusetzen. Auch die uneingeschränkten Befürworter des Sozialabzugs halten einen die 10%-Grenze übersteigenden Sozialabzug als mit dem Urheberrecht nicht vereinbar.

4.2 Der Sozialabzug bei den gesetzlichen Vergütungsansprüchen

Ungleich höher ist der Sozialabzug bei den Erlösen aus der Wahrnehmung gesetzlicher Vergütungsansprüche. Beispielhaft sei hier der 50 %ige Sozialabzug von den Erlösen aus der Bibliotheksabgabe bei der VG Wort genannt.[286)] Die Höhe des Sozialabzuges korreliert in diesem Fall mit den Schwierigkeiten der individualbezogenen Zuordnung der Erlöse. Hiervon

283) Vgl. § 9 I. Ziff. 1 Satzung VG Wort. Die Statuten der GEMA enthalten kein derartiges allgemeingültiges Bekenntnis. Die Abhängigkeit von Werknutzung und Ertragszuweisung findet sich allerdings in den Ausführungsbestimmungen zum Verteilungsplan A. Der Grund für die Nichtaufnahme liegt vermutlich in dem sehr ausdifferenzierten Wertungsverfahren, das die direkte Abhängigkeit von Nutzung und Zuweisung korrigiert.

284) Vgl. § 9 III. a) Satzung VG Wort; § 1 Ziff. 4 a) Allgemeine Grundsätze Verteilungsplan A GEMA, der dem Wortlaut nach als *Rechtsgrund* auf die Gegenseitigkeitsverträge verweist.

285) *Uchtenhagen,* Copyright 1986, 26ff., beschreibt das Verfahren zur Erfassung der Nutzung und der Zuordnung der Erträge an die Berechtigten in einer Verwertungsgesellschaft.

286) § 9 II. Ziff. 1 a) Satzung VG Wort.

betroffen sind vor allem vergütungspflichtige Nutzungshandlungen im privaten Bereich. Diese neuen Vergütungstatbestände haben die Verwertungsgesellschaften aus der Sicht des ausschließlichen Rechts in eine Zwickmühle gebracht: Auf der einen Seite handelt es sich um Vergütungen für urheberrechtsrelevante Nutzungen, deren Erlöse den Berechtigten zufließen müssen, will man dem Vorwurf aus dem Kreis der Entgeltpflichtigen entgehen, sie würden ungerechtfertigt mit einer Sozialabgabe belastet. Auf der anderen Seite besteht die Schwierigkeit, die so erzielten Erlöse in einer dem Urheberrecht als Individualrecht entsprechenden Weise denjenigen Urhebern zuzuordnen, deren Werke tatsächlich genutzt wurden.[287)]

Die Verwertungsgesellschaften haben in einem erhöhten Sozialabzug einen goldenen Mittelweg erblickt. Sie können darauf verweisen, daß der Sozialabzug die individualbezogene Zuordnung immerhin in Grundzügen bewahre, da – auch wenn der Sozialabzug zunächst den Berechtigten nur gruppenspezifisch zugeordnet wird – die so finanzierten Vorsorge- und Unterstützungsmaßnahmen letztlich individualbezogen zugesprochen werden. Schließlich werden die bereits bestehenden, aus dem Sozialabzug bei den ausschließlichen Rechten finanzierten Vorsorge- und Unterstützungseinrichtungen durch erhebliche zusätzliche Finanzmittel gestärkt. Es fällt leicht, die Kritiker des Sozialabzuges mit dem Hinweis, daß durch die finanzielle Unterstützung große soziale Not von Urhebern gelindert wird, zum Verstummen zu bringen, mindestens aber anzuhalten, maßvolle Zurückhaltung zu üben. Welcher Kritiker wollte sich auch leichtfertig dem Vorwurf aussetzen, für soziale Anliegen der Urheber kein Verständnis aufzubringen! Dies gilt um so mehr, als behauptet wird, daß die Urheber in einem Akt solidarischer Selbsthilfe handeln.[288)]

4.2.1 Die Entkoppelung von Urheberrecht und Individualbezogenheit

Der aus der Sicht der Verwertungsgesellschaften gefundene goldene Mittelweg eines erhöhten Sozialabzuges bei (einigen) gesetzlichen Vergütungsansprüchen bedarf einer tragfähigen juristischen Begründung. Sie muß die Antinomie von individualbezogenem Urheberrecht und seiner (teilweisen) Kollektivierung durch das Abführen von Erträgen an Vorsorge- und Unter-

287) Daß diese Schwierigkeiten dennoch in zufriedenstellender Weise gelöst werden können, zeigt das Verfahren zur Feststellung der individuellen Vergütung bei der Bibliothekstantieme. Dies ist ausführlich dargestellt bei *v. Lewinski,* S. 40ff.

288) So heißt es in § 2 der Satzung der GEMA: »Die Leistungen der GEMA-Sozialkasse werden durch die Solidargemeinschaft aller GEMA-Mitglieder ermöglicht.«

stützungseinrichtungen auflösen.[289)] Der Schlüssel hierzu liegt in der Entkoppelung von urheberrechtlicher Nutzung und seiner Individualbezogenheit, d.h. in der Auflösung der Bindung von urheberrechtlicher Nutzung an die individuelle Zuordnung des Ertrages. Die juristische Literatur hat eine Fülle sehr unterschiedlicher Ansätze hervorgebracht, deren Vorstellung und Würdigung einer eigenständigen Abhandlung bedürften. Es sollen daher ohne Anspruch auf Vollständigkeit nur einige Lösungsansätze angesprochen werden.

4.2.1.1 Der gesetzliche Vergütungsanspruch als reines Vermögensrecht (die Aufgabe des monistischen Prinzips)

Gesetzliche Vergütungsansprüche werden nach einer weitverbreiteten Meinung im Schrifttum als reine Vermögensrechte qualifiziert.[290)] Mag man diese dogmatische Einordnung im ersten Moment widerspruchslos hinnehmen, da sie sich in das allgemeine zivilrechtliche System nahtlos einfügt, so wird die Tragweite der Qualifizierung als reines Vermögensrecht erst bei genauer Betrachtung deutlich.

Vergegenwärtigt man sich, daß das UrhG den Urheberrechtsmonismus, um dessen Anerkennung so heftig gerungen wurde, als tragendes Prinzip (§ 11 UrhG) aufgenommen hat,[291)] dann muß man feststellen, daß die gesetzlichen Vergütungsansprüche nach dieser Auffassung nicht am Prinzip der Untrennbarkeit von Urheberpersönlichkeitsrecht und Vermögensrecht teilhaben. Konsequenz dieser Auffassung ist zunächst, daß die Nutzung eines Werkes, die tatbestandlich von einem gesetzlichen Vergütungsanspruch erfaßt wird, von ihrer Bindung an die Urheberpersönlichkeit, die ja im Falle des ausschließlichen Rechts erhalten bliebe, losgelöst ist.

Die Auflösung der Bindung von Urheberpersönlichkeitsrecht und Werk ist ein erster Schritt hin zur Entkoppelung von Urheberrecht und Individualbezogenheit (Entkoppelung auf der ersten Stufe), da die durch das Urheberpersönlichkeitsrecht vermittelte Untrennbarkeit des Werkes von

289) *Spoendlin*, in: FS 100 Jahre URG, S. 77ff., weist zu Recht hin auf »die Gefahr, daß der Gesetzgeber zunächst einmal die Vergütungspflicht einführt und die Augen vor der Problematik verschließt, daß die Vergütungspflicht irgendwie mit dem subjektiven Recht der Urheber in Kongruenz zu bringen ist«. *Kerever*, Copyright 1983, 377, mahnt in gleicher Weise zur Rückbesinnung auf das Prinzip der Ausschließlichkeit und warnt vor allein pragmatisch begründeten Lösungen. Im Gegensatz hierzu ist *Brinkmann*, S. 59, der Ansicht, daß die Probleme, die durch den stetigen Strukturwandel in Organisation und Technik der Verwertung erwachsen, nicht durch dogmatisch konstruktive Reinheit und Stringenz zu lösen sind.

290) *Ulmer*, § 1 Ziff. 3 und § 18 I, allerdings ohne Begründung, vgl. unten Fn. 321; vgl. auch die folgenden Nachweise.

291) Vgl. oben S. 13 f.

seinem Urheber durchbrochen ist. Diese Trennung wirkt sich dennoch (zunächst) nicht auf die Möglichkeit einer individualbezogenen Verteilung der Einnahmen aus gesetzlichen Vergütungsansprüchen aus, weil der Urheber als Inhaber eines reinen Vermögensrechtes immer ein identifizierbares Rechtssubjekt ist.

Die Nichtteilhabe der gesetzlichen Vergütungsansprüche am Urheberrechtsmonismus führt unausweichlich zu der Frage, ob der gesetzliche Vergütungsanspruch überhaupt ein *urheberrechtlicher* Anspruch ist.

Ist man der Ansicht, daß (a) der gesetzliche Vergütungsanspruch kein urheberrechtlicher Anspruch ist – weil nur solche Ansprüche urheberrechtlicher Natur sein können, die das Prinzip des Urheberrechtsmonismus in sich tragen – und (b) der gesetzliche Vergütungsanspruch auch kein absolutes, sondern ein relatives Recht ist,[292)] dann ist der zweite Schritt zur Entkoppelung von einer individualbezogenen Zuweisung der Erlöse aus der Wahrnehmung gesetzlicher Vergütungsansprüche vollzogen (Entkoppelung auf der zweiten Stufe): Wenn das dem gesetzlichen Vergütungsanspruch zugrundeliegende Schuldverhältnis – Feststellung des genutzten Werkes und Feststellung des Urhebers[293)] – nicht bzw. nur schwer bestimmt werden kann, ist es auch nicht zu beanstanden, wenn die Erträge an das Kollektiv der Bezugsberechtigten verteilt werden.[294)]

Ist man hingegen der Ansicht, daß der gesetzliche Vergütungsanspruch ein urheberrechtlicher Anspruch bleibt – weil ihm ein urheberrechtlicher Nutzungstatbestand zugrundeliegt –, dann ist er als (absolutes) Vermögensrecht an den Urheber als Rechtssubjekt gebunden.[295)] Insoweit bleibt die Individualbezogenheit beim gesetzlichen Vergütungsanspruch erhalten, allerdings in Modifizierung des monistischen Ansatzes mit dem Unterschied, daß nur der Rechtsträger, d.h. der Urheber als Inhaber des gesetzlichen Vergütungsanspruchs, und nicht auch das Werk (über die untrennbare Verbindung zum Urheber) die Individualbezogenheit des Rechts mittelt. Die Erträge aus der Wahrnehmung sind daher weiterhin grundsätzlich individualbezogen zu verteilen.[296)]

292) Zum Beispiel *Riklin,* S. 99f.: »Anstelle des ausschließlichen und absoluten Urheberrechts tritt ein einfaches Forderungsrecht.«

293) Die Identifikation des Nutzers (Schuldners) ist nicht nötig, wenn das Entgelt entrichtet ist.

294) Umgekehrt ist es aus Sicht der Entgeltpflichtigen naheliegend, die Vergütungspflicht unter Hinweis auf die fehlende Feststellung überhaupt in Abrede zu stellen.

295) Ein absolutes Recht bejaht *Spoendlin,* in: FS 100 Jahre RBÜ, S. 386: »Der Vergütungsanspruch tritt als absolutes Recht an die Stelle des Verbietungsrechts.« Ebenso *Küfner,* S. 107: »Die fehlende Ausschlußwirkung vermag deshalb nichts an der insgesamt absoluten Natur des Urheberrechts zu ändern.« Vgl. auch oben S. 31.

296) *Spoendlin,* in: FS 100 Jahre RBÜ, S. 393ff.

Die Befürworter der Ansicht, daß der gesetzliche Vergütungsanspruch ein urheberrechtlicher Anspruch ist, unterscheiden beim gesetzlichen Vergütungsanspruch jedoch weiter zwischen der urheberrechtlichen Befugnis, eine Vergütung zu verlangen (=Vergütungsbefugnis), und dem durch den Tatbestand der Werknutzung entstandenen Forderungsrecht (Vergütungsanspruch).[297)] Danach ist nur die Vergütungsbefugnis urheberrechtlicher Natur. Sie ist *abstrakte* Anspruchsnorm, die mit der Schöpfung des Werkes entsteht.[298)] Der Vergütungsanspruch dagegen entsteht erst im Falle einer *konkreten* Werknutzung; er ist ein obligatorisches, auf Zahlung einer bestimmten Geldleistung gerichtetes Recht.[299)]

Auch nach dieser Auffassung findet eine Entkoppelung von Urheberrecht – der gesetzliche Vergütungsanspruch ist trotz der Aufgliederung als urheberrechtlicher Anspruch anerkannt – und Individualbezogenheit statt (Entkoppelung auf der zweiten Stufe). Die Erträge aus der Wahrnehmung entstammen obligatorischen Schuldverhältnissen. Ist der Inhaber des Vergütungsanspruchs nicht feststellbar, dann ist es gerechtfertigt, die Erträge an die Bezugsberechtigten in ihrer kollektiven Verbundenheit auszuschütten, da es sich um einen urheberrechtlichen Anspruch handelt.

Die vorstehenden Ausführungen haben gezeigt, daß der Schlüssel zur Entkoppelung von Urheberrecht und Individualbezogenheit im Urheberrechtsmonismus liegt. Verneint man die Geltung des monistischen Prinzips für die gesetzlichen Vergütungsansprüche, so gelingt es, mittels der Konstruktion eines obligatorischen Geldanspruchs den zwingenden Zusammenhang von Werknutzung und individueller Zuweisung der Erträge zu durchbrechen. Auf diese Weise kann man den Sozialabzug bei den gesetzlichen Vergütungsansprüchen – theoretisch – auf 100 % steigern und den Bezugsberechtigten nur in ihrer Gesamtheit zukommen lassen.

Allerdings bleibt zu klären, mit welcher Begründung die Anwendung des monistischen Prinzips auf gesetzliche Vergütungsansprüche verneint wird.

Vielfach wurzelt die Begründung in einem Vergleich des klassischen Herrschaftsrechts (§ 15 UrhG) mit dem gesetzlichen Vergütungsanspruch. Das entscheidende Differenzierungskriterium wird in dem Entzug der herrschaftsrechtlichen Befugnis erkannt, die Nutzung eines Werkes zu untersagen, d.h. in dem Entzug des Verbotsrechts. Nach einer häufig anzutreffenden Ansicht ist der teleologische Gehalt des Vergütungsanspruches auf den Schutz der materiellen Urheberinteressen reduziert, so daß der Vergütungs-

297) *Küfner,* S. 83, unter Bezugnahme auf *Riezler; Brem,* S. 73ff. Gegen diese Aufspaltung wendet sich *Hubmann,* S. 48ff.

298) *Küfner,* S. 85; *Brem,* S. 74.

299) *Brem,* S. 74f.; *Küfner,* S. 86; *Riklin,* S. 99f.

anspruch nur einen Teil der rechtsbildenden Idee des Urheberrechts abdeckt.[300)] Damit ist der Schritt zu einem reinen Vermögensrecht vollzogen (Entkoppelung auf der ersten Stufe), das sich nicht mehr in das monistische Prinzip einfügen läßt, weil dieses die Untrennbarkeit von Urheberpersönlichkeitsrecht und Vermögensrecht postuliert.

Zu beantworten bleibt die Frage, ob der gesetzliche Vergütungsanspruch als ein reines Vermögensrecht überhaupt urheberrechtlicher Natur ist.

Die Anhänger der dualistischen Theorie haben den gesetzlichen Vergütungsanspruch immer als bloßes Forderungsrecht, niemals als urheberrechtlichen Anspruch angesehen, da er nach ihrem Verständnis keine Bestandteile des Urheberrechts aufweist.[301)] Dies ist bemerkenswert, da der gesetzliche Vergütungsanspruch, gerade weil er nur materielle Interessen berührt, grundsätzlich seinen Platz in der urheberrechtlichen Systematik des Dualismus – strikte Trennung von materiellen und ideellen Interessen – hätte finden können.

Die Anhänger des Urheberrechtsmonismus haben die Einordnung in das Urheberrecht dadurch bewerkstelligt, daß sie den gesetzlichen Vergütungsanspruch aufgespalten haben in die urheberrechtliche Anspruchsbefugnis und den forderungsrechtlichen Vergütungsanspruch.[302)] Letzterer bewirkt die Entkoppelung auf der zweiten Stufe.

Ein weiterer Begründungsansatz für die Nichtanwendung des monistischen Prinzips ist systematischer Natur. Die Tatsache, daß die gesetzlichen Vergütungsansprüche außerhalb der Vorschriften über das Urheberpersönlichkeitsrecht und die Verwertungsrechte stehen, zeige, daß der Gesetzgeber das monistische Prinzip nicht auf die gesetzlichen Vergütungsansprüche habe ausdehnen wollen.[303)] Hierdurch ist der gesetzliche Vergütungsanspruch zwar auf ein reines Vermögensrecht reduziert, so daß ebenfalls eine Entkoppelung von Urheberrecht und Individualbezogenheit erreicht ist (Entkoppelung auf der ersten Stufe). Die systematische Argumentation läßt aber die Frage nach dem Rechtscharakter des Vermögensrechts – absolutes Recht oder relatives Forderungsrecht – unbeantwortet. Nur die Qualifikation als relatives Forderungsrecht macht den Weg für eine entindividualisierte Verteilung frei (Entkoppelung auf der zweiten Stufe).

Eine dritte Meinung knüpft zur Begründung der Nichtanwendung des monistischen Prinzips an den Inhalt der gesetzlichen Vergütungsansprüche an. Danach stellt die Mehrzahl der vergütungsrechtlichen Ansprüche Aus-

300) *Brem,* S. 74.
301) Vgl. *Küfner,* S. 83 m.w.N.
302) S. oben Fn. 297.
303) Vgl. *Küfner,* S. 79f.

dehnungen des Urheberrechts dar.[304] Der Begriff der Ausdehnung besagt, daß die von den Vergütungsansprüchen erfaßten Nutzungshandlungen nicht mehr auf die traditionellen ausschließlichen Rechte zurückgeführt werden können. Die gesetzlichen Vergütungsansprüche dehnen daher die Entgeltpflicht auf zuvor freie Nutzungshandlungen aus. Da insoweit ein Verbotsrecht des Urhebers nicht betroffen sei, sei auch keine urheberpersönlichkeitsrechtliche Bindung zum Werk betroffen. Es bestehe insoweit auch keine Notwendigkeit, das monistische Prinzip auf die gesetzlichen Vergütungsansprüche zu erstrecken, zumal die Nutzungstatbestände der gesetzlichen Vergütungsansprüche ideelle Interessen nicht berührten.

4.2.1.2 Das Urheberrecht als inneres sozialgebundenes Recht (der »Imperativ der Solidarität«)

Eine neuere Lehre fordert eine innere Neuorientierung des Urheberrechts.[305] Ihrzufolge muß ein modernes Urheberrecht auch als Instrument des Ausgleichs, als Existenzgrundlage für Kunst schlechthin verstanden und damit als sozial im eigentlichen und weitesten Sinne begriffen werden.[306] Der soziale Impetus äußert sich in den schlagwortartig zusammengefaßten Begriffen vom »Urheberrecht mit dem menschlichen Antlitz« und dem Postulat »ausgleichender Gerechtigkeit«. Ausgangspunkt für diese Neuorientierung des Urheberrechts sind die veränderten Gegebenheiten[307] in der Werkverwertung. Die gesetzlichen Vergütungsansprüche zeigen, so diese Lehre, daß die traditionelle Anknüpfung einer individuellen Ertragssicherung an konkrete Nutzung und individuelle Zuordnung erschwert bzw. unmöglich ist. Deswegen sei es gerechtfertigt, die Erträge aus gesetzlichen Vergütungsansprüchen für ausgleichende Maßnahmen zwischen den Berechtigten einzusetzen. Die Rechtsgrundlage einer solchen ausgleichenden Verteilung könne unmittelbar auf Gesetz oder auf Vertrag bzw. Organisationsstatut beruhen.[308]

Dieser Gedanke, der in ähnlicher Form im Modell einer (ergänzenden) entindividualisierten Ertragssicherung aufscheint,[309] die das rechtliche Band von Werknutzung und individuellem Urheberanspruch auflöst und es durch pauschalisierte kollektive Regelungen auf vertraglicher oder institu-

304) Vgl. z.B. *Dürler*, S. 41. Dieser Gedanke klingt auch bei *Brem*, S. 60, an. Er erkennt in den gesetzlichen Lizenzen die Zuordnung von privaten Werkvermittlungen und Verbreitungshandlungen, die über die von der Erschöpfungslehre des Urheberrechts gesetzte Grenze hinausgehen. *Melichar*, S. 19, explizit für § 26und § 27 UrhG.

305) *Walter*, in: FS *Knap; ders.* in: FS 50 Jahre UrhG, S. 255ff.

306) *Walter*, in: FS *Knap*, S. 135.

307) *Walter*, in: FS *Knap*, S. 133; *ders.* in: FS 50 Jahre UrhG, S. 235ff.

308) *Walter*, in: FS *Knap*, S. 138.

309) Vgl. *Brinkmann*, S. 57.

tioneller Basis ersetzt, hat eine lange Tradition. Häufig versehen mit dem moralischen Imperativ der Solidarität,[310)] bewirkt diese Lehre eine Entkoppelung von Werknutzung und Individualbezogenheit der Zuordnung der Erträge, die einen erhöhten Sozialabzug bei gesetzlichen Vergütungsansprüchen zugunsten kollektiver urheberrechtlicher Zwecke begründen soll.

4.2.1.3 Der gesetzliche Vergütungsanspruch als neue Verwertungsart

Die Qualifikation des gesetzlichen Vergütungsanspruchs als einer neuen Verwertungsart erlaubt nach Ansicht verschiedener Autoren[311)] einen erhöhten Sozialabzug bzw. einen weit über 10 % hinausgehenden Einbehalt von den Erträgen aus der Wahrnehmung von gesetzlichen Vergütungsansprüchen.

Die Einordnung als neue Verwertungsart betrifft das rechtliche Verhältnis von gesetzlichem Vergütungsanspruch und ausschließlichem Recht des Urhebers.[312)] Der gesetzliche Vergütungsanspruch ist im Verhältnis zum ausschließlichen Recht nach dieser Ansicht eine neue Verwertungsart, weil er sich nicht in das klassische Urheberrecht als ein System ausschließlicher Rechte einfüge. Deswegen sei er als *aliud* einzustufen.[313)] Das klassische Urheberrecht mit seiner individualbezogenen Zuordnung der Erträge basiere auf der Bestimmbarkeit der Werknutzung. Die gesetzlichen Vergütungsansprüche hingegen knüpften nicht mehr an die Nutzung eines bestimmten Werkes an. So seien die Einzelnutzungen im privaten Bereich – davon sind vor allem die Vergütungen aus der gemischten Geräte- und Leerkassettenabgabe und die Bibliothekstantieme betroffen – gar nicht erfaßbar. Insofern könnten die Erträge auch nicht individualbezogen zugeordnet werden. Im übrigen zahlten die Werkvermittler als Schuldner der

310) So spricht z. B. *Melichar,* in: *Becker,* Verwertungsgesellschaften, S. 56, von »der zunehmenden Erkenntnis, daß das geistige Eigentum nicht nur gegenüber Verwertern, d. h. der Allgemeinheit, sozialgebunden ist, sondern daß unter dem Imperativ der Solidarität auch Sozialbindungen zwischen den Urhebern bestehen«. Bisher wurde die Sozialbindung des Urheberrechts nur im Konfliktfeld zwischen den Interessen der Urheber und dem Bedürfnis der Allgemeinheit auf Zugang zu den Werken relevant; vgl. nur BVerfG GRUR 1990, S. 441 – Bob Dylan. Eine überzeugende Begründung, warum die Zusammenfassung der Urheber in einer Verwertungsgesellschaft zu einer Interessengemeinschaft auch eine Solidargemeinschaft auslöse, steht aus (vgl. unten S. 121 f.). Die Idee einer Sozialbindung zwischen den Urhebern findet jedenfalls im Recht der Verwertungsgesellschaften keine Begründung.

311) So *Melichar,* in: *Becker,* Verwertungsgesellschaften, S. 50. *Brügger,* in: FS *Uchtenhagen,* S. 146, ist der Ansicht, daß eine Abzweigung von 30 % der Massennutzungsvergütung für eine allgemeine Kultur- und Kunstförderung anzustreben ist.

312) *Melichar,* in: *Becker,* Verwertungsgesellschaften, S. 50ff., benutzt den Begriff der neuen Verwertungsart für die Tatbestände der neuen Massennutzungen, insbesondere das Vermieten und Verleihen und das private Überspielen.

313) *Melichar,* S. 14.

Vergütungsansprüche eine Pauschalsumme für Nutzungen, die vielfach nicht quantifizierbar seien, so daß auch deshalb eine pauschale Verwendung der Erträge, wie z.B. durch Zuweisung an Vorsorge- und Unterstützungskassen, geboten sei.

Die pauschale Verwendung der Gelder bewirkt wiederum eine Entkoppelung von Werknutzung und Individualbezogenheit in der Zuordnung der Erträge, da der Anspruch auf Vergütung seinen Rechtsgrund in der Nutzung eines bestimmten, urheberrechtlich geschützten Werkes, das jedenfalls potentiell zuordnungsfähig ist, findet. Die im Grundsatz bestehende Individualbezogenheit der Werknutzung, die die Erhebung des Vergütungsanspruches überhaupt rechtfertigt, zeigt sich auch in der individuellen Einräumung dieser Ansprüche im Wahrnehmungsvertrag durch den einzelnen Urheber. Insofern löst auch die Theorie von der neuen Verwertungsart die Bindung von urheberrechtlicher Nutzung und individualbezogener Zuordnung der Erträge auf.

4.2.2 Die gesetzlichen Vergütungsansprüche als Derivat des ausschließlichen Rechts

Die Meinungen der Juristen über den Platz der gesetzlichen Vergütungsansprüche im zivilrechtlichen System sind ungewöhnlich weit gespannt. Die Bandbreite (oben 4.2.1) reicht vom degenerierten Herrschaftsrecht über einen absoluten urheberrechtlichen, aber rein vermögensrechtlichen Anspruch bis hin zu einem reinen Vermögensrecht, das teils als absolutes, teils als relatives Forderungsrecht angesehen wird.

Der Versuch, gemeinsame Merkmale für die im UrhG aufgeführten Vergütungsansprüche fest- bzw. aufzustellen, ist bislang nicht von Erfolg gekrönt. Dies deutet darauf hin, daß die gesetzlichen Vergütungsansprüche keinen eigenständigen Rechtstypus bilden und kaum als ein Recht *sui generis* oder als etwas vollständig Neues angesehen werden können. Das ist wenig überraschend, wenn man sich die Verschiedenartigkeit der in den Vergütungsansprüchen geregelten Nutzungstatbestände vor Augen führt. Trotzdem können die gesetzlichen Vergütungsansprüche – vorausgesetzt, es besteht Einigkeit darüber, daß sie urheberrechtsrelevante Nutzungstatbestände reglementieren – von einer grundsätzlichen Warte aus, die das Urheberrecht als einheitliches[314)] und dem monistischen Prinzip verhaftetes Recht begreift, in das urheberrechtliche System eingeordnet werden.

314) Damit ist gemeint, daß das Urheberrecht nicht nur die Summe der Befugnisse ist, die dem Urheber zustehen, sondern vielmehr das einheitliche Recht, aus dem die Befugnisse fließen; *Ulmer*, § 18 II.

Gesetzliche Vergütungsansprüche sind ausschließliche Rechte ohne Ausschließungsbefugnis. Das bedeutet, daß die gesetzlichen Vergütungsanprüche, weil sie ausschließliche Rechte sind, Teil des individualistisch geprägten Urheberrechts sind. Für die Verteilung der Einnahmen aus der Wahrnehmung gesetzlicher Vergütungsansprüche bedeutet diese Einordnung in das Urheberrecht, daß sie strikt individualbezogen zu erfolgen hat und wie bei den ausschließlichen Rechten (mit Ausschließungsbefugnis) kein Platz für einen Sozialabzug ist, erst recht nicht für einen erhöhten Sozialabzug.

Das sprachliche Verwirrspiel um das ausschließliche Recht ohne Ausschließungsbefugnis[315)] löst sich auf, wenn man sich die vielfältigen Aspekte des ausschließlichen Rechts ins Gedächtnis ruft. Bevor die für die Bestimmung des Verhältnisses von gesetzlichen Vergütungsansprüchen zum ausschließlichen Recht wesentlichen Aspekte nachgezeichnet werden, soll auf ein Phänomen aufmerksam gemacht werden, das Quelle vielfacher Mißverständnisse sein könnte:

Die Rechte der Urheber werden gemeinhin in Verwertungsrechte und Urheberpersönlichkeitsrechte eingeteilt.[316)] Diese Gruppierung birgt die Gefahr, daß der Eindruck von selbständigen, d.h. auftrennbaren Gruppen entsteht, wohingegen in Wahrheit beide abhängige und untrennbare Bestandteile eines einheitlichen Urheberrechts sind, die den Monismus zwischen Urheber und Werk beschreiben helfen sollen. Persönliche Interessen und Verwertungsinteressen durchdringen sich gegenseitig.[317)] Der Sinn der Aufspaltung der Befugnisse ist deshalb verschiedentlich kritisiert worden,[318)] weil es unmöglich ist, die beiden Interessengruppen bei den verschiedenen Befugnissen voneinander zu lösen, und mal die einen, mal die anderen Interessen im Vordergrund stehen. Der unterschwellige Eindruck, es handele sich bei den genannten Befugnissen um Rechte mit selbständigem Charakter, zeichnet den Rückfall in das dualistische Denken vor. Schon bei den Verwertungsrechten wird gelegentlich hervorgehoben, daß sie vor allem ökonomische Interessen des Urhebers schützen und ideelle Interessen nur geringe Bedeutung haben. Dadurch ist jedoch wenig gewonnen, da Verwertungsrechte die dem Verkehr zugewandte Seite des Werkes schützen, das Urheberpersönlichkeitsrecht dagegen die dem Urheber zugewandte Seite.[319)]

315) Vgl. oben S. 27 ff. zum Verhältnis von *ius exclusivum* und *ius excluendi* im Sachenrecht und im Urheberrecht.
316) Vgl. nur *Ulmer*, § 1 Ziff. 3.
317) *Hubmann*, § 8 II 3.
318) Vgl. *Riklin*, S. 29, unter Bezugnahme auf *Troller*.
319) *Hubmann/Rehbinder*, § 8 II 3.

Derartige Hervorhebungen verstärken nur die angesprochenen unterschwelligen dualistischen Vorstellungen. Dies scheint endgültig bei gesetzlichen Vergütungsansprüchen durchzuschlagen. Sie erfassen Nutzungshandlungen auf einer sehr fortgeschrittenen Stufe der Verwertung.[320)] Wie sollten hier, könnte man fragen, überhaupt noch ideelle Interessen des Urhebers betroffen sein, wenn doch schon auf früherer Verwertungsstufe, im Bereich ausschließlicher Rechte (mit Ausschließungsbefugnis), kaum ideelle Interessen tangiert werden. Der Schritt zur Qualifizierung der gesetzlichen Vergütungsansprüche als reiner Vermögensrechte nimmt vermutlich seinen Anfang in der zweifelhaften Einteilung der Urheberrechte in Teilbefugnisse eines einheitlichen Rechts.

Diese Vermutung vermag außerdem erklären helfen, warum die Qualifizierung der gesetzlichen Vergütungsansprüche als reiner Vermögensrechte keine überzeugende Begründung gefunden hat.[321)] Wie könnte man aus Rechtsgründen[322)] auch erklären, daß z.B. das Senderecht als ausschließliches Recht, das Vervielfältigungsrecht gemäß § 53 UrhG dagegen als gesetzlicher Vergütungsanspruch konzipiert ist. Beiden ist die Verwertung auf fortgeschrittener Stufe gemeinsam; doch unterscheiden sie sich wirklich darin, daß das Senderecht ideelle Interessen schützt, das Vervielfältigungsrecht jedoch nicht? Es liegt daher nahe, das Verhältnis von gesetzlichem Vergütungsanspruch zu ausschließlichem Recht nicht als das eines *aliud* anzusehen, sondern als Stufungen innerhalb derselben Gruppe. Dieses Verhältnis soll im folgenden durch die Bezeichnung des gesetzlichen Vergütungsanspruchs als Derivat des ausschließlichen Rechts bzw. durch das ausschließliche Recht ohne Ausschließungsbefugnis gekennzeichnet werden.

320) *Brem,* S. 65.

321) *Ulmer,* §§ 1 II 3, 18 I, sieht in den gesetzlichen Vergütungsansprüchen reine Vermögensrechte, die er als dritte Gruppe neben Urheberpersönlichkeitsrecht und Verwertungsrecht stellt. Eine Begründung, warum das urheberpersönlichkeitsrechtliche Band durchschnitten ist, gibt *Ulmer* nicht. Dies ist bemerkenswert, weil *Ulmer* das monistische Prinzip befürwortet und die Vergütungsansprüche als Rechte, die aus dem Urheberrecht fließen (§ 18 I), betrachtet. Seine Einordnung widerspricht zudem seinen eigenen Ausführungen, wonach das Urheberrecht im ganzen durch eine Mischung vermögensrechtlicher und persönlichkeitsrechtlicher Elemente gekennzeichnet ist (§ 18 III 1). Interessant ist in diesem Zusammenhang auch die Tatsache, daß *Ulmer* den Abschnitt über das Urheberrecht als einheitliches Recht (§ 18 II) erst im Anschluß an die Einordnung der gesetzlichen Vergütungsansprüche (§ 18 I) darstellt. *Hubmann/Rehbinder,* § 8 II 2, hingegen verneint, daß die vom UrhG als sonstige Rechte bezeichneten Befugnisse (§ 25–27 UrhG) eine dritte Gruppe bilden. Sie seien teils persönlichkeitsrechtlicher, teils vermögensrechtlicher Natur.

322) Die Unterscheidung beruht auf *tatsächlichen* Gründen, die in der Erfaßbarkeit der Nutzung wurzeln. Vergleiche hierzu oben S. 33 f. die Ausführungen zum Problem der Durchsetzbarkeit der rechtlichen Herrschaft, das durch einen ergänzenden tatsächlichen und rechtlichen Überbau zu lösen ist.

Die Qualifizierung des gesetzlichen Vergütungsanspruchs als eines ausschließlichen Rechts ohne Ausschließungsbefugnis findet ihre Bestätigung in der Aufgliederung der Aspekte des ausschließlichen Rechts, wie sie im ersten Teil dargestellt worden ist.

Oben[323)] wurde bereits ausgeführt, daß das Ausschließungsrecht, d.h. die Befugnis, andere von der Nutzung eines Werkes auszuschließen, nicht den Wesenskern eines ausschließlichen Rechts ausmacht. Der Wesenskern liegt vielmehr in der Drittbezogenheit des Rechts; die von einem ausschließlichen Recht vermittelte Rechtsmacht besteht gegenüber jedem Dritten.[324)] Diesen Wesenskern weist auch der urheberrechtliche Vergütungsanspruch auf, da der Anspruch auf Zahlung einer angemessenen bzw. vom Gesetzgeber festgelegten Vergütung gegenüber jedem potentiellen Nutzer besteht. Folglich ist der gesetzliche Vergütungsanspruch im Prinzip ein absolutes und ein ausschließliches Recht. Diese Feststellung wird deutlicher, wenn man erkennt, daß die Funktion des durch den gesetzlichen Vergütungsanspruch beschnittenen Verbotsrechts, einen Preis für die Nutzung eines Werkes zu verhandeln, erhalten bleibt.[325)] An die Stelle des autonom verhandelnden Urhebers tritt in den Fällen, in denen dem Urheber ein Anspruch auf angemessene Vergütung zugesprochen ist, die in die Pflicht genommene Verwertungsgesellschaft (Verwertungsgesellschaftenpflichtigkeit des Anspruchs) und im übrigen der Gesetzgeber, wenn er sich die Bestimmung der Höhe der Vergütung vorbehalten hat. Der ursprünglich völlig ungebundene individualistische Gehalt des ausschließlichen Rechts wird gemindert auf ein objektiviertes geldwertes Interesse. Das umfassende Herrschaftsrecht wird ein reduziertes Herrschaftsrecht. Die Vorstellung, der gesetzliche Vergütungsanspruch hebe das Verbotsrecht auf, verkennt den Funktionsgehalt des Verbotsrechts und dessen Funktionsübernahme durch den gesetzlichen Vergütungsanspruch. Er hebt nicht das Verbotsrecht auf, sondern beschränkt lediglich die individualbezogene Verhandlungsmacht.[326)] Dagegen bleibt die umfassende Zuweisung des Rechts an den Urheber erhalten, so daß die Verteilung der Einnahmen aus gesetzlichen Vergütungsansprüchen individualbezogen erfolgen muß. Das Recht selbst gibt keinen Anhalt für eine Entkoppelung von Urheberrecht und Individualbezogenheit, weil der gesetzliche Vergütungsanspruch ein dem Ur-

323) S. oben S. 29 ff.

324) *v. Tuhr,* s. Fn. 76.

325) Vgl. oben S. 39 f.

326) *Dürler,* S. 118: »Der urheberrechtliche Vergütungsanspruch entsteht erst durch die gesetzliche Beschränkung des Verbietungsrechts.« *Brem,* S. 24, weist darauf hin, daß der Vergütungsanspruch höher sein kann als die mit einer herrschaftlichen Befugnis erzielbare Vergütung. Beschränkung des Verbotsrechts bedeutet daher nicht zwangsläufig Verminderung der Höhe des zu zahlenden Entgelts; ebenso *Dürler,* S. 135.

heber zugewiesenes und drittbezogenes, also absolutes Recht[327)] ist. Gleiches ist gemeint mit den gesetzlichen Vergütungsansprüchen als ausschließlichen Rechten ohne Ausschließungsbefugnis.

Bleibt deshalb selbst aus dualistischem Blickwinkel – der Vergütungsanspruch als reines Vermögensrecht – der gesetzliche Vergütungsanspruch trotz Wegfalls der Ausschließungsbefugnis ein ausschließliches Recht, so wird dies aus monistischer Sicht erst recht augenfällig: Das ausschließliche Urheberrecht ist immer ein vom monistischen Prinzip beherrschtes Recht. Das bedeutet, daß trotz der Beschränkung des Verbotsrechts in seiner materiellen Stoßrichtung dem Urheber die ideellen Befugnisse ungekürzt erhalten bleiben.[328)] Die Untrennbarkeit der vermögens- und urheberpersönlichkeitsrechtlichen Befugnisse hat daher zur Konsequenz, daß der gesetzliche Vergütungsanspruch als ein um das Ausschließungsrecht verkürztes ausschließliches Recht immer ein absolutes und individualbezogenes Recht bleibt.[329)] Aus dualistischer Sicht ist es daher – wie oben ausgeführt – gerechtfertigt, das ausschließliche Recht des Urhebers als doppeltes absolutes Recht bzw. als doppeltes Verbotsrecht verständlich zu machen.

Die Ursachen für die abweichende Einordnung der gesetzlichen Vergütungsansprüche liegen vermutlich in den auf tatsächlicher Ebene anzusiedelnden Problemen der Erfassung der Nutzungen und der individualbezogenen Verteilung der Einnahmen. Hinzu kommt, daß die Einordnung als reines Vermögensrecht Züge eines Dogmas aufweist. Letzteres zeigt sich beispielsweise darin, daß trotz bestehender Zweifel an der Richtigkeit[330)] nicht die Grundaussage, daß der gesetzliche Vergütungsanspruch ein reines Vermögensrecht sei, auf ihre Vereinbarkeit mit den das Urheberrecht beherrschenden Prinzipien überprüft und kritisch gewürdigt wird, sondern die »urheberrechtskonforme Lösung« auf der Ebene des Vergütungsanspruchs mittels einer kaum nachvollziehbaren Aufspaltung in eine urheberrecht-

327) *Küfner,* S. 107: »Die fehlende Ausschlußwirkung der Vergütungsbefugnisse vermag deshalb nichts an der insgesamt absoluten Natur des Urheberrechts zu ändern.«

328) Die Geltendmachung ideeller Befugnisse bei gesetzlichen Vergütungsansprüchen ist – sofern eine Verletzung auf fortgesetzter Verwertungsstufe praktisch vorstellbar ist – ein *tatsächliches* Problem, das mittels der rechtlichen Herrschaft zu lösen ist.

329) In dieser Klarheit für das österreichische UrhG *Juranek,* in: FS 50 Jahre UrhG, S. 163ff.: »§§ 15 und 17 UrhG sagen eindeutig, daß die Verwertungsrechte dem Urheber zustehen. Die Einführung einer gesetzlichen Lizenz mit dem Anspruch auf angemessene Vergütung ändert nichts an der Tatsache, daß es sich um die in den §§ 15 und 17 UrhG genannten Verwertungsrechte handelt.«

330) Diese klingen bei *Riklin* an, wenn er trotz der unzweifelhaften Einordnung des Vergütungsanspruchs als eines einfachen Forderungsrechts (S. 99f.) an anderer Stelle schreibt, daß in Fällen gesetzlicher Lizenzen kaum ideelle Interessen betroffen sein können (S. 111f.). Ebenso *Küfner,* S. 93, er vermag die Vermutung, daß die Vergütungsbefugnisse nur im vermögensrechtlichen Bestandteil des Urheberrechts zu suchen sind, bei einzelnen Vergütungsansprüchen nicht zu bestätigen.

liche Vergütungsbefugnis und einen rein vermögensrechtlichen Vergütungsanspruch gesucht wird.[331)]

Die hier vertretene Auffassung, daß der gesetzliche Vergütungsanspruch ein ausschließliches Recht ohne Ausschließungsbefugnis und daher ein (ab-)gestuftes, derivatives ausschließliches Recht ist, fügt sich nahtlos in das urheberrechtliche Schutzkonzept der *lex lata* ein. Demgegenüber lassen sich sozial- und gesellschaftspolitisch motivierte ergänzende Schutzsysteme nach eigenem Bekenntnis *de lege lata* nicht begründen; die Individualbezogenheit der gesetzlichen Vergütungsansprüche hingegen läßt sich wie ausgeführt sehr wohl begründen. Sie wirkt einer schleichenden Aushöhlung des geltenden Schutzsystems entgegen und hilft, die Akzeptanz der Entgeltpflicht gegenüber den Nutzern zu erhöhen, wenn es den Verwertungsgesellschaften gelingt, die bestehenden tatsächlichen Probleme in einer praktikablen, den Individualbezug erhaltenden Weise zu lösen.

Der Individualbezug gilt trotz entgegenstehender Auffassung[332)] auch für die gesetzlichen Vergütungsansprüche, die das Urheberrecht über den Erschöpfungsgrundsatz hinaus ausdehnen, insbesondere für das Folgerecht (§ 26 UrhG) und die Bibliothekstantieme (§ 27 UrhG). Wenn der Gesetzgeber bislang freie Nutzungshandlungen entgeltpflichtig macht, schafft er neue ausschließliche Rechte ohne Ausschließungsbefugnis, die daher individualbezogen sind.[333)] Genausogut hätte der Gesetzgeber ein echtes Vermietrecht schaffen können.

Gegen die Individualbezogenheit der gesetzlichen Vergütungsansprüche spricht schließlich auch nicht das rechtssystematische Argument, daß mit der Regelung der gesetzlichen Vergütungsansprüche außerhalb der Vorschriften über das Urheberpersönlichkeitsrecht und die Verwertungsrechte eine Entscheidung gegen eine individualbezogene Anknüpfung dieser Ansprüche getroffen sei.[334)] Die Entstehungsgeschichte der gesetzlichen Vergütungsansprüche zeigt, daß der Gesetzgeber das drängende Problem

331) Beispielhaft für die Verlagerung des Problems, *Küfner,* S. 79–81. Die Ungereimtheiten im Verhältnis der Vergütungsansprüche zum Urheberrecht führen ihn zu der Frage, ob nicht etwa innerhalb des Begriffs der Vergütungsansprüche eine Differenzierung zu treffen ist, nicht aber zu der Frage, ob die Prämisse richtig ist; vgl. aber Fn. 330.

332) *Melichar,* S. 13 und 19, erkennt in einigen gesetzlichen Vergütungsansprüchen von vorneherein nicht existierende ausschließliche Verwertungsrechte, die daher auch nicht dem Urheber zuwachsen. Er knüpft mit dieser Ansicht an die oben S. 83 f. dargestellte Meinung an, daß die von den Vergütungsansprüchen erfaßten Nutzungshandlungen nicht mehr auf die traditionellen ausschließlichen Rechte zurückgeführt werden können.

333) *Dürler,* S. 134, geht von der konsequenten Anerkennung des umfassenden Herrschaftsrechts aus. In den Fällen, in denen Vergütungsansprüche bislang freie Nutzungshandlungen unter urheberrechtlichen Schutz stellen, muß stets das umfassende Herrschaftsrecht Ausgangspunkt sein, selbst wenn dessen Einführung mit der gleichzeitigen Belastung durch eine gesetzliche Lizenz zusammenfällt.

334) S. oben S. 83.

der kostenlosen Nutzung urheberrechtlicher Werke infolge des rasanten technischen Fortschritts lösen wollte. Die aufeinanderprallenden Interessen von Urheber und (industriegebundenen) Nutzervereinigungen hat er durch gesetzliche Vergütungsansprüche auszugleichen versucht, indem er die beiderseitigen Interessen, Entgeltpflichtigkeit der neuen Nutzungsarten und nutzerfreundlichen Zugang, berücksichtigte. Eine bewußte Entscheidung im Sinne einer Ausrichtung am klassischen Schutzsystem bzw. eine Orientierung hin zu neuen Schutzrechtssystemen hat der Gesetzgeber nicht beabsichtigt.[335] Die Aufgabe, diese neuen Ansprüche in das dogmatische Gebäude einzufügen, ist der Rechtswissenschaft überlassen. Berücksichtigt man die Vielfalt der Nutzungen, die von gesetzlichen Vergütungsansprüchen erfaßt werden, so wird klar, daß der Vergütungsanspruch allein eine rechtstechnische Funktion erfüllt. Er ist eine von mehreren Möglichkeiten zur Erfassung und finanziellen Abgeltung von urheberrechtlichen Nutzungshandlungen. Die Suche nach rechtstheoretischen und -dogmatischen Gemeinsamkeiten der Vergütungsansprüche wird insoweit obsolet. Denn wenn es möglich ist, dieselbe Nutzungshandlung entweder durch eine Kombination von ausschließlichem Recht und Verwertungsgesellschaftenpflichtigkeit oder aber durch einen gesetzlichen Vergütungsanspruch zu erfassen, bleibt kein Raum für Unterscheidungen, die im ersten das volle Urheberrecht, im letzten ein reines Vermögensrecht erkennen. Der Inhalt des Urheberrechts, Urheberpersönlichkeitsrecht und Vermögensrecht, kann durch diese Transformation nicht berührt sein. Es bleibt daher bei der Feststellung, daß gesetzliche Vergütungsansprüche derivative ausschließliche Rechte mit striktem Individualbezug sind.

Dieses Ergebnis, das sich im wesentlichen auf urheberrechtliche Aspekte stützt, findet seine Bestätigung auch im Verfassungsrecht. Die Eigentumsgarantie des Art. 14 GG sichert dem Urheber das Recht zur wirtschaftlichen Verwertung des Werkes. Nutzung und Verwertung des Werkes sind daher Eigentumsgebrauch.[336] Dort, wo öffentliche Teilhabeinteressen das Verfügungsrecht des Urhebers hinsichtlich der Nutzung seines Werkes verdrängen, wird dieses durch einen gesetzlichen Vergütungsanspruch ersetzt. Der Vergütungsanspruch ist das Surrogat für die entzogene Verfügungsbefugnis.[337] Der Entzug der Verfügungsbefugnis ändert jedoch nichts an der wirtschaftlichen Zuordnung des Werkes zum Eigentum des Urhebers.[338] Der verfassungsrechtliche Schutz von Art. 14 GG erstreckt sich auch auf die

335) So auch *v. Lewinski*, S. 6, für den Vergütungsanspruch aus § 27 UrhG.
336) *Kirchhof*, S. 25.
337) A.a.O., S. 38.
338) *Kirchhof*, S. 38 .

gesetzlichen Vergütungsansprüche.[339] Die Erträge aus der Wahrnehmung gesetzlicher Vergütungsansprüche sind daher grundsätzlich individuell zu verteilen.[340]

Die Verwertungsgesellschaft ist daher verpflichtet, den Ertrag aus der Wahrnehmung gesetzlicher Vergütungsansprüche, den sie zunächst für das Kollektiv der Berechtigten pauschal erhebt, in individuelle Vergütungsansprüche zu zerlegen.[341] Zur Ermittlung der tatsächlichen bzw. einer annähernd wahrscheinlichen Nutzung der Werke hat sie in vertretbarem Umfang Erhebungen anzustellen, auf deren Grundlage die Erträge dann verteilt werden müssen. Jede Verteilung, die dem Grundsatz der individuellen Zuordnung der Erträge zuwiderläuft, verstößt gegen Art. 14 GG.

Insgesamt ist daher festzustellen, daß die Einnahmen aus der Wahrnehmung gesetzlicher Vergütungsansprüche individuell und unter Zuhilfenahme von nutzungsabhängigen Annäherungswerten zu verteilen sind. Ein (erhöhter) Sozialabzug ist mit dem Urheberrecht nicht vereinbar.

339) So auch *Kirchhof*, S. 38.
340) Vgl. *Kirchhof*, S. 26 und S. 38 .
341) A.a.O., S. 31f.

5 *Die Vorsorge- und Unterstützungseinrichtungen der Verwertungsgesellschaften*

Künstlerischer Erfolg ist nicht planbar. Zu unkalkulierbar sind die Faktoren, die über den Erfolg oder Mißerfolg eines Künstlers entscheiden. Zwar gelingt es professionellen Vermarktern, zum Teil unter erheblichem finanziellem Einsatz mit entsprechendem Investitionsrisiko, den wirtschaftlichen Erfolg von künstlerischen Werken oder Künstlerpersönlichkeiten zu pushen und über einen gewissen Zeitraum aufrechtzuerhalten. Langfristig angelegte Erfolgsstrategien, die in vielen anderen Wirtschaftszweigen die Basis für eine dauerhafte und kalkulierbare Existenzgrundlage sind, versagen dagegen in Kunst und Kultur. Der wirtschaftliche Erfolg eines Kunstwerkes ist vielfach von kurzlebigen Modeströmungen abhängig. Was heute erfolgreich ist, ist schon morgen »out«. Der wirtschaftliche Geldsegen ist kurz, der Absturz steil. Gleichmäßige Einkünfte aus der Verwertung ihrer Werke erreichen nur wenige Urheber.[342)] Hinzu kommt, daß viele Kunstformen nur ein selektives Publikum erreichen (wollen), da künstlerische Werke nach dem Verständnis der meisten Urheber nicht zur Massengenußware taugen. Die finanzielle Lebensgrundlage vieler Künstler ist daher, soweit die Kunst die Haupteinnahmequelle ist, starken Schwankungen ausgesetzt.

Die Idee einer sozialen Sicherung der Künstler ist aus dieser Erfahrung seit Jahrzehnten fester Bestandteil der Tätigkeit von Verwertungsgesellschaften. Aufgrund der spezifischen Entwicklungen und Traditionen haben die Verwertungsgesellschaften sehr unterschiedliche Sicherungs- und Unterstützungssysteme auf- und ausgebaut. Die Bandbreite reicht von einer sozialversicherungsähnlichen Altersversorgung bis hin zu Unterstützungszahlungen in akuter sozialer Not, die an das Kriterium der Bedürftigkeit, wie es im Sozialrecht gilt, sowie an Notlagen durch Krankheit oder Unfall anknüpfen.

Der Gesetzgeber hatte bei der Verabschiedung des WahrnG primär das sozialversicherungsähnliche Modell der Altersversorgung vor Augen. In der Begründung des Regierungsentwurfs zu § 8 WahrnG nahm er ausdrücklich auf die sozialen Einrichtungen der GEMA, die ihren Schwerpunkt in der Alterssicherung[343)] haben, Bezug.[344)]

342) Dies zeigt sich besonders deutlich bei der GEMA. Den Status eines ordentlichen Mitglieds, der ein Mindestaufkommen über einen Zeitraum von fünf Jahren voraussetzt (§ 7 Ziff. 1 Satzung GEMA), erreichen nur 1.948 von 30.020 Mitgliedern, vgl. GEMA-Geschäftsbericht 1991, S. 20.

343) Dazu unten S. 101 ff.

344) Begründung des Regierungsentwurfs zu § 8 WahrnG, abgedruckt in UFITA Bd. 46 (1966), S. 281.

Der Gesetzgeber handelte dabei nicht uneigennützig, da zu diesem Zeitpunkt eine soziale Grundsicherung für Künstler, die heute durch das Künstlersozialversicherungsgesetz errichtet ist, nicht existierte.

Die Vorsorge- und Unterstützungseinrichtungen der Verwertungsgesellschaften stehen vor großen Herausforderungen. Die tatsächlichen und rechtlichen Rahmenbedingungen der internen Sozialfür- und vorsorge haben sich gravierend verändert. Die Künstlersozialversicherung schafft seit 1983 eine soziale Grundsicherung für viele Urheber. Sie hat damit einen Großteil der Aufgaben übernommen, die ursprünglich von den Verwertungsgesellschaften in bescheidenerem Umfang erfüllt werden konnten. Der Zwang zur Selbsthilfe, der Vorsorge- und Unterstützungseinrichtungen überhaupt hat erst entstehen lassen, ist dadurch vielfach gemildert. Der starke Zuwachs der Wahrnehmungsberechtigten – z. B. bei der GEMA von 13.765 Mitgliedern am 31. Dezember 1982 auf 30.020 am 31. Dezember 1991[345] – hat die Zahl der potentiellen Zuwendungsempfänger von sozialen Leistungen drastisch gesteigert. Änderungen in den Kriterien für die Leistungsgewährung scheinen unausweichlich. Gleichzeitig hat die Anzahl derer, die neben ihrem künstlerischen Schaffen andere Berufe ausüben, zugenommen, so daß zusätzliche Einkünfte und eventuelle Versorgungsbezüge zur finanziellen Sicherung beitragen. Schließlich darf auch nicht übersehen werden, daß die Finanzierung der Unterstützungskassen aus den Erträgen der Urheber zu einer Divergenz der Interessen von Verwertungsgesellschaft und ihren Berechtigten führen kann. Soziale Leistungen an Wahrnehmungsberechtigte helfen nicht nur, individuelle Not zu lindern. Sie bringen den Verwertungsgesellschaften auch einen nicht zu unterschätzenden Imagegewinn.[346] Diese Möglichkeit der Selbstdarstellung birgt jedoch die Gefahr, daß die aus der treuhänderischen Bindung bestehende Verpflichtung, die Erträge entsprechend dem Zuweisungsgehalt des ausschließlichen Rechts individuell zu verteilen, vernachlässigt wird, um bestehende Finanzquellen, insbesondere die Erträge aus gesetzlichen Vergütungsansprüchen, für die Ausstattung der Sozialkassen auch weiterhin nutzen zu können. Dies stünde im Widerspruch zu dem Interesse der Wahrnehmungsberechtigten.

Der Sozialabzug ist aufgrund der Einbeziehung von Satzung und Verteilungsplan zwingender Bestandteil des Berechtigungsvertrages. Die Summe der Abzüge ist daher eine feste Haushaltsgröße, mit der die Ausgaben der

345) Geschäftsbericht GEMA 1991, S. 33.

346) Vgl. auch *Ficsor*, Copyright 1985, 351. Er zitiert *Jean-Alexis Ziegler*, den Generalsekretär der CISAC, zu den kulturellen Aktivitäten der Verwertungsgesellschaften mit den Worten: "Objectives of this nature have the double merit of enabling authors' societies to contribute to the development of the cultural life of a country and to enjoy a prestige which facilitates their actions in all fields."

Sozialkassen vorausgeplant werden können. Dieser Zwangsabzug ist aus der Sicht des Urhebers unbefriedigend, da ihm angesichts der faktischen Monopolstellung der Verwertungsgesellschaften eine Alternative nicht offensteht.[347)] Widerstand gegen den Zwangsabzug leisten nur wenige der Wahrnehmungsberechtigten. Die meisten sind froh und dankbar, von ihrer Verwertungsgesellschaft alljährlich einen Scheck in Höhe der individuell errechneten Ausschüttung zu erhalten. Daß auf diesen Betrag bereits ein Zwangsabzug für soziale und kulturelle Zwecke lastet, der von dem individuellen Aufkommen einbehalten ist, mag manchen Wahrnehmungsberechtigten erzürnen.[348)] Dennoch muß auch dieser Wahrnehmungsberechtigte, wenn er sich dagegen auflehnen will, eine psychologische Hemmschwelle überwinden: Ohne die Leistung der Verwertungsgesellschaft hätte er auf den seinem Konto gutgeschriebenen Ertrag ganz verzichten müssen: Kann man dann guten Gewissens den Zwangsabzug beanstanden? Vielfach herrscht auch große Unsicherheit und Unwissenheit über die rechtliche Situation. Die Regelungen des Berechtigungsvertrages sind sehr komplex und für den juristischen Laien undurchschaubar. Schließlich mögen auch viele vor dem steinigen Weg der Ausübung ihrer vereinsrechtlichen Mitwirkungsbefugnisse zurückschrecken und verzichten deshalb darauf, sich um Satzungsänderungen zu bemühen. Die Transparenz und der Bekanntheitsgrad des sozialen Leistungsangebots der Verwertungsgesellschaften sind außerdem sehr gering. Nur die wenigsten wissen die Möglichkeiten effektiv zu nutzen.[349)]

Im folgenden wird die Praxis des Sozialabzuges und der Verwendung der Gelder bei der GEMA und der VG Wort beispielhaft dargestellt. Das Augenmerk richtet sich dabei besonders auf die Beachtung des Grundprinzips des Urheberrechts als eines ausschließlichen Rechts, dessen Inhalt zuvor dargestellt worden ist. Die Verletzung dieses Prinzips bewirkt eine ungerechtfertigte Entindividualisierung der übertragenen Rechte, die man als Vergesellschaftung des Urheberrechts bezeichnen muß.

347) *Ficsor,* Copyright 1989, Nr. 303: "When they (the authors) join or are considered to have joined the collective administration organization, the fact of deduction (for social and cultural purposes) emerges as part of a 'take it or leave it' package."

348) Ein eindrucksvolles Beispiel liefert *Dittrich,* ZUM 1985, S. 556, der einen Brief des Komponisten *Liebermann* zitiert. Dort heißt es unter anderem: »Mit welchem Recht kann man mir überhaupt Geld, das ja Lohn für meine Arbeit ist, wegnehmen?« Weiter: »Sollte damit gemeint sein, eine Art von Volksrente für jeden anerkannten (von wem anerkannten?) schaffenden Künstler zu erfinden, müßte ich mich scharf dagegen aussprechen.«

349) *Fohrbeck,* S. 44, allgemein für die Hilfsfonds für Künstler.

5.1 *Die GEMA*

5.1.1 Transparenz der Normen betreffend den Abzug für soziale und kulturelle Zwecke

Die Normen, die den Einbehalt von Geldern für soziale und kulturelle Zwecke sowie deren bestimmungsgemäße Verwendung regeln, finden sich verstreut in den verschiedenen Regelwerken der GEMA.[350)] Dieses Normengeflecht ist für den juristisch nicht versierten Berechtigten nur schwer durchschaubar. Die Technik der Verweisung auf andere Vorschriften beherrscht das Bild. § 6a) des Berechtigungsvertrages, der die Rechtsgrundlage des Vertragsverhältnisses von Berechtigten und GEMA ist, bestimmt, daß Satzung und Verteilungsplan, deren Aushändigung zugleich bestätigt wird, Bestandteil dieses Vertrages sind. Der Berechtigungsvertrag selbst enthält keine Bestimmung über soziale oder kulturelle Einrichtungen der GEMA.[351)] § 17 Satz 1 der Satzung der GEMA bestimmt sodann, daß die Verteilung des Aufkommens einschließlich der für soziale und kulturelle Zwecke bereitgestellten Mittel nach einem Verteilungsplan erfolgt. Die Herkunft dieser so bereitgestellten Mittel, deren Verteilung in Satz 1 von § 17 Satzung der GEMA bereits vorangestellt ist, klärt sich in Satz 2 der angesprochenen Vorschrift. Ihm zufolge sind die allgemeinen Grundsätze des Verteilungsplans Bestandteil der Satzung. Die Inkorporation dieser Grundsätze in die Satzung folgt einer entsprechenden gesetzlichen Anordnung in § 7 S. 3 WahrnG.[352)] Dabei ist zu beachten, daß der Verteilungsplan der GEMA zweigeteilt ist. Abschnitt A enthält den Verteilungsplan für das Aufführungs- und Senderecht (Verteilungsplan A), Abschnitt B enthält den Verteilungsplan für das mechanische Vervielfältigungsrecht (Verteilungsplan B).[353)] Beide Abschnitte haben jeweils eigene und voneinander abweichende Allgemeine Grundsätze. Die Allgemeinen Grundsätze beinhalten

350) Sämtlich abgedruckt in GEMA-Jahrbuch 1991.

351) § 5a Berechtigungsvertrag erwähnt lediglich die Verpflichtung des Berechtigten, im Falle der Zuwiderhandlung gegen diese Vorschrift einen bestimmten Betrag an die Sozialkasse der GEMA abzuführen.

352) Daß die inhaltliche Wiederholung der gesetzlichen Anordnung in der Satzung der GEMA den vom Gesetzgeber intendierten Zweck erfüllt, ist zweifelhaft. Viel näher liegt die Annahme, daß verhindert werden soll, daß grundlegende Bestimmungen, zu denen der Sozialabzug und dessen Verwendung zu zählen sind, in einem Regelwerk mit eher technischem Charakter, wie ihn der Verteilungsplan darstellt, untergehen. Dagegen hält *Reinbothe,* in: *Schricker,* § 7 WahrnG Rdnr. 9, einen pauschalen Verweis in der Satzung auf die Grundsätze des Verteilungsplans für ausreichend.

353) Die Zweiteilung hat historische Gründe. Die mechanischen Vervielfältigungsrechte wurden früher von einer selbständigen Verwertungsgesellschaft, der Anstalt für mechanisch-musikalische Rechte (AMMRE), wahrgenommen. Diese ging infolge Fusion 1938 in der STAGMA, der Rechtsvorgängerin der GEMA, auf; hierzu *Schulze,* S. 40ff. (S. 48).

zum Teil sehr detaillierte Vorschriften und sind den Ausführungsbestimmungen zu dem jeweiligen Verteilungsplan vorangestellt. § 1 Ziff. 4 a) Allgemeine Grundsätze Verteilungsplan A und § 1 Ziff. 2 Allgemeine Grundsätze Verteilungsplan B klären auf, daß sogenannte unverteilbare Beträge sowie ein 10%iger Abzug von der Verteilungssumme aus Verteilungsplan A, d.h. von den Erträgen aus dem Aufführungs- und Senderecht, für soziale und kulturelle Zwecke bereitgestellt werden. Diese Normen des Verteilungsplans sind, wie bereits gezeigt, über § 17 Satz 2 Satzung der GEMA, wonach die Allgemeinen Grundsätze des Verteilungsplans Bestandteil der Satzung sind, in die Satzung inkorporiert. Gleiches gilt für die in den beiden Verteilungsplänen A und B identische Anordnung, daß die Bereitstellung der Gelder in Erfüllung des sozialen Zweckes zugunsten der GEMA-Sozialkasse und der Alterssicherung geschieht, im übrigen, d.h. in Erfüllung des kulturellen Zwecks, die Mittel im Rahmen der verschiedenen Wertungs- und Schätzungsverfahren verteilt werden. Die Verteilung der Gelder der Sozialkasse wiederum wird in der Satzung der Sozialkasse nebst Ausführungsbestimmungen geregelt. Die Alterssicherung dagegen, die ein Bestandteil der sozialen Sicherung ist, wird in einem Anhang zur Geschäftsordnung für das Wertungsverfahren, d.h. dem Normenkomplex, der die kulturelle Förderung betrifft, geregelt.

Einzelheiten zu den sozialen und kulturellen Einrichtungen sind einem späteren Abschnitt vorbehalten.

Die vorstehenden Ausführungen haben gezeigt, daß ein Berechtigter nur bei entsprechender Hartnäckigkeit oder durch kundige Beratung oder eigene Erfahrung die sozialen und kulturellen Unterstützungseinrichtungen verstehen kann. Nur dann kann er auch seine Mitwirkungsrechte effektiv ausüben und auf die Verwaltung seiner Rechte Einfluß nehmen. Die Kompliziertheit der Verweisungstechnik mag historische Gründe haben und auf dem stetigen Ausbau der Leistungen und der notwendigen Verfeinerung der entsprechenden Regeln beruhen. Dessen ungeachtet ist die GEMA schon wegen ihrer Stellung als Treuhänder zur informativen Aufklärung ihrer Mitglieder verpflichtet.[354)]

354) Der Berechtigungsvertrag verpflichtet die GEMA nicht, auch die Satzung der Sozialkasse und die Geschäftsordnung zum Wertungs- und Schätzungsverfahren auszuhändigen. Gerade diese Regelwerke bilden aber die Rechtsgrundlage für die soziale und kulturelle Förderung der Mitglieder. Allerdings schreibt die GEMA-Sozialkasse die ordentlichen Mitglieder, die das 60. Lebensjahr vollendet haben, unaufgefordert an und informiert über die Voraussetzungen der Leistungsgewährung.

5.1.2 Finanzierung der sozialen und kulturellen Aufgaben

Die Erträge, die zur Finanzierung der sozialen und kulturellen Aufgaben herangezogen werden, fließen zunächst in einen gemeinsamen Haushaltstitel. § 1 Ziff. 4 a) Allgemeine Grundsätze Verteilungsplan A und § 1 Ziff. 2 Allgemeine Grundsätze Verteilungsplan B bestimmen insoweit, daß die einzelnen Ertragspositionen für soziale *und* kulturelle Zwecke bereitgestellt werden. Das Beteiligungsverhältnis an der Gesamtsumme, d.h. die Aufspaltung in einen sozialen und einen kulturellen Haushaltstitel, wird von Vorstand und Aufsichtsrat entsprechend einer gleichlautenden Bestimmung in den Allgemeinen Grundsätzen[355)] erst später festgelegt. Hierdurch ist eine Flexibilität in der Mittelzuweisung gesichert, die im Falle von Ertragsschwankungen eine Gewichtung zugunsten sozialer Leistungen erlaubt.

Die Speisung der insgesamt für soziale und kulturelle Zwecke bereitstehenden Mittel erfolgt im wesentlichen aus zwei Quellen. Zum einen handelt es sich um Erträge, die in den Allgemeinen Grundsätzen beider Verteilungspläne unter dem Oberbegriff der unverteilbaren Beträge zusammengefaßt sind.[356)] Zum anderen handelt es sich um den Sozialabzug aus dem Aufführungs- und Senderecht.[357)] Gemäß CISAC-Standardvertrag beträgt er höchstens 10 %.[358)]

Der Gesamtbetrag für soziale und kulturelle Zwecke belief sich im Geschäftsjahr 1991 auf insgesamt ca. 78,5 Mio DM.[359)]

Der Hauptanteil entfällt auf die unverteilbaren Beträge. Hierzu zählen insbesondere Zinserträge, Aufnahme- sowie Verwaltungsgebühren und Konventionalstrafen.[360)] Im Geschäftsjahr 1991 wurden Zins- und Wertpapiererträge von 45 Mio DM erzielt.[361)] Es handelt sich hierbei um die Anlage von Wahrnehmungserträgen, die erst nach ihrer Zuordnung an die

355) § 1 Ziff. 4 a) Satz 5 Allgemeine Grundsätze Verteilungsplan A und § 1 Ziff. 2 Satz 4 Allgemeine Grundsätze Verteilungsplan B.

356) § 1 Ziff. 4 a) Satz 2 Allgemeine Grundsätze Verteilungsplan A und § 1 Ziff. 2 Satz 1 Allgemeine Grundsätze Verteilungsplan B.

357) § 1 Ziff. 4 a) Allgemeine Grundsätze Verteilungsplan A.

358) Art. 8 Abs. 2 CISAC-Standardvertrag, abgedruckt in GEMA-Jahrbuch 1991, S. 86. Der BIEM-Standardvertrag, der das Vervielfältigungsrecht betrifft, enthält keine Klausel über einen Einbehalt für soziale oder kulturelle Zwecke.

359) Angabe auf Anfrage. Der Betrag gilt für den Abrechnungszeitraum 1990. In den Geschäftsjahren 1989 und 1990 beliefen sich die Gesamtausgaben auf 59,4 Mio DM bzw. auf 67,9 Mio DM. Die Zahlen für die Jahre 1989 und 1990 ergeben sich aus der Addierung der Einzelpositionen Wertungs- und Schätzungsverfahren, Alterssicherung und Sozialkasse, veröffentlicht im GEMA-Geschäftsbericht 1990, S. 26.

360) § 1 Ziff. 4 a) und § 1 Ziff. 2 Allgemeine Grundsätze Verteilungsplan A und B.

361) GEMA-Geschäftsbericht 1991, Anlage 1 (S. 33); die sonstigen Erträge beliefen sich auf insgesamt 60,4 Mio DM (a.a.O., S. 19).

jeweiligen Berechtigten zur Ausschüttung kommen. Die Kapitalanlage dieser Liquiditätsreserven liegt im Interesse der Berechtigten. Strenggenommen handelt es sich bei den hieraus erzielten Erträgen jedoch nicht um unverteilbare Beträge. Dem angelegten Kapital steht eine Vielzahl von Kapitalkonten der Mitglieder gegenüber. Auch wenn der von jedem Berechtigten eingebrachte Kapitalanteil erst nach der Auswertung der auf ihn entfallenden Nutzung feststeht, könnte der hierauf entfallende Zinsertrag individuell zugeordnet werden. Dies entspräche dem Zuweisungsgehalt des ausschließlichen Rechts. Auf die unverteilbaren Beträge entfallen weiterhin die Erträge aus Aufnahmegebühren und Mitgliedsbeiträgen.[362)] Auf eine weitere Aufschlüsselung der unverteilbaren Beträge muß hier verzichtet werden.[363)]

In diesem Zusammenhang ist jedoch auf eine Ermächtigungsnorm in den Allgemeinen Grundsätzen[364)] hinzuweisen. Danach kann die GEMA mit Zustimmung des Aufsichtsrats Beträge als unverteilbar behandeln, wenn die Kosten für die Verteilung in keinem Verhältnis zur Einnahme stehen. Diese Norm bietet einen weiten Ermessensspielraum und könnte zur Steigerung der Einnahmen für soziale und kulturelle Zwecke in nicht unerheblichem Umfang eingesetzt werden. Bislang ist von dieser Norm jedoch nur sehr zurückhaltend und in Einzelfällen Gebrauch gemacht worden.

Der Sozialabzug vom Aufführungs- und Senderecht gemäß § 1 Ziff. 4 a) Satz 1 Allgemeine Grundsätze Verteilungsplan A belief sich im Geschäftsjahr 1991 auf 25,08 Mio DM.[365)] Sein Anteil am Gesamtaufkommen für soziale und kulturelle Zwecke beträgt damit annähernd ein Drittel. Setzt man den Ertrag aus dem Sozialabzug in Relation zu den Erträgen für das Aufführungs- und Senderecht – 1991 353 Mio DM[366)] –, verwundert angesichts des fixen 10%igen Sozialabzugs die auf den ersten Anschein gering wirkende Ertragshöhe. Sie erklärt sich aus Abschnitt VIII Ziff. 1 der Ausführungsbestimmungen zu Verteilungsplan A. Danach entspricht die an die Bezugsberechtigten insgesamt zu verteilende Summe der Höhe der Gesamteinnahmen – 1991 353 Mio DM – abzüglich der Gesamtkosten und der sonstigen im Verteilungsplan vorgesehenen Abzüge. Die Gesamtkosten für die Verwaltung der Rechte in Verteilungsplan A schwanken zwischen

362) Die geltenden Sätze sind dem GEMA-Jahrbuch 1991 zu entnehmen (Fußnote zu § 8 Berechtigungsvertrag).

363) Die Gesamtsumme der unverteilbaren Beträge dürfte in etwa den im Geschäftsbericht 1991, S. 19, ausgewiesenen sonstigen Erträgen in Höhe von 60 Mio DM entsprechen.

364) § 6 Ziff. 3 Allgemeine Grundsätze Verteilungsplan A, § 5 Allgemeine Grundsätze Verteilungsplan B.

365) Zahlen auf Anfrage; im Geschäftsjahr 1990 betrug er 20,7 Mio DM.

366) GEMA-Geschäftsbericht 1991, S. 19.

22 und 24 %.[367] Hierdurch schmälerte sich die Verteilungsumme im Geschäftsjahr 1991 um ca. 79 Mio DM. Die Nettoerträge von Aufführungs- und Senderecht betrugen 1991 ca. 250 Mio DM, so daß der Sozialabzug von 10 %[368] Einnahmen von 25,08 Mio DM erbrachte.

Insgesamt läßt sich feststellen, daß die Finanzierung der sozialen und kulturellen Aufgaben der GEMA in Höhe von ca. 78,5 Mio DM in etwa zu zwei Dritteln aus betrieblichen Erträgen und mit 25 Mio DM zu einem Drittel aus dem Sozialabzug gemäß Verteilungsplan A erfolgt. Damit trägt der Sozialabzug nur in relativ bescheidenem Umfang zur Gesamtfinanzierung bei.

Die Größenordnung der bereitgestellten Gelder wird an einem theoretischen Rechenexempel deutlich. Bezogen auf die Gesamtmitgliederzahl von 30.000 entfällt auf jeden Berechtigten eine Jahresförderungssumme von 2.600,– DM. Bezieht man den Gesamtbetrag proportional zum Aufkommen[369] getrennt nach ordentlichen Mitgliedern einerseits und außerordentlichen, angeschlossenen Mitgliedern sowie Rechtsnachfolgern andererseits, entfallen auf die ordentlichen Mitglieder ca. 52 Mio DM, entsprechend 26.000,– DM pro Kopf pro Jahr, auf die übrigen Mitglieder ca. 26 Mio DM, entsprechend 900.– DM pro Kopf pro Jahr.

5.1.3 Die Alterssicherung (Wertungsverfahren)

Die Alterssicherung ist rechtstechnisch Bestandteil des Wertungsverfahrens, da die sie betreffenden Normen im Anhang zu den Geschäftsordnungen für das Wertungsverfahren der Berufsgruppen der Komponisten, Textdichter und Verleger[370] geregelt sind. Inhaltlich zählt sie zu den Vorsorge- und Unterstützungseinrichtungen und ist daher den sozialen Einrichtungen im Sinne von § 8 WahrnG zuzuordnen. Die Alterssicherung ist ein Bestandteil des GEMA-internen sozialen Sicherungssystems, der gemeinsam mit der GEMA-Sozialkasse ein Gesamtsystem bildet. Insofern

367) Angabe auf Anfrage. Die Kommissionserträge aus der Verwertung des mechanischen Vervielfältigungsrechts gemäß § 1 Ziff. 1 Allgemeine Grundsätze Verteilungsplan B drücken den Gesamtverwaltungsaufwand. Er betrug im Geschäftsjahr 1991 13,4 %; vgl. GEMA-Geschäftsbericht 1991, S. 19.

368) Dieser Prozentsatz ist gemäß § 1 Ziff. 4 a) Allgemeine Grundsätze Verteilungsplan A ein Fixbetrag, der den Maximalbetrag gemäß Art. 8 Abs. 2 CISAC-Standardvertrag ausschöpft. Der Sozialabzug betrifft alle Verwertungsgesellschaften, mit denen Gegenseitigkeitsverträge abgeschlossen wurden, d.h. auch diejenigen Gesellschaften, die nicht Mitglied der CISAC sind. Dadurch wird die Regelung gemäß Art. 8 Abs. 2 CISAC-Standardvertrag auch auf nichtangeschlossene Gesellschaften ausgedehnt.

369) Das Beteiligungsverhältnis der GEMA-Mitglieder für den Abrechnungszeitraum 1989 ist abgedruckt im GEMA-Geschäftsbericht 1991, S. 21.

370) Abgedruckt im GEMA-Jahrbuch 1991.

ist die Eingliederung der Alterssicherung in das Wertungsverfahren systemfremd. Dies deshalb, weil zum einen das Wertungsverfahren die Förderung *kulturell* bedeutender Werke und Leistungen bezweckt, was durch Wertungszuschläge zum individuellen Tantiemenaufkommen erreicht wird, die u.a. auch das Kriterium der künstlerischen Persönlichkeit und des Gesamtschaffens bewerten.[371)] Zum anderen erfolgt die Finanzierung auch nicht aus den für die kulturelle Förderung bereitgestellten Mitteln.

Aufschluß über die Finanzierung der Alterssicherung gibt § 1 Ziff. 4 c) Satz 2 Allgemeine Grundsätze Verteilungsplan A. Danach stellen die ordentlichen Mitglieder den für sie verbleibenden Anteil am Ausfall für die Alterssicherung zur Verfügung. Der Begriff »Ausfall« ist im Regelwerk der GEMA nirgends definiert. Er erschließt sich jedoch aus Abschnitt I Ziff. 13 Ausführungsbestimmungen zum Verteilungsplan A. Danach fließen die freien Anteile in den Ausfall. Grundsätzlich werden die Erträge aus der Nutzung eines Werkes auf der Grundlage einer 12/12 Aufteilung an die an dem Werk beteiligten Bezugsberechtigten verteilt. § 4 Ziff. 2 Allgemeine Grundsätze Verteilungsplan A bestimmt, wie der Ertrag aus der Nutzung eines Werkes anteilig zu verteilen ist, wenn neben dem Komponisten auch Textdichter, Bearbeiter und Verleger berechtigt sind. Kann der auf einen am Werk Beteiligten entfallende Anteil nicht verteilt werden,[372)] handelt es sich um einen freien Anteil. Diese nicht zu verteilenden Anteile fließen in den Ausfall. Die Erträge aus dem Ausfall stammen ausschließlich aus der Wahrnehmung des Aufführungs- und Senderechts. Sie erreichten im Geschäftsjahr 1990 eine Gesamtsumme von 10,8 Mio DM, die sich wie folgt aufschlüsselt:[373)]

2,4 Mio DM	Ausfall außerordentliche + angeschlossene Mitglieder[374)]
3,8 Mio DM	Ausfall ordentliche Mitglieder
4,4 Mio DM	Ausfall Auslandsbeteiligung

371) Vgl. nur § 5 Abs. 3 H) GO Komponisten E.

372) Beispiel 1: Bei der Bearbeitung freier Werke ist (zumindest) der Anteil des Komponisten frei.
Beispiel 2: Ein am Werk Beteiligter hat keinen Berechtigungsvertrag.

373) Angaben auf Anfrage.

374) Der Ausfall betreffend die außerordentlichen und angeschlossenen Mitglieder wird gemäß § 1 Ziff. 4 c) Satz 1 Allgemeine Grundsätze Verteilungsplan A als Zuschlag zur Verteilungssumme verteilt. Diejenigen Mitglieder, die nicht die Voraussetzungen für die Zuweisung der Alterssicherung erfüllen, erhalten daher über den Zuschlag ein Äquivalent. Allerdings profitieren hiervon auch die ordentlichen Mitglieder, da der Zuschlag auf die Verteilungssumme insgesamt erfolgt, ohne daß hier zwischen ordentlichen und außerordentlichen bzw. angeschlossenen Mitgliedern differenziert wird.

Es ist leicht vorstellbar, daß die Erfassung der freien Anteile einen beträchtlichen Verwaltungsaufwand, vor allem in der Dokumentation der angemeldeten Werke, aber auch in der Überwachung der Korrektheit der Angaben neu angemeldeter Werke erfordert. Nur wenige Verwertungsgesellschaften arbeiten mit gleicher Akribie.[375)] Der Berechtigte ist gemäß § 5 Berechtigungsvertrag zur ordnungsgemäßen Anmeldung verpflichtet. Bei Verletzung dieser Pflicht verliert er den Anspruch auf Verrechnung bis zur ordnungsgemäßen Anmeldung.

Die ordentlichen Mitglieder, die satzungsgemäß die auf sie entfallenden freien Anteile in die Alterssicherung einbringen und hierdurch direkt zur Finanzierung der Mittel, aus denen sie selbst begünstigt sind, beitragen[376)], erbringen nur einen Teil der Ausgaben der Alterssicherung. Diese bedarf regelmäßig eines Zuschusses aus den für soziale Zwecke bereitgestellten Mitteln, der erfahrungsgemäß die Eigenleistung der ordentlichen Mitglieder überschreitet. Im Geschäftsjahr 1991 erhielt die GEMA-Alterssicherung zu den von den ordentlichen Mitgliedern aus dem Ausfall bereitgestellten 3,8 Mio DM einen Zuschuß von 5,8 Mio DM, der aus den Zinserträgen der GEMA beigesteuert wurde.[377)] Die Alterssicherung ist daher keine von den Begünstigten eigenfinanzierte, sondern eine von der Gesamtheit der Berechtigten subventionierte soziale Einrichtung. Die Gesamtsumme von 9,2 Mio DM verteilte sich im Geschäftsjahr 1991 auf 731 anspruchsberechtigte ordentliche Mitglieder, von denen 450 der Berufsgruppe der Komponisten, 91 der Berufsgruppe der Textdichter und 190 der Berufs-

375) Freie Werke, die nach ihrer Bearbeitung und Anmeldung in das Werkverzeichnis einer nationalen Verwertungsgesellschaft aufgenommen werden, werden von verschiedenen nationalen Verwertungsgesellschaften – z.B. aufgrund fehlerhafter Angaben bei der Anmeldung und aufgrund unzureichender Kontrollinstrumente – nicht als freie Werke deklariert. Dies führt dazu, daß die freien Anteile der Komponisten, d.h. der Ausfall, nicht ausgewiesen werden, so daß eventuell entstandene Auslandsbeteiligungen auch nicht abgeführt werden. Die von der GEMA erfaßten und auf ausländische Gesellschaften entfallenden Ausfallanteile werden daher nur nach dem Prinzip der Gegenseitigkeit, d.h. nur bei Beachtung der üblichen Standards hinsichtlich der Dokumentation der Werke und der Verteilung der Erträge, verrechnet. Hierdurch soll die Benachteiligung der eigenen Wahrnehmungsberechtigten vermieden werden

376) Diese Einnahmen werden buchhalterisch einem Kapitalkonto gutgeschrieben, das wegen des vollständigen Verbrauchs der Mittel zum Ende eines Geschäftsjahres ein Nullsaldo aufweist. Dieses Kapitalkonto wird im Anhang zu den Geschäftsordnungen für das Wertungsverfahren als »Fonds« bezeichnet. Die Alterssicherung darf durch die Bezeichnung »Fonds« nicht mit langfristig angelegten Kapitalfonds verwechselt werden, die sich ganz wesentlich dadurch unterscheiden, daß das Anlagekapital erhalten bleibt und nur Gewinne ausgeschüttet werden. Die Zuweisungen aus der Alterssicherung führen zu einer vollständigen Aufzehrung des bereitgestellten Kapitals. Mit Beginn eines neuen Geschäftsjahres werden neue Finanzmittel bereitgestellt.

377) Angabe auf Anfrage.

gruppe der Verleger angehörten.[378)] Dies ergibt einen Durchschnittsbetrag von ca. 12.600,– DM pro Begünstigtem.

Anspruch auf Alterssicherung haben diejenigen ordentlichen Mitglieder der GEMA, die ihr 60. Lebensjahr[379)] vollendet haben und seit mindestens 20 Jahren ordentliche Mitglieder der GEMA sind.[380)] Die Höhe der Alterszuwendung errechnet sich nach einem Punkteverfahren. In die Berechnung fließen die sogenannten Mitgliedschaftspunkte und die Aufkommenspunkte ein.[381)] Die Zuwendung von Alterssicherung ist an die Bedingung geknüpft, daß mindestens ein Drittel der Gesamtpunktzahl Aufkommenspunkte sind. Mitgliedschaftspunkte werden nur für die Jahre der ordentlichen Mitgliedschaft vergeben. Dabei entfällt auf jedes Jahr ein Punkt, so daß der Zuwendungsberechtigte mindestens 20 Mitgliedschaftspunkte auf seinem Punktekonto verbucht. Da die ordentliche Mitgliedschaft nach der Satzung der GEMA ein bestimmtes Tantiemenaufkommen voraussetzt, entspricht die Mitgliedschaftspunktzahl einem errechenbaren Mindestsatz im Tantiemenaufkommen.[382)] Die Aufkommenspunkte berechnen sich nach der Geschäftsordnung für das jeweilige Wertungsverfahren. Dort sind spartenspezifisch bestimmte Nutzungserträge in DM absolut aufgelistet, denen 1 Aufkommenspunkt entspricht.[383)] In die Berechnung der Alterssicherung fließt das Jahr mit der höchsten Aufkommenspunktzahl,[384)] wodurch das Prinzip der Meistbegünstigung gesichert ist. Im ersten Zuwendungsjahr muß der Empfänger aufgrund des vorgeschriebenen Mindestverhältnisses 20 Mitgliedschafts- und 7 Aufkommenspunkte erzielt haben. Die Alterssicherung ist aufgrund ihrer Berechnung eine streng auf das Aufkommen des jeweils begünstigten Mitglieds ausgerichtete Zuwendung.

Der Gegenwert in DM zu den errechneten Punktwerten eines Zuwendungsempfängers ergibt sich aus dem Verhältnis der Gesamtzahl aller errechneten Punkte und dem zur Verfügung gestellten Betrag.[385)] Der einem Punktwert entsprechende DM-Betrag schwankt daher jährlich. Die Festlegung des Betrags liegt bei Vorstand und Aufsichtsrat – nicht bei der

378) Angabe auf Anfrage.

379) Die Altersgrenze wurde erst zum 1. 1. 1991 eingeführt; vgl. die bestehende Altregelung für Mitglieder, die schon vor Erreichen des 60. Lebensjahres Zuwendungen aus der Alterssicherung erhielten, z. B. I. Anhang GO Komponisten E.

380) Vgl. etwa I. Anhang GO Komponisten E. Die Zuwendung aus der Alterssicherung endet mit dem Ableben des Begünstigten.

381) Vgl. nur I. 1. Anhang GO Komponisten E.

382) Nach einer zehnjährigen ordentlichen Mitgliedschaft ist der Status als ordentliches Mitglied trotz eines Absinkens unter das für die ordentliche Mitgliedschaft geforderte Mindestaufkommen unantastbar, vgl. § 9 Abs. 2 Satzung GEMA.

383) Vgl. nur § 5 Abs. 3 B)–G) Anhang GO Komponisten E.

384) Vgl. nur I. 1. Anhang GO Komponisten E.

385) Vgl. nur I. 4 Anhang GO Komponisten E.

Mitgliederversammlung –, da diese aufgrund von § 1 Ziff. 4 a) Allgemeine Grundsätze Verteilungsplan A das Beteiligungsverhältnis von kulturellen und sozialen Zwecken anhand der hierfür zur Verfügung stehenden Beträge bestimmen. Auch wenn die Aussagekraft einer Durchschnittszahl begrenzt ist, sei an dieser Stelle wiederholt, daß die durchschnittliche Alterszuwendung im Geschäftsjahr 1991 ca. 12.600,– DM betrug und damit eine erhebliche Größenordnung erreichte.

Zusammenfassend kann festgestellt werden, daß die Alterssicherung der GEMA den Zuwendungsberechtigten eine laufende Einkommensquelle garantiert, die sich streng aufkommensorientiert errechnet. Sie berücksichtigt, daß das Werkschaffen des Begünstigten im Zeitpunkt ihrer erstmaligen Gewährung seinen Höhepunkt überschritten haben wird, so daß auch das Tantiemenaufkommen vielfach eine rückläufige Tendenz aufweisen dürfte. Unter diesem Aspekt ist die Alterssicherung eine soziale Leistung der Verwertungsgesellschaft, die allerdings den Erfolg des Mitgliedes mittels des einberechneten Aufkommens berücksichtigt, die weiterhin von der Gruppe der ordentlichen Mitglieder in Teilen eigenfinanziert wird, die schließlich aber auch aus den Erträgen sämtlicher Mitglieder gespeist wird. Die Alterssicherung hilft, geringer werdende Einkünfte auszugleichen. Sie ist von ihrer Funktion und ihrem Zweck her kein Instrument zur Abhilfe sozialer Not, auch wenn dies im Einzelfall erreicht werden kann.

5.1.4 Die Ausgleichsfonds (Wertungsverfahren)

Ebenso wie die Alterssicherung ist eine weitere soziale Unterstützungseinrichtung der GEMA in das Wertungsverfahren und damit in die kulturelle Förderung einbezogen. Es handelt sich um die Ausgleichfonds, die im Unterschied zur Alterssicherung nach ihrer Zweckbestimmung kulturelle Kriterien in die Leistungsvergabe einbeziehen.

Strenggenommen verbietet sich eine Darstellung des Wertungsverfahrens[386] im Abschnitt über die sozialen Vorsorge- und Unterstützungseinrichtungen. Einzelheiten bedürfen angesichts der Vielzahl der Bestimmungen und der Komplexität der Materie einer gesonderten Untersuchung. Eine einführende Übersicht ist hier aber schon deshalb notwendig, weil die hier zu untersuchende Frage nach einer Vergesellschaftung des Urheberrechts auch die für kulturelle Zwecke bereitgestellten Finanzmittel betrifft, da auch sie den Erträgen aus der Wahrnehmung ausschließlicher Rechte entnommen werden.

386) Zum Zweck des Wertungsverfahrens s. auch oben Fn. 226.

Das Wertungsverfahren, an dem grundsätzlich alle Mitglieder[387] der GEMA teilnehmen, bezweckt, das entsprechend den Verteilungsplänen errechnete individuelle Tantiemenaufkommen durch eine wertende Komponente, die die künstlerische Persönlichkeit und das Gesamtschaffen des einzelnen Berechtigten berücksichtigt, zu ergänzen.[388] Wirtschaftlich betrachtet ist kulturelle Förderung durch Wertung nichts anderes als die Erhöhung der individuellen Tantiemen durch Zuweisung eines weiteren Geldbetrages.[389] Dieser Wertungszuschlag wird mittels eines Punkteverfahrens ermittelt. Genau wie bei der Alterssicherung werden zunächst Mitgliedschaftspunkte und Aufkommenspunkte – hier ist das Erreichen einer Mindestpunktzahl[390] Voraussetzung für die Teilnahme am Wertungsverfahren – errechnet. Zusätzlich vergeben berufsgruppenspezifische Wertungsausschüsse Wertungspunkte, mittels derer das Gesamtschaffen und die Persönlichkeit des Berechtigten gewürdigt werden.[391] Der erreichten Gesamtpunktzahl entspricht eine von insgesamt sieben Gruppen. Jede dieser Gruppen steht für einen prozentual abgestuften Wertungszuschlag, der eine Verrechnungseinheit ist. Das Äquivalent in DM errechnet sich aus dem Verhältnis der für das Wertungsverfahren bereitgestellten Summe und der Gesamtpunktzahl aller am Verfahren Beteiligten. Die im Geschäftsjahr 1991[392] für das Wertungsverfahren bereitgestellte Gesamtsumme von 62,5 Mio DM verteilte sich folgendermaßen:

387) Nach dem Tode des Urhebers sind dessen Ehegatte und seine Kinder, soweit sie Erben sind, Beteiligte am Wertungsverfahren, vgl. nur § 3 II (1) GO Komponisten E.

388) Eine kurzgefaßte Beschreibung des GEMA-Wertungsverfahrens am Beispiel der Sparte E findet sich im Urteil des BGH ZUM 1989, S. 80ff. (»GEMA-Wertungsverfahren«).

389) Dies zeigt auch die Praxis der Auszahlung. Die Tantiemen werden am 1. Mai jeden Jahres, die Erträge aus der Wertung am 1. November jeden Jahres jeweils für das Vorjahr ausgezahlt.

390) Die Mindestpunktzahl beträgt für Komponisten und Textdichter Sparte E 4 Aufkommenspunkte (§ 5 Abs. 3 a. E. GO Komponisten E), für diejenigen der Sparte U 10 Aufkommenspunkte (§ 5 Abs. 2 GO Unterhaltungs- und Tanzmusik). Hierbei ist zu beachten, daß der einem Punkt entsprechende Gegenwert in DM in der Sparte U erheblich höher ist als in Sparte E.

391) Das Hauptgewicht der Wertungspunkte entfällt auf die Sparte E. Für die Würdigung des Gesamtschaffens und der künstlerischen Persönlichkeit können bis zu 80 Wertungspunkte (§ 5 Abs. 3 H GO Komponisten E) vergeben werden, wohingegen in der Sparte U maximal 25 Wertungspunkte (§ 5 Abs. 3 I) GO Unterhaltungs- und Tanzmusik) zu vergeben sind.

392) Zahlen auf Anfrage. Die Ausschüttung des Jahres 1991 betrifft den Abrechnungszeitraum 1990. Im Geschäftsjahr 1990 betrug die Gesamtsumme für das Wertungsverfahren 52,3 Mio DM, im Geschäftsjahr 1989 46,1 Mio DM; vgl. GEMA-Geschäftsbericht 1990, S. 26.

Komponisten Sparte E	11,5 Mio DM
Textdichter Sparte E	0,6 Mio DM
Verleger Sparte E	7,9 Mio DM
Summe Sparte E	20,0 Mio DM[393]
Komponisten Sparte U	16,9 Mio DM
Textdichter Sparte U	7,2 Mio DM
Verleger Sparte U	14,5 Mio DM
Summe Sparte U	38,6 Mio DM
Bearbeiter	3,9 Mio DM
Gesamtsumme Wertungsverfahren	**62,5 Mio DM**

Die Ausgleichfonds erhalten ihre Finanzmittel gemäß der Geschäftsordnung für das jeweilige Wertungs- bzw. Schätzungsverfahren anteilig aus der sparten- und berufsgruppenspezifisch bereitgestellten Wertungssumme.[394] Dabei kommen prozentuale Höchstsätze[395] zur Anwendung, die bezogen auf das Geschäftsjahr 1991 rechnerisch folgende Größenordnung erreichten:

	Höchstsatz	Wertungssumme 1991 in Mio DM	Ausgleichsfonds 1991 in DM
Komponisten Sparte E	3 %	11,5	445.000
Textdichter Sparte E	3 %	0,6	18.000
Verleger Sparte E	5 %	7,9	395.000
Komponisten Sparte U	10 %	16,9	1.690.000
Textdichter Sparte U	10 %	7,2	720.000
Verleger Sparte U	10 %	14,5	1450.000
Bearbeiter	10 %	3,9	390.000
Gesamtsumme		**62,5**	**5.108.000**

393) Die Gesamtsumme, die für das Wertungsverfahren der Sparte E bereitgestellt wird, ist die Summe, die im Geschäftsbericht der GEMA als kulturelle Zuwendung ausgewiesen ist. Die kulturelle Zuwendung ist daher der Teil, der von den insgesamt gemäß § 1 Ziff. 4 Allgemeine Grundsätze Verteilungsplan A zur Verfügung stehenden Mitteln (1991: 78,5 Mio DM) auf die E-Wertung entfällt. Gemäß § 1 Ziff. 4 b) Allgemeine Grundsätze Verteilungsplan A darf sich ihr Anteil im Verhältnis zum Gesamtaufkommen für soziale und kulturelle Zwecke nicht verringern. Die kulturellen Zuwendungen betrugen im Geschäftsjahr 1990 16,9 Mio DM, im Geschäftsjahr 1989 15,2 Mio DM, vgl. GEMA-Jahrbuch 1991, S. 37.

394) § 4 Abs. 1 GO Komponisten E; § 2 GO Textdichter E i.V. m. § 4 Abs. 1 GO Komponisten E; § 3 Abs. 1 GO Verleger E; § 4 Abs. 1 GO Unterhaltungs- und Tanzmusik; § 3 Abs. 1 GO Bearbeiter.

395) § 4 Abs. 1 GO Komponisten E; § 2 GO Textdichter E i.V. m. § 4 Abs. 1 GO Komponisten E; § 3 Abs. 1 GO Verleger E; § 4 Abs. 1 GO Unterhaltungs- und Tanzmusik; § 3 Abs. 1 GO Bearbeiter.

Erfahrungsgemäß werden die prozentualen Höchstsätze von den Wertungsausschüssen, die über die Ausschüttung aus dem Ausgleichsfonds entscheiden, voll ausgeschöpft. Die Verwendung der Gelder ist zweckgebunden. So sollen in Härtefällen diejenigen Mitglieder, deren Schaffen künstlerisch erfolgreich war oder kulturell besonders förderungswürdig ist, Zuwendungen erhalten.[396)] Die Gewährung einer Unterstützung ist damit an ein kulturelles Wertungskriterium gebunden, über das der Wertungsausschuß entscheidet. Praktisch erlaubt diese Bestimmung, denjenigen Mitgliedern eine Zuwendung zu gewähren, die entweder die erforderlichen Aufkommenspunkte zur Teilnahme am Wertungsverfahren nicht mehr erreichen und so aus der Wertung herausfallen oder die die Voraussetzungen nie erreichen und trotzdem förderungswürdig sind. Damit ist der Ausgleichsfonds ein Instrument, das dem Wertungsausschuß die Umschiffung der Normenstrenge des Wertungsverfahrens erlaubt. Auffällig ist, daß keine Höchstgrenzen festgelegt sind, etwa derart, daß die Zuwendung aus dem Ausgleichsfonds eine früher aus dem Wertungsverfahren erzielte Summe nicht übersteigen darf. Darüber hinaus verfolgt der Ausgleichsfonds auch spartenspezifische Zwecke. So können z.B. im Ausgleichsfonds Verleger Sparte U Verleger von Unterhaltungsmusik und von Opern-, Operetten-Potpourris und -Fantasien besondere Zuwendungen erhalten.[397)] Schließlich unterstützen die Ausgleichsfonds die unmittelbaren Abkömmlinge derjenigen Komponisten und Textdichter, die als politisch oder rassisch Verfolgte Deutschland vor 1945 verlassen mußten.[398)]

Die von den Ausgleichsfonds gewährten Zuwendungen erreichen eine stattliche Größe. Die verhältnismäßig geringere Ausstattung der Sparte E erklärt sich aus der vergleichsweise erheblich höheren Förderung im Wertungsverfahren.

5.1.5 Die GEMA-Sozialkasse

Die Sozialkasse der GEMA ist ein Ergänzungssystem zur Sicherung des Lebensunterhalts der ordentlichen Mitglieder. Sie springt bei Vorliegen der in der Satzung der GEMA-Sozialkasse genannten Voraussetzungen ein, wenn die Einnahmen eines ordentlichen Mitglieds aus dem individuellen Tantiemenaufkommen und ggf. auch aus der Alterssicherung nicht ausreichend sind. Die Sozialkasse wird daher als die dritte Säule der Alterssicherung der GEMA bezeichnet.[399)] Es handelt sich dabei um ein gestuftes

396) § 4 Abs. 2 Satz 1 GO Komponisten E; § 4 Abs. 2 Satz 1 GO Unterhaltungs- und Tanzmusik; § 3 Abs. 1 GO Bearbeiter.
397) § 4 Abs. 3 GO Unterhaltungs- und Tanzmusik.
398) § 4 Abs. 2 Satz 2 GO Komponisten E; § 4 Abs. 2 Satz 2 GO Unterhaltungs- und Tanzmusik.
399) *Schultze*, GEMA-Nachrichten Heft 128 (1987), S. 12f.

System. Dies zeigt der den Einzelbestimmungen der Satzung der Sozialkasse vorgeschaltete Satz, der eine Art Präambel ist. Danach tritt die Sozialkasse neben die Differenzierungen des Verteilungsplans und des Wertungsverfahrens. Erstere regeln die Zuweisung des individuellen Aufkommens an der Gesamtverteilungssumme, letztere beziehen sich offensichtlich nur auf den Anhang zu den jeweiligen Geschäftsordnungen zum Wertungsverfahren und damit auf die Alterssicherung. Die Sozialkasse tritt unterstützend ein, wenn diese beiden Stufen der Alterssicherung nicht ausreichend sind.

Die Präambel erhellt zugleich den Zweck der Sozialkasse: Sie ist eine soziale Ausgleichskasse. Der Präambel zufolge knüpft die Ausgleichskasse an den Tatbestand an, daß dem Wert der schöpferischen Leistung nicht immer und automatisch ein adäquater Ertrag (Erlös aus der Verwertung des Urheberrechts) entspricht. Diese Formulierung zeigt, daß die Sozialkasse in erster Linie ein ausgleichendes Instrument für einen inadäquaten aktuellen Ertrag aus der Werkverwertung ist, der sich aus dem gegenwärtigen Individualaufkommen und der Alterssicherung ergibt.

Die Ausgleichszahlungen aus der Sozialkasse sind abhängig von dem bisherigen Tantiemenaufkommen des begünstigten Mitglieds. Zunächst ist Voraussetzung für die Leistungsgewährung die fünfjährige ununterbrochene ordentliche Mitgliedschaft;[400] diesen Status erreicht ein Mitglied nur, wenn es über einen Zeitraum von fünf aufeinanderfolgenden Jahren das Mindesttantiemenaufkommen gemäß § 7 Satzung der GEMA erreicht.[401] Sodann berechnet sich die Zuweisungshöhe anhand des bisher erreichten durchschnittlichen Jahresaufkommens des Begünstigten.[402] Die Leistungsgewährung erhält durch die Anknüpfung an das bisher eingespielte Tantiemenaufkommen eher den Charakter einer anwartschafts-, renten- oder kapitalertragsähnlichen Zuwendung und weniger – was eigentlich die Bezeichnung als Sozialkasse vermuten läßt – den Charakter eines sozialen Ausgleichs im Sinne einer Verbesserung der finanziellen Ressourcen zur Überwindung einer Notlage oder Bedürftigkeit nach sozialrechtlichem

400) § 5 Abs. 1 b) Satzung Sozialkasse.

401) Die Inanspruchnahme der Sozialkasse ist daher an drei Voraussetzungen gebunden: 1. muß das Mitglied den Status eines ordentlichen Mitglieds erreichen, was wiederum eine fünfjährige ordentliche Mitgliedschaft und ein Mindesttantiemenaufkommen voraussetzt (vgl. § 7 Satzung GEMA); 2. muß die ordentliche Mitgliedschaft fünf Jahre betragen und 3. zudem ohne Unterbrechung bestehen. Das letztgenannte Kriterium grenzt den Kreis der Anspruchsberechtigten weiter ein, da gemäß § 9 A 2. (1) Satzung GEMA der Vorstand mit Zustimmung des Aufsichtsrats die ordentliche Mitgliedschaft für beendet erklären kann, wenn ein bestimmtes Durchschnittsaufkommen in *drei aufeinanderfolgenden* Jahren nicht erreicht wird. Die Voraussetzungen für die Inanspruchnahme der Sozialkasse erfüllt daher nur ein Teil der ordentlichen Mitglieder der GEMA.

402) § 8 Satzung Sozialkasse.

Maßstab. Allerdings enthält die Satzung der GEMA-Sozialkasse auch Bestimmungen über Unterstützungszahlungen bei Krankheit oder Unfall, so daß die Sozialkasse auch in Fällen echter sozialer Not eintritt.

Die Entscheidungen über eine Leistungsvergabe treffen die Abteilungskuratorien der Komponisten, Textdichter und Verleger selbständig für ihre Mitglieder.[403] Die Sozialkasse ist zwar kein selbständiges Organ der GEMA;[404] sie läßt sich als Appendix des Aufsichtsrats qualifizieren, da die Kuratoren der Sozialkasse von den entsprechenden Kuratoren im Aufsichtsrat gewählt werden[405] und der Aufsicht des Aufsichtsrats unterstehen.[406] Jedoch verfügt die Sozialkasse über größtmögliche Entscheidungsbefugnisse. Sie ist unabhängig von der Geschäftsführung der GEMA. Weisungsbefugnisse des Vorstandes bestehen nicht; die Sozialkasse ist lediglich organisatorisch in den Geschäftsbereich Verteilung eingegliedert. Diese Trennung besteht auch im Interesse der Antragsteller, da sie verhindert, daß persönliche Daten und die vollständig offenzulegenden Einkommensverhältnisse den Bereich der Kuratoren verlassen und an anderer Stelle einsehbar werden. Die Einhaltung der Satzungsbestimmungen und der hierzu erlassenen Ausführungsbestimmungen wird von einem Wirtschaftsprüfer überprüft, der vom Vorstand der Sozialkasse – nicht vom Vorstand der GEMA – bestellt wird.[407] Vollends offensichtlich wird die Eigenständigkeit der Sozialkasse in § 15 Satz 1 Satzung Sozialkasse. Danach werden Satzungsänderungen von den drei Abteilungskuratorien beraten und sind vom Aufsichtsrat der GEMA zu bestätigen. Diese Vorschrift zeigt nicht nur die Unabhängigkeit der Sozialkasse vom Vorstand der GEMA. Sie reduziert zugleich die Befugnisse des Aufsichtsrates auf die Bestätigung – damit selbstverständlich auch auf die Ablehnung – der Entscheidungen der Abteilungskuratorien. Ein satzungsänderndes Eingriffsrecht des Aufsichtsrates ist damit ausgeschlossen. Dies ist eine Vertauschung der Kompetenzen und unterstellt den Aufsichtsrat *de iure* dem Regime der Kuratorien.[408] Die angesprochene

403) § 3 Abs. 5 Satzung Sozialkasse.

404) Diese sind gemäß § 5 Satzung GEMA die Versammlung der ordentlichen Mitglieder, der Aufsichtsrat und der Vorstand im Sinne des BGB.

405) § 3 Abs. 2 Satzung Sozialkasse.

406) § 18 Abs. 2 Satz 1 Satzung Sozialkasse.

407) § 18 Abs. 1 Satzung Sozialkasse.

408) Vgl. auch § 3 Abs. 4 Satzung Sozialkasse. Er bestimmt, daß die Mitglieder des Kuratoriums der Sozialkasse beim Ausscheiden eines ihrer Mitglieder einen Ersatzmann wählen, der dann durch die betreffende Kurie im Aufsichtsrat zu bestätigen ist. Diese Norm enthebt die entsprechende Kurie im Aufsichtsrat ihres Wahlrechts gemäß § 3 Ab. 2 Satzung Sozialkasse und reduziert deren Befugnis auf ein Bestätigungsrecht. Auch dies ist eine Vertauschung der Kompetenzen. Gleiches gilt für die Entscheidung über die Anpassung der wiederkehrenden Leistungen an die veränderten Lebenshaltungskosten gemäß Ziff. 7 Ausführungsbestimmungen zur Satzung Sozialkasse: Der Vorstand der GEMA-Sozialkasse beschließt über die Anpassung; der Beschluß bedarf der Zustimmung des Aufsichtsrates.

Vorschrift verdient aus einem weiteren Grund besondere Beachtung: Sie entzieht die Kontrolle der auf die Sozialkasse übertragenen Aufgaben der Versammlung der ordentlichen Mitglieder, dem obersten Organ der GEMA. Damit haben diejenigen Mitglieder, die aufgrund der Abzüge von ihrem Individualaufkommen zur Finanzierung der Sozialkasse beitragen, keinen Einfluß auf die Vergabe der bereitgestellten Gelder. Dieser Ausschluß des obersten Organs ist einzigartig im System der sozialen Sicherung und kulturellen Förderung der GEMA-Mitglieder, da sowohl das Wertungsverfahren als auch die Alterssicherung entsprechende Mitwirkungsbefugnisse vorbehalten.[409] Er verstößt zugleich gegen ein elementares Prinzip des Vereinsrechts. Eine praktische Notwendigkeit für derart weitgehende unabhängige Entscheidungsbefugnisse der Abteilungskuratorien ist nicht ersichtlich.

Die Finanzierung der Leistungen der GEMA-Sozialkasse wird durch die Solidargemeinschaft aller GEMA-Mitglieder ermöglicht.[410] Der Finanzbedarf der Sozialkasse wird aus dem insgesamt für soziale und kulturelle Zwecke zur Verfügung stehenden Haushaltstitel gedeckt, d.h., daß auch die außerordentlichen und angeschlossenen Mitglieder über den Sozialabzug der Erträge im Verteilungsplan A zur Finanzierung herangezogen werden. In aller Regel haben jedoch nur ordentliche Mitglieder einschließlich der kooptierten[411] ordentlichen Mitglieder sowie deren Witwen und Waisen Anspruch auf Zuweisung von Geldern aus der Sozialkasse. Dies gilt ausnahmslos für wiederkehrende Leistungen. Nur im Falle von einmaligen Leistungen können in besonders begründeten Fällen auch außerordentliche und angeschlossene Mitglieder[412] sowie deren Witwen und Waisen[413] Zuwendungen erhalten. Soweit die einmalige Leistung 3.000,– DM übersteigt, handelt es sich um eine Leistung von außergewöhnlicher Höhe, die nur vom Gesamtkuratorium der Sozialkasse genehmigt werden kann.[414]

Die Sozialkasse unterscheidet wiederkehrende und einmalige Leistungen,[415] Sterbegelder[416] und Beiträge zur Krankenversicherung.[417] Die Gesamtausgaben der Sozialkasse betrugen im Geschäftsjahr 1991 7,691 Mio DM.[418]

409) Zum Beispiel § 11 GO Komponisten E; Ziff. III. Anhang GO Komponisten E.
410) § 2 Abs. 1 Satz 1 Satzung Sozialkasse.
411) Kooptiert werden diejenigen Mitglieder, bei denen die ordentliche Mitgliedschaft aus kulturellen Erwägungen wünschenswert erscheint. Hierüber entscheidet der Aufsichtsrat; vgl. § 7 Ziff. 3 Satzung GEMA.
412) Vgl. § 5 Abs. 3 Satzung Sozialkasse.
413) Vgl. § 7 Abs. 2 Satzung Sozialkasse.
414) § 10 Satzung Sozialkasse i.V. m. Ziff. 22 der Ausführungsbestimmungen.
415) § 5 Satzung Sozialkasse.
416) § 6 Satzung Sozialkasse.
417) § 13 Satzung Sozialkasse.
418) In den Geschäftsjahren 1989 und 1990 beliefen sich die Ausgaben auf 6,5 Mio DM bzw. 7,298 Mio DM; vgl. GEMA-Jahrbuch 1991, S. 37.

Der weitaus größte Teil der Ausgaben – ca. 80 bis 90 %[419] – entfällt auf *wiederkehrende Leistungen.* Satzungsgemäß erhalten nur Mitglieder mit fünfjähriger ununterbrochener ordentlicher Mitgliedschaft[420] bei Vollendung des 60. Lebensjahres sowie deren Witwen und Waisen wiederkehrende Leistungen, wenn sie nachweisen, daß die Einnahmen zum Lebensunterhalt nicht ausreichen.[421] Dieser Nachweis ist von den Antragstellern durch Vorlage der Einkommensteuererklärung mit allen Anlagen zu erbringen.[422] Wann die letztgenannte Voraussetzung allerdings erfüllt ist, kann der Satzung der Sozialkasse nur mittelbar entnommen werden. Ein fixer Einkommensbetrag, der die Leistungsgewährung ausschließt, kann nicht festgelegt werden. Dies liegt an der Bindung der Zuwendungshöhe an das bisher erreichte durchschnittliche Jahresaufkommen des Mitglieds, die eine Variable ist. Die Höhe der Zuwendung der Sozialkasse ist daher wesentlich vom Durchschnitt des Jahresaufkommens bestimmt.

Folgende Parameter fließen in die Berechnung der wiederkehrenden Leistung ein:

1. Die Jahreseinnahmen des Mitglieds
2. Die Zuerkennung
3. Der Freibetrag
4. Das anzurechnende Einkommen
5. Die Auszahlung

Die Jahreseinnahmen des Mitglieds sind in Ziff. 10 der Ausführungsbestimmungen zur Satzung der Sozialkasse definiert. Hierzu zählen insbesondere die Einnahmen aus unselbständiger und aus freiberuflicher Tätigkeit, Gewinne aus Vermietung und Verpachtung, Einnahmen aus Kapitalvermögen sowie Einnahmen aus Renten, Pensionen oder Lebensversicherungen. Zur Ermittlung der Einnahmen ist die letzte verfügbare Einkommensteuererklärung der Sozialkasse vorzulegen.[423]

Die Zuerkennung ist in Ziff. 8 der Ausführungsbestimmungen zur Satzung der Sozialkasse definiert. Die Zuerkennung ist der Anspruch des ordentlichen Mitglieds gegenüber der Sozialkasse, der sich nach den anzuwendenden Berechnungsvorschriften ergibt. Die dort eingestellten Krite-

419) Detaillierte Angaben, insbesondere über die Zahl der Zuwendungsempfänger und die durchschnittlichen Zuwendungen, sind im Jahresbericht des geschäftsführenden Kuratoriums enthalten, der dem Aufsichtsrat der GEMA vorzulegen ist, § 18 Abs. 2 Satzung Sozialkasse. Der Jahresbericht wird nicht veröffentlicht; er wurde bisher auch nicht der Aufsichtsbehörde vorgelegt.

420) Zu diesem Kriterium Fn. 401.

421) § 5 Abs. 1 i.V. m. § 8 I. und II. Satzung Sozialkasse.

422) Ziff. 11 Ausführungsbestimmungen zur Satzung Sozialkasse.

423) Ziff. 11 Ausführungsbestimmungen zur Satzung Sozialkasse.

rien können sich verändern, so daß auch die Zuerkennung eine Variable ist. Zunächst ist die Zuerkennungsgrundlage – diese ist nicht zu verwechseln mit der Zuerkennung – gemäß Ziff. 2 der Ausführungsbestimmungen zu ermitteln. In diese Berechnung fließen als Basisparameter ein das Zuerkennungsdatum, das Jahresaufkommen des GEMA-Mitglieds und der maßgebende Lebenshaltungskostenindex des Zuerkennungsdatums.[424)] Der so ermittelte Grundbetrag wird nach dem Prinzip der Meistbegünstigung zugunsten des Antragstellers zweifach aufgebessert. Zunächst wird der Lebenshaltungskostenindex des Zuerkennungsdatums dem jetzt gültigen Lebenshaltungskostenindex angepaßt.[425)] Diese Anpassung bewirkt eine Koppelung des Grundbetrages an die allgemeine Preisentwicklung und verhindert ein stetiges Absinken des Grundbetrages aufgrund abnehmender Kaufkraft.[426)] Schließlich werden bei der Berechnung die 15 besten angeglichenen Jahresaufkommen eingestellt,[427)] so daß eine Verschlechterung des Durchschnitts aufgrund rückläufiger Verwertungserträge verhindert wird. Eine Verbesserung ist dagegen immer möglich. Die so errechnete Zuerkennungsgrundlage entspricht 100 %. Die Zuerkennung, d.h. der Anspruch des Mitglieds gegenüber der Sozialkasse, beträgt im Falle der Textdichter und Komponisten 80 % der Zuerkennungsgrundlage,[428)] im Falle der Witwen und Waisen 75 % der Zuerkennungsgrundlage[429)] und ist auf jährlich 31.440,– DM, entsprechend 2.620,– DM monatlich,[430)] begrenzt.

Der Freibetrag ist der Betrag der Jahreseinnahmen, bis zu dem die errechnete Zuerkennung in voller Höhe an das Mitglied ausgezahlt wird. Er beträgt für Komponisten und Textdichter 35.000,– DM,[431)] für deren Witwen und Waisen 26.250,– DM.[432)]

Das anzurechnende Einkommen ist das den Freibetrag übersteigende Einkommen. Dieser Teil des Einkommens wird auf die Zuerkennung angerechnet,[433)] indem der den Freibetrag übersteigende Einkommensanteil von der Zuerkennung in Abzug gebracht wird. Ist die Differenz positiv, erhält das

424) Vgl. Erläuterungen zu Ziff. 2 a)–c) Ausführungsbestimmungen zur Satzung Sozialkasse; der Lebenshaltungskostenindex ist mit der Ausrichtung auf einen 4- Personen-Arbeiterhaushalt großzügig bemessen.

425) § 15 Satz 2 Satzung Sozialkasse i.V. m. Ausführungsbestimmungen; vgl. Erläuterungen zu Ziff. 2c) und d) und Ziff. 3 Ausführungsbestimmungen zur Satzung Sozialkasse.

426) Diese Anpassung ist vergleichbar mit der Anpassung der Renten an die allgemeine Einkommens- und Preisentwicklung.

427) Ziff. 2e) Ausführungsbestimmungen zur Satzung Sozialkasse.

428) § 8 I. (1a) Satzung Sozialkasse.

429) § 8 II. (1a) Satzung Sozialkasse.

430) § 8 I. (1a) Satzung Sozialkasse.

431) § 8 I. (2a) Satzung Sozialkasse.

432) § 8 I. (2a) Satzung Sozialkasse.

433) § 8 I. (2a) Satzung Sozialkasse.

Mitglied den Restbetrag in monatlichen Raten ausgezahlt; ist die Differenz negativ, besteht kein Anspruch auf eine wiederkehrende Leistung.

Die Auszahlung ist der Betrag, den die Sozialkasse tatsächlich an das ordentliche Mitglied leistet.[434)]

Die vorstehende Berechnung der wiederkehrenden Leistungen der Sozialkasse soll an einem Beispiel[435)] verdeutlicht werden.

	Beispiel 1	Fall 1	Fall 2	Fall 3	Fall 4
1	Einnahmen	48.900,–	42.900,–	52.000,–	35.000,–
2	Zuerkennung	17.000,–	17.000,–	17.000,–	17.000,–
3	Freibetrag	35.000,–	35.000,–	35.000,–	35.000,–
4	anzurechnendes Einkommen	13.900,–	7.900,–	17.000,–	—
5	Auszahlung	3.100,–	9.100,–	—	17.000,–
6	Einnahmen insgesamt	52.000,–	52.000,–	52.000,–	52.000,–

Beispiel 1 zeigt, daß das ordentliche Mitglied trotz seiner schwankenden Einnahmen[436)] (Zeile 1) ein gleichmäßiges Einkommensniveau (Zeile 6) erreicht. Die Höhe der Auszahlung (Zeile 5), d.h. die tatsächliche Leistung der Sozialkasse an das Mitglied, ist abhängig von der Zuerkennung, die sich, wie bereits ausgeführt, nach dem Aufkommen des jeweiligen Mitglieds bemißt. Der Auszahlungsbetrag ist auf einen Höchstbetrag von 31.440,– DM jährlich[437)] begrenzt. Wenn – wie Fall 3 zeigt – die Einnahmen (Zeile 1) den Freibetrag (Zeile 3) um die Zuerkennung (Zeile 2) überschreiten, erhält das Mitglied keine Leistungen aus der Sozialkasse. Damit ist der Freibetrag ein wichtiges Steuerungsinstrument.[438)] Die Gesamteinnahmen des Mitglieds (Zeile 6) addieren sich aus der Zuerkennung (Zeile 2), begrenzt auf den Höchstsatz von 31.400,– DM , und dem Freibetrag (Zeile 3). Gerade weil die Zuerkennung eine Variable ist, besteht auch keine theoretische Einnahmenobergrenze (Zeile 1), bei der die Leistung der Sozialkasse aussetzen müßte. Deshalb ist auch die Voraussetzung für die Leistungsgewährung gemäß § 5 Abs. 1 c) Satzung Sozialkasse, der Nachweis nicht ausreichender Einnahmen zum Lebensunterhalt, keine bzw. nur eine bedingte soziale Komponente. Dies verdeutlicht Beispiel 2:

434) Ziff. 8 Ausführungsbestimmungen zur Satzung Sozialkasse.

435) Beispiel in Anlehnung an *Schultze,* GEMA-Nachrichten Heft 128 (Juli 1987), S. 13.

436) Hierzu zählen auch eventuelle Einnahmen aus der Alterssicherung. Die Sozialkasse vergleicht die Jahresgutschriften der GEMA-Mitgliederbuchhaltung, d.h. Tantiemen und Alterssicherung, mit den Angaben des Mitglieds, vgl. Ziff. 12 Ausführungsbestimmungen zur Satzung Sozialkasse.

437) Dieser Höchstbetrag gilt für Komponisten und Textdichter; vgl. § 8 I. (1 a) Satzung Sozialkasse.

438) Hierüber beschließt der Vorstand der Sozialkasse. Die Zustimmung des Aufsichtsrats ist erforderlich, vgl. Ziff. 7 Ausführungsbestimmungen zur Satzung Sozialkasse.

	Beispiel 2	Fall 1	Fall 2	Fall 3
1	Einnahmen	35.000,–	65.000,–	80.000,–
2	Zuerkennung	60.000,–	60.000,–	60.000,–
3	Freibetrag	35.000,–	35.000,–	35.000,–
4	anzurechnendes Einkommen	—	30.000,–	45.000,–
5	Auszahlung	31.440,–	30.000,–	15.000,–
6	Einnahmen insgesamt	66.440,–	95.000,–	95.000,–

Beispiel 2 zeigt, daß selbst bei relativ hohen Einnahmen (Zeile 1) der Auszahlungshöchstsatz (Zeile 5) erreicht werden kann, wenn das Mitglied eine entsprechend hohe Zuerkennung (Zeile 2) erreicht hat. Daß die in Beispiel 2 eingestellte Zuerkennung von 60.000,– DM keine fiktive und daher weit überhöhte Zuerkennung ist, ergibt sich aus § 8 I. (1b) Satzung Sozialkasse. Danach erhält ein Mitglied unabhängig von dem Auszahlungshöchstsatz (Zeile 5) einen monatlichen Zuschlag, wenn die Zuerkennung (Zeile 2) 30.000,– DM übersteigt. Die monatlichen Zuschläge sind in Schritten von 10.000,– DM, beginnend bei 30.000,– DM und bis 90.000,– DM, gestaffelt und steigen linear an.[439)] In Beispiel 2 entfallen auf alle aufgeführten Fälle monatliche Zuschläge von 540,– DM[440)], so daß die Gesamteinnahmen des ordentlichen Mitglieds in Zeile 6 um den Jahresbetrag von 6.480,– DM aufzustocken sind.

Die Ausführungen zur Berechnung der wiederkehrenden Leistungen an ordentliche Mitglieder haben gezeigt, daß die Sozialkasse der GEMA keine soziale Einrichtung im ursprünglichen Wortsinn ist. Die Bezeichnung »Sozialkasse« bzw. »soziale Ausgleichskasse« ist daher zumindest mißverständlich, da mildtätige Zwecke nicht verfolgt werden. Nach ihrem eigenen Verständnis will die Sozialkasse den anspruchsberechtigten Mitgliedern ein würdiges Leben im Alter gestatten. Die wiederkehrenden Leistungen fangen daher sinkende Einnahmen aus dem Tantiemenaufkommen auf und gewährleisten ein gleichbleibendes Einkommensniveau, das vom Dreieck der Einnahmen, der Zuerkennung und des Freibetrages bestimmt wird. Das anspruchsberechtigte Mitglied erhält so eine individuell errechenbare Finanzgrundlage im Alter, die eine darauf abgestimmte Lebensplanung erlaubt. Die wiederkehrenden Leistungen sind daher eine andere Form von Tantiemen.

Daß die Zuweisung von wiederkehrenden Leistungen das begünstigte Mitglied nicht nur auf ein vergleichsweise sozial erträgliches Lebensniveau

439) Der monatliche Zuschlag steigt um 135,– DM pro Steigerung von 10.000,– DM der Zuerkennungssumme.

440) Entsprechend vier mal 135,– DM

anhebt, sondern in vielen Fällen darüber hinausgeht,[441] mag man trotz des Fehlens allgemein zugänglicher Zahlen aus zwei Tatsachen folgern. Zunächst ist auf § 52 Abs. 2 Nr. 3 KSVG zu verweisen. Diese Übergangsvorschrift eröffnete den Mitgliedern einer Verwertungsgesellschaft die Möglichkeit der Befreiung von der Pflichtversicherung, wenn sie nachweisen konnten, daß sie für den Fall der Invalidität und des Alters sowie für ihre Hinterbliebenen Leistungen erwarten konnten, die zusammen mit den über die Verwertungsgesellschaft bezogenen urheberrechtlichen Vergütungen mindestens einer Rente aus der Angestelltenversicherung entsprechen, deren Berechnung 40 anrechnungsfähige Versicherungsjahre und ein Vomhundertsatz der persönlichen Bemessungsgrundlage von 100 zugrunde liegen, wenn diese Leistungen jährlich erhöht werden. Diese Vorschrift ist auf Betreiben der Verwertungsgesellschaften in das Künstlersozialversicherungsgesetz aufgenommen worden.[442] Sie ergibt nur dann einen Sinn, wenn der Anteil der Mitglieder, die den Befreiungstatbestand erfüllten, eine beachtenswerte Größenordnung erreichte und die einkommensabhängigen Rentenversicherungsbeiträge eine erhebliche Höhe erreichten, die durch die Wartezeiten und die dann zu leistende Rente nicht ausgeglichen werden.[443] Diese Vermutung wird bestätigt durch die Untersuchung von Fohrbeck[444] und ihre Feststellung, daß »die Versorgungsleistungen bei den »ordentlichen Mitgliedern« beachtlich sind und heute im Regelfall zu einer Befreiung vom KSVG führen können«. Die Sozialkasse der GEMA verdient daher das Attribut »sozial« allein im Kontext einer umfassenden Alterssicherung. Wenn die Sozialkasse daher als dritte Säule einer umfassenden Alterssicherung verstanden wird, die in einer Gesamtsicherung aus privaten und staatlichen Mitteln aufgeht, darf sie zu Recht das Attribut »sozial« in ihrem Namen führen. Gleichzeitig muß aber klar sein, daß die Sozialkasse heutzutage nicht mehr die Funktion hat, in Fällen echter sozialer Not, für die früher nur unzureichende oder überhaupt keine Hilfe existierte, einzuspringen. Sie ist daher nicht (mehr) Ersatz-, sondern Zusatzversorgung.[445]

441) Diese Feststellung betrifft nicht die Gewährung wiederkehrender Leistungen an Witwen und Waisen, sofern diese über geringe bzw. keine eigenen Einnahmen verfügen.

442) Vgl. nur *Schulze,* S. 98.

443) Die Zahl der aufgrund von § 52 Abs. 2 Nr. 3 KSVG ausgesprochenen Befreiungen ist von der Künstlersozialkasse nicht gesondert erfaßt worden. Bescheinigungen der Sozialkasse der GEMA über das Vorliegen der Befreiungsvoraussetzungen sind unter großer Zurückhaltung ausgestellt worden, vgl. *Schultze* GEMA-Nachrichten Heft 128 (Juli 1987), S. 13.

444) *Fohrbeck,* S. 33.

445) Die Diskussion um die schwierige wirtschaftliche und soziale Lage vieler Künstler hat manche Autoren verleitet, auf die sozialen Einrichtungen der Verwertungsgesellschaften hinzuweisen und ihren Vorbildcharakter herauszustellen. Diese unglückliche Verbindung hat auch in Fachkreisen die weit verbreitete Vorstellung ausgelöst, daß die Sozialkassen sich in erster Linie der Linderung echter sozialer Not widmen. Daß es sich hierbei um eine gravierende Fehlvorstellung handelt, haben die vorstehenden Ausführungen gezeigt.

Einmalige Leistungen werden von der GEMA-Sozialkasse nur in sehr bescheidenem Umfang gewährt. Ihre Hauptaufgabe ist die Alterssicherung, die sich nur durch wiederkehrende Leistungen, d.h. durch monatliche Zuweisungen, erreichen läßt. Einmalige Leistungen helfen, aktuelle Not zu lindern, sind jedoch nicht geeignet, einen Beitrag zur Sicherung im Alter zu leisten. Das Selbstverständnis der GEMA-Sozialkasse als einer Institution zur Alterssicherung bietet daher kaum Spielraum für einmalige Leistungen. Die Satzung kennt daher auch nur zwei Tatbestände, die sich mit der Gewährung einmaliger Leistungen befassen. Beide sind zudem als Ausnahmetatbestände zu § 5 Abs. 1 konzipiert. So bestimmt § 5 Abs. 2 Satzung Sozialkasse, daß anspruchsberechtigte ordentliche Mitglieder bei Krankheit oder Unfall auch vor Vollendung des 60. Lebensjahres einen Antrag auf Gewährung einmaliger Leistungen stellen können. In der Praxis wird denjenigen Mitgliedern Unterstützung gewährt, die durch Krankheit oder Unfall an der Ausübung ihres Berufes als Komponist, Textdichter und Verleger gehindert sind. Die Vorlage entsprechender Berufsunfähigkeitsbescheinigungen wird regelmäßig verlangt. Einmalige Leistungen können in Zeitabständen wiederholt gewährt werden. § 5 Abs. 3 Satzung Sozialkasse[446)] schafft die Möglichkeit, auch den nichtanspruchsberechtigten ordentlichen Mitgliedern sowie außerordentlichen und angeschlossenen Mitgliedern in besonders begründeten Fällen eine einmalige Leistung zu gewähren. Bei der Zuteilung werden die Mitgliedschaftsdauer in der GEMA sowie das Werkschaffen berücksichtigt. Hierdurch will man sicherstellen, daß nur hauptberufliche Künstler, nicht jedoch Hobby- und Gelegenheitsschaffende gefördert werden.

Beiträge zur Krankenversicherung werden gemäß § 13 Satzung Sozialkasse den Empfängern wiederkehrender Leistungen hälftig bis zur Höhe von monatlich 280,– DM. erstattet. Diese Leistung, die immerhin eine jährliche Entlastung von 3.360,– DM bedeutet, fügt sich nahtlos in das Konzept der sozialen Alterssicherung ein und ist ebenfalls ein Baustein der Zusatzversorgung. Allerdings ist diese Bestimmung ein Relikt aus der Zeit vor der Schaffung der Künstlersozialversicherung. § 10 KSVG gewährt selbständigen Künstlern und Publizisten einen Anspruch auf hälftigen Beitragszuschuß sowohl zur gesetzlichen als auch zur privaten Krankenversicherung. Auch wenn ein Mißbrauch der GEMA-Sozialkasse durch die Pflicht zur Vorlage der Einzahlungsbestätigung ausgeschlossen ist, besteht keine Veranlassung, treuhänderisch gebundene Finanzmittel für Leistungen aufzuwenden, die durch einen gesetzlichen Anspruch anderweitig ab-

446) Entsprechend § 7 Abs. 2 Satzung Sozialkasse für Witwen und Waisen.

gedeckt sind.[447] Die GEMA-Sozialkasse prüft daher gegenwärtig die ersatzlose Streichung von § 13 Satzung Sozialkasse.

5.1.6 Kritische Würdigung der Vorsorge- und Unterstützungseinrichtungen der GEMA

Die hier vorgestellten sozialen Einrichtungen der GEMA – die Alterssicherung, die Ausgleichsfonds und die Sozialkasse – haben übergreifende Gemeinsamkeiten. Die Leistungen sind auf hauptberuflich tätige Berechtigte zugeschnitten, d.h. auf diejenigen Mitglieder, die ihre Einnahmen in erster Linie aus der Verwertung ihrer Werke erzielen. Dabei ist sowohl die Vergabe von Zuwendungen als auch die Höhe der Leistung streng erfolgsabhängig.[448] So muß der Begünstigte zunächst den Status eines ordentlichen Mitglieds erreicht haben. Dieser Status ist entweder Ausdruck des wirtschaftlichen Erfolges, indem das Mitglied die erforderlichen Mindesttantiemen vorweisen kann, oder er ist Ausdruck künstlerischen Erfolges, wenn das Mitglied aufgrund kultureller Erwägungen als ordentliches Mitglied kooptiert wurde.[449] Der wirtschaftliche Erfolg fließt darüber hinaus immer über die Einbeziehung des insgesamt bei der GEMA erreichten Aufkommens in die Berechnung der Zuwendungshöhe ein.

Die sozialen Einrichtungen bezwecken, einen Ausgleich für rückläufige Tantiemen zu schaffen. Sie sind daher Zusatzversorgungssysteme. Der Schwerpunkt der Leistungen liegt in der Gewährung wiederkehrender Leistungen; einmalige Leistungen spielen gemessen am Gesamtvolumen der Mittel eine bescheidene Rolle. Begünstigte sind ordentliche Mitglieder und

447) Sofern man argumentieren wollte, daß der Beitragszuschuß der Künstlersozialkasse den fehlenden Arbeitgeberanteil abdecke, die GEMA-Sozialkasse dagegen den Eigenanteil ihres Mitgliedes übernehme, so daß § 13 Satzung Sozialkasse weiterhin anwendbar bliebe, wäre dem entgegenzuhalten, daß die Leistung der Sozialkasse vor Einführung der Künstlersozialkasse nur die Hälfte des Versicherungsbetrages erfaßte und demzufolge nicht die Absicht einer vollständigen Befreiung bestanden hat. Im übrigen deutet auch die Formulierung des § 13 Satzung Sozialkasse darauf hin, daß der nicht geleistete Fremdanteil ersetzt werden sollte, da die Hälfte der *nicht von dritter Seite* erstatteten Beiträge angesprochen ist.

448) *Dittrich,* in: FS 50 Jahre UrhG, S. 82, ist der Auffassung, daß Zuschüsse zur freiwilligen Krankenversicherung sowie Beiträge zur Witwen-, Waisen- und Altersversorgung jedenfalls dann nicht unter den Grundsatz der Inländerbehandlung fallen, wenn nicht das tatsächliche Aufkommen, das auf die Werke des betreffenden Urhebers entfällt, zur Bemessungsgrundlage für die Höhe des jeweiligen Zuschusses gemacht wird. Da die Höhe der Zuwendungen der GEMA-Sozialeinrichtungen durch die Einbeziehung der Aufkommenspunkte direkt an das tatsächlich erzielte Aufkommen eines Berechtigten gekoppelt ist, stellt sich die Frage, ob diese Praxis entsprechend den Grundsätzen von *Dittrich* den Grundsatz der Inländerbehandlung verletzt.

449) Von der Möglichkeit der Kooptation wird in großem Umfang Gebrauch gemacht, vgl. *Schulze,* S. 93.

– ausgenommen die Alterssicherung – ihre Angehörigen.[450] Die Leistungsgewährung ist zudem an die Fortsetzung des Vertragsverhältnisses mit der GEMA gebunden.[451]

Die sozialen Einrichtungen der GEMA fügen sich aufgrund der angesprochenen Gemeinsamkeiten zu einem Gesamtsystem, in dessen Mittelpunkt die Alterssicherung, bestehend aus der gleichnamigen Sicherung im Anhang zum Wertungsverfahren und aus der Sozialkasse, steht. Die Alterssicherung erreicht ca. ein Drittel aller ordentlichen Mitglieder und leistet eine durchschnittliche pro-Kopf-Zuweisung von ca. 23.000,– DM jährlich.[452] Die Schwankungsbreite ist wegen der Aufkommensbezogenheit der Zuwendung allerdings beträchtlich.

Eine kritische Würdigung der Vorsorge- und Unterstützungseinrichtungen der GEMA muß an ihrer Funktion ansetzen. Die sozialen Einrichtungen haben losgelöst von der rechtlichen Qualifikation der Zuwendungen die Funktion einer Rente, Pension oder wesensverwandten Leistung. Die die Leistung bestimmenden Kriterien wurden ausführlich dargestellt. Hier sollen nur einige der funktionsbestimmenden Merkmale in Erinnerung gerufen werden. Die Zuwendungen sind altersabhängig. Sie bezwecken nicht eine soziale Leistung im engen Sinne. Vielmehr erhält jedes Mitglied unabhängig von seinen wirtschaftlichen Verhältnissen Bezüge aus der Alterssicherung. Diese Leistung wird ergänzt durch die Zuwendungen der Sozialkasse, wenn der Nachweis nicht ausreichender Einnahmen zum Lebensunterhalt erbracht wird. Daß sich hinter dieser Formulierung kein leistungsbedingtes soziales Kriterium verbirgt, haben die Berechnungsbeispiele gezeigt. Die Jahre der ordentlichen Mitgliedschaft entsprechen vergleichweise den Beitragsjahren in der Rentenversicherung, da jedes Jahr durch die Vergabe eines Punktewertes in die Leistungsberechnung einfließt. Das erzielte Aufkommen wird so behandelt, als sei es ein (fiktiver) Rentenbeitrag: Je höher der Einzahlungsbetrag, desto höher die ausgezahlte Leistung. Besonders deutlich wird der Bezug zur Rente bei der Berechnung der Zuerkennung in der Sozialkasse. Mit unverklärter Deutlichkeit sprachen frühere Fassungen der GEMA-Sozialkasse deshalb nicht von der Zuerkennung, sondern von der

450) Vgl. nur § 3 II. GO Komponisten E; § 2 Abs. 3 Satzung Sozialkasse.

451) Für die Alterssicherung im Rahmen des Wertungsverfahrens folgt dies auch ohne explizite Anordnung aus dem Gesamtkontext der jeweiligen Geschäftsordnung; § 7 (1) b) Satzung Sozialkasse enthält eine gleichlautende Bestimmung.

452) Zahlen auf der Basis des Geschäftsjahres 1991. Von 1.948 ordentlichen Mitgliedern erhielten 731 Zuwendungen aus der Alterssicherung (vgl. oben S. 103). Die Ausgaben im Geschäftsjahr 1991 betrugen für die Alterssicherung 9,2 Mio DM (vgl. oben S. 103) und für die Sozialkasse 7,69 Mio DM (vgl. oben S. 111).

Rentenbemessungsgrundlage.[453] Der Bezeichnungswechsel brachte keine inhaltliche Neuerung, und auch die derzeit gültige Fassung der Satzung verwendet in anderem Zusammenhang eine Umschreibung der Kurzformel der Rentenbemessungsgrundlage.[454] Die Leistungen der sozialen Einrichtungen der GEMA sind, dies macht schon die selbstgewählte Bezeichnung »Alterssicherung«[455] hinreichend deutlich, von ihrer Funktion her eine Rente. Daß die Mitgliedsgesellschaften der CISAC stets beabsichtigten, ihren Mitgliedern unter bestimmten Voraussetzungen eine Rente zu gewähren, zeigt der Bericht des Generalsekretariats der CISAC aus dem Jahre 1932.[456] Er sprach aus, um was es ging: um die *»politique en matière de pensions et de retraites«* der Mitgliedsgesellschaften.[457]

Die Notwendigkeit einer finanziellen Unterstützung im Alter aus Sicht der Bezugsberechtigten soll hier grundsätzlich nicht in Zweifel gezogen werden. Dennoch verlangt eine kritische Würdigung der sozialen Einrichtungen der GEMA eine Antwort auf die Frage, mit welcher Berechtigung die GEMA Aufgaben der Altersversorgung übernimmt.

Zuallererst ist die Alterssicherung keine Aufgabe der Verwertungsgesellschaft. Verwertungsgesellschaften sind Dienstleistungsgesellschaften, die in Erfüllung einer treuhänderischen Verpflichtung das Inkasso und die Verteilung von Nutzungserträgen betreiben.[458] Die Erträge sind nicht nur wegen der treuhänderischen Bindung, sondern auch wegen des umfassenden Zuweisungsgehaltes des ausschließlichen Rechts voll an die Treugeber auszuschütten. Die Schaffung von Sonderfonds für einen überdies eng abgesteckten Kreis von Berechtigten verstößt daher gegen den Grundauftrag einer Verwertungsgesellschaft. Dies gilt um so mehr, wenn der Sonderfonds über einen für den einzelnen Treugeber angesichts der faktischen Monopolstellung der Verwertungsgesellschaft unentrinnbaren Abzug finanziert

453) § 8 I. (1a) Satzung Sozialkasse in der Fassung vom 1. Januar 1979, abgedruckt in GEMA-Nachrichten Heft 111 (Sept. 1979), S. 106ff. lautet: »Die laufende Beihilfe für Komponisten und Textdichter wird auf 80 % der *Rentenbemessungsgrundlage* festgesetzt und beträgt höchstens DM 2.000,– im Monat. Die Rentenbemessungsgrundlage ist das durchschnittliche Jahresaufkommen des Mitglieds bei der GEMA, wobei die Beträge aus zurückliegenden Jahren den inzwischen veränderten Lebenshaltungskosten angepaßt werden.“ (Hervorhebung vom Verfasser)

454) § 11 Abs. 4 Satzung Sozialkasse: »Bei Beendigung der Mitgliedschaft zur GEMA beschränken sich die Leistungen auf bis zu 80 % des *versicherungsmathematischen Gegenwertes* der vom Berechtigten seit dem 1. Januar 1957 für die Sozialkasse selbst aufgebrachten Mittel«. (Hervorhebung vom Verfasser)

455) Vgl. den Beitrag von *Schultze,* dem ehemaligen geschäftsführenden Kurator der GEMA-Sozialkasse, in: GEMA-Nachrichten Heft 128 (Juli 1987), S. 12f., mit dem Titel »Die Alterssicherung der GEMA«.

456) Abgedruckt bei *Dittrich,* in: FS 50 Jahre UrhG, S. 84–87.

457) A.a.O., S. 84.

458) S. oben S. 43.

wird. So gerät der Sozialabzug zu einem Zwangsabzug, da ein vom freien Willen getragener Verfügungstatbestand nicht vorliegt.[459)] An dieser Beurteilung vermögen die vereinsrechtlichen Mitwirkungsbefugnisse eines Mitglieds nichts zu ändern. Vielmehr muß der Berechtigte von sich aus sein Recht ausüben und über seinen Sozialbeitrag eigenverantwortlich verfügen können und nicht umgekehrt einen Eingriff in den Zuweisungsgehalt seines Rechts dulden, um dann gegebenenfalls hiergegen auf vereinsrechtlichem Wege vorgehen zu müssen.[460)]

Auch § 8 WahrnG schafft keine verpflichtende Rechtsgrundlage zur Schaffung einer verwertungsgesellschafteninternen Alterssicherung. Er postuliert lediglich den Ansporn und die Ermunterung des Gesetzgebers zur Selbsthilfe der Urheber innerhalb einer Verwertungsgesellschaft.[461)]

Alterssicherung ist und bleibt grundsätzlich eine private und/oder staatliche Aufgabe, die der Eigenverantwortung eines Wahrnehmungsberechtigten überlassen bleibt und die durch die gesetzliche Pflichtversicherung nach dem KSVG ergänzt wird. Diese Feststellung schließt nicht aus, daß die Mitglieder ihre Verwertungsgesellschaft beauftragen, eine Alterssicherung zu schaffen, die der Leistungsfähigkeit der Gesellschaft angepaßt ist. Dabei muß klar sein, daß es sich um die Übertragung einer neuen, d.h. einer zusätzlichen Aufgabe handelt, die verwertungsgesellschaftenunspezifisch ist.[462)] Aus diesem Grunde bedarf die Verwertungsgesellschaft der ausdrücklichen Beauftragung durch ihr Mitglied. Dieser Auftrag darf nicht zwingender Bestandteil eines Berechtigungsvertrages sein, weil Alterssicherung eine zusätzliche Aufgabe ist, die mit der gemeinsamen Wahrnehmung von Nutzungsrechten nichts zu tun hat. Benötigt die Verwertungsgesellschaft demnach ein ausdrückliches und auf Freiwilligkeit gegründetes Mandat, dann darf sie sich diese Zusatzaufgabe nicht derart zu eigen machen, daß sie verbindliche Festlegungen für alle Mitglieder im Berechtigungsvertrag trifft. Damit verläßt sie ihr ursprüngliches Aufgabengebiet und greift in ein Recht – das ausschließliche Recht – ein, zu dessen Wahrung sie als Interessenvertreter der Urheber berufen ist.

In diesen Zusammenhang gehört auch die oft genannte Solidargemeinschaft der Urheber. In § 2 Abs. 1 der Satzung der GEMA-Sozialkasse heißt

459) Vgl. auch die Kritik von *Riklin*, S. 248.

460) Den Mitwirkungsmöglichkeiten der Vereinsmitglieder sind durch das Kuriensystem und das Erfordernis der Einstimmigkeit der drei Berufsgruppen (§ 11b) Satzung GEMA) enge Grenzen gesetzt. Die bestehenden Regelungen bewirken eine Zementierung des Status quo. Vgl. auch die Kritik an dem Entzug der Mitwirkungsbefugnisse hinsichtlich der GEMA-Sozialkasse oben S. 111.

461) Vgl. oben S. 71.

462) Die Bezugnahme auf das Modell der betrieblichen Altersversorgung versagt bei Verwertungsgesellschaften, s. oben S. 66.

es, daß die Leistungen der GEMA-Sozialkasse durch die Solidargemeinschaft aller GEMA-Mitglieder ermöglicht werden. Die Bezugnahme auf die Solidargemeinschaft schafft zwar keine Rechtsgrundlage, wohl aber eine rechtfertigende Grundlage im Sinne einer moralischen Verpflichtung der Mitglieder und damit eine Handlungsgrundlage für die Wahrnehmung der Zusatzaufgabe Alterssicherung. Bei näherer Betrachtung zeigt sich, daß die Solidargemeinschaft in der heutigen Zeit[463)] wegen des enormen Zuwachses der Berechtigten und der Veränderungen in der Werkverwertung eine bloße Fiktion ist. Zunächst überzeichnet der Begriff der Solidargemeinschaft die Bindungen der Berechtigten untereinander. Die Verwertungsgesellschaft vereint Abertausende von Berechtigten unter einem Dach. Sie sind verbunden durch das gemeinsame Interesse, *ihr* Entgelt aus der Nutzung ihrer Werke zu erhalten. Die Berechtigten einer Verwertungsgesellschaft bilden daher eine Interessengemeinschaft. Der Schritt von der Interessen- zur Solidargemeinschaft hat in bezug auf die gegenwärtigen Verhältnisse keine nachvollziehbare Begründung gefunden. Schließlich kommen Zweifel an der Richtigkeit dieses Begriffs auf. Solidarität ist eine Geisteshaltung, die einen Leistungsstärkeren veranlaßt, (überschüssige) materielle und immaterielle Ressourcen für einen Leistungsschwächeren einzusetzen. Die Finanzierung der Alterssicherung zeigt, daß der Gedanke der Solidargemeinschaft von Rissen durchzogen ist. Zunächst tragen die Niemals-Begünstigten, d.h. die große Zahl der angeschlossenen und außerordentlichen Mitglieder, die niemals die – außerdem gesteigerten – Voraussetzungen der ordentlichen Mitgliedschaft erfüllen, mit ihrem Sozialabzug zur Finanzierung der Sozialeinrichtungen bei.[464)] Sodann erhalten auch diejenigen ordentlichen Mitglieder, die über verhältnismäßig hohe Einnahmen verfügen, den Höchstsatz aus der Sozialkasse, wenn sie eine entsprechend hohe Zuerkennung erreicht haben. Wegen der durchgehenden Berücksichtigung des Aufkommens ist die GEMA-Alterssicherung besonders vorteilhaft für die Erfolgreichsten der Erfolgreichen. Auch wenn man der gegenwärtigen Praxis einen materiellen Gerechtigkeitsgehalt nicht absprechen will, trifft der Begriff der Solidargemeinschaft *aller* GEMA-Mitglieder deshalb nicht bzw. nur sehr bedingt zu.

Die von der GEMA geübte Praxis, den außerordentlichen und angeschlossenen Mitgliedern den Zugang zur Alterssicherung zu versagen, obwohl sie über den Sozialabzug zu ihrer Finanzierung herangezogen werden,

463) Ein Beispiel aus früherer Zeit ist die Übernahme der Bestattungskosten für Bartok durch die amerikanische Verwertungsgesellschaft ASCAP; vgl. den Ausschnitt aus einer Bartok-Biographie bei *Schulze,* S. 45.

464) S. oben S. 111.

wird in der Literatur teilweise kritisch hinterfragt. Der sachliche Differenzierungsgrund, d.h. die Berechtigung einer Bevorzugung der ordentlichen Mitglieder, wird in den beiden folgenden Argumenten gesehen. Zum einen schaffe die besondere Verbundenheit der ordentlichen Mitglieder mit der GEMA einen sachlichen Differenzierungsgrund. Da jeder Wahrnehmungsberechtigte nach Erfüllung der Voraussetzungen für eine Mitgliedschaft einen Antrag auf Aufnahme als ordentliches Mitglied stellen könne, hänge es vor allem von der Initiative des Wahrnehmungsberechtigten ab, die Voraussetzungen für die Inanspruchnahme der Leistungen der Sozialkasse zu schaffen.[465)] Diese Begründung verfehlt die Problematik. Im Kern geht es um die Frage, ob ein Mitglied der GEMA kraft Satzungszwang zur Finanzierung von Aufgaben herangezogen werden kann, die weder verwertungsgesellschaftenspezifisch sind noch ihm jemals zugute kommen. Die Erfüllung der Zuwendungsvoraussetzungen liegt zudem weniger auf der Stufe der Antragstellung, sondern in der Erreichung des vorgeschriebenen Mindestaufkommens. Ob dessen Überschreitung quasi automatisch eine besondere Verbundenheit zur GEMA auslöst, mag dahinstehen. Auch sie würde die Heranziehung der übrigen Mitglieder nicht erklären können.

Der zweite Grund für die Nichtteilhabe der außerordentlichen und angeschlossenen Mitglieder an der Alterssicherung wird darin erkannt, daß die ordentlichen Mitglieder aufgrund ihres höheren Aufkommens auch mehr an die Sozialkasse abführen, so daß sie sich ihre bevorzugte Stellung verdienten.[466)] Ein vergleichbares Argument wird für die Alterssicherung im Rahmen des Wertungsverfahrens benutzt. Diese sei im Grunde eine freiwillige Sparkasse mit erstaunlich hoher Rendite.[467)] Verdienst durch Beitragsleistung bzw. Kapitalertrag ist kein Argument für die Zugangsbeschränkung, da die ordentlichen Mitglieder nicht den Sozialabzug von den Tantiemen der Nicht-Zugangsberechtigten verdienen können. Dennoch helfen diese Argumente, den Charakter der sozialen Zuwendungen der GEMA näher zu bestimmen. Der Gedanke der freiwilligen Sparkasse träfe zu, wenn die für die ordentlichen Mitglieder bereitgestellten Mittel vollständig eigenfinanziert wären, d.h. ausschließlich aus den Sozialabzügen der *ordentlichen* Mitglieder herrührten, und ein Kapitalkonto bei der GEMA geführt würde. Tatsächlich ist die Alterssicherung im Rahmen des Wertungsverfahrens eine mehrheitlich durch Zuweisung von Zinserträgen subventionierte soziale Einrichtung und die Sozialkasse eine aus Sozialabzügen aller Mitglieder und aus Zinserträgen finanzierte Einrichtung. Die

465) So *Menzel,* S. 54.
466) So *Mauhs,* S. 153.
467) *Schultze,* GEMA-Nachrichten Heft 128 (Juli 1987), S. 12.

ordentlichen Mitglieder erhalten deshalb höhere, d.h. ihre Eigenleistung übersteigende Zuwendungen aus der Alterssicherung. Im übrigen werden die Einlagen nicht auf ein Kapitalkonto eingezahlt, aus dessen Zinserträgen die Zuwendungen finanziert würden, da sämtliche Konten mit Ende eines Geschäftsjahres in der Bilanz einen Nullsaldo aufweisen. Mit derselben Begründung ist auch die Überlegung des Verdienstes durch Beitragsleistung zurückzuweisen. Dennoch erhält jeder Zuwendungsberechtigte wegen der strikten Aufkommensbezogenheit der Sozialleistungen ein Äquivalent dessen, was er mit seinem Sozialabzug eingezahlt hat, zeitversetzt mit Erreichen der Altersgrenze. Der Sozialabzug gerät daher in der Alterssicherung der GEMA zu einem fiktiven Rentenbeitrag.[468)] Die Alterssicherung ist durch ihre Berechnung nach der Zuerkennung, d.h. einer Rentenbemessungsgrundlage, eine rentenähnliche Leistung. Die in der Alterssicherung der GEMA eingestellten Finanzmittel unterliegen daher einer jährlichen Umverteilung von der Gesamtheit aller GEMA-Mitglieder zugunsten der ordentlichen Mitglieder, die die Zuwendungsvoraussetzungen erfüllen. Alterssicherung ist Umverteilung mit der anwartschaftsähnlichen Aussicht, im Alter selbst eine Zuwendung entsprechend den insgesamt individuell eingebrachten Sozialabzügen zu erhalten. Der Solidaritätsgedanke könnte reaktiviert werden, wenn die Alterssicherung der GEMA ausschließlich von denjenigen finanziert würde, die später selbst anspruchsberechtigt sind, den ordentlichen Mitgliedern (statusabhängige Solidarität).

468) Das Bundessozialgericht (Az: 12 RK 16/86) hat im Unterschied zu den Vorinstanzen entschieden, daß die Leistungen aus der GEMA-Sozialkasse keine der Rente vergleichbaren Versorgungsbezüge im Sinne des § 180 Abs. 5 Nr. 2 RVO sind. Dies wirkt sich zugunsten der Zuwendungsbegünstigten dahin aus, daß die Leistungen der GEMA-Sozialkasse nicht bei der Grundlohnberechnung zu berücksichtigen sind. Die Entscheidung ist aus Sicht der Urheber zu begrüßen. Das BSG begründet seine Entscheidung damit, daß die gewährten Leistungen keine unmittelbare Beziehung zu dem Erwerbseinkommen aus der Zeit aktiver Tätigkeit der Leistungsempfänger selbst oder ihrer Rechtsvorgänger hätten. Sie seien weder von Beitragsleistungen an die Sozialkasse während der aktiven Zeit der Erwerbstätigkeit abhängig noch stünden sie in einer Beziehung zu dem Erwerbseinkommen während der aktiven Tätigkeit in dem Sinne, daß die Höhe der Leistungen der Höhe der geleisteten Beiträge oder des Einkommens entspräche. Hier sei das Gegenteil der Fall. Je geringer der unmittelbare Ertrag der Erwerbstätigkeit während des Erwerbslebens gewesen sei, desto geringer bleibe er auch bei Eintritt der Leistungsfälle und desto höher sei die Leistung der Sozialkasse. Die Beziehung zum Erwerbsleben bestehe nur in der solidarischen Haltung der Berufsgruppe (Begründung teilweise abgedruckt bzw. wiedergegeben in: GEMA-Nachrichten Heft 127 (April 1987), S. 11. Diese Begründung verkennt die strikte Bindung der Leistung an das bei der GEMA erreichte Aufkommen und die Wechselbeziehung von Einnahmen, Zuerkennung und Freibetragsregelung (vgl. oben S. 112 ff.). Ein solidarischer Beitrag der besserverdienenden Mitglieder stellt sich erst bei Wirksamwerden der Höchstbetragsregelung (§ 8 I. (1a) Satzung Sozialkasse) ein, also dann, wenn aufgrund der Zuerkennung rechnerisch darüber hinausgehende Zahlungen entstehen, die aber wegen der Höchstbetragsregelung nicht an das betreffende Mitglied ausgezahlt werden.

5.2 Die VG Wort

5.2.1 Transparenz der Normen betreffend den Abzug für soziale Zwecke

Der Wahrnehmungsvertrag der VG Wort[469)], aufgrund dessen ein Berechtigter die Dienstleistung Inkasso und Verteilung für die von ihm eingebrachten Rechte in Anspruch nimmt, enthält keinen ausdrücklichen Hinweis auf die Existenz verwertungsgesellschaftsinterner sozialer Einrichtungen. § 5 des Wahrnehmungsvertrages bestimmt lediglich, daß Satzung und Verteilungspläne[470)] einen Bestandteil des Vertrages bilden. Daß die VG Wort auch soziale Einrichtungen unterhält, kann der Berechtigte verschiedenen Einzelbestimmungen der Satzung entnehmen. § 9 der Satzung VG Wort erfüllt die gesetzliche Verpflichtung aus § 7 Satz 3 WahrnG, wonach die Grundsätze des Verteilungsplans in die Satzung der Verwertungsgesellschaft aufzunehmen sind. Da von den Gesamterträgen aus der Wahrnehmung der Rechte auch Zuweisungen an soziale Einrichtungen erfolgen, benennt § 9 der Satzung VG Wort, der die Grundsätze des Verteilungsplans und die Verteilung regelt, die verschiedenen Sozialeinrichtungen und regelt auch deren Finanzierung. So erfährt der Berechtigte von der Existenz eines Autorenversorgungswerkes,[471)] eines Sozialfonds[472)], eines Beihilfefonds für Urheber und Verleger wissenschaftlicher und Fachliteratur[473)] und eines Förderungsfonds Wissenschaft.[474)] Dem § 10 V. k) der Satzung VG Wort über die Aufgaben und Befugnisse des Verwaltungsrates kann der Berechtigte entnehmen, daß der Sozialfonds und der Förderungs- und Beihilfefonds Wissenschaft selbständige Gesellschaften in der Rechtsform einer GmbH sind, die eigene Satzungen haben. Die Satzungen und die hierzu erlassenen Richtlinien für die Gewährung und Vergabe von Zuschüssen geben Aufschluß über den Zweck und die Zuwendungsvoraussetzungen der sozialen Einrichtungen. Der Verteilungsplan der VG Wort kann sich aufgrund der vergleichsweise umfangreichen Bestimmungen in der Satzung auf die Regelung der technischen Einzelheiten in den einzelnen Sparten konzentrieren. § 3 Verteilungsplan VG Wort, der im Abschnitt Allgemeine Grundsätze steht, begnügt sich daher mit dem allgemeinen Hinweis auf

469) Der Wahrnehmungsvertrag, zuletzt in der Fassung vom 20. 5. 1989, wird auf Anforderung von der VG Wort zugeschickt.

470) Satzung, zuletzt in der Fassung vom 23. Mai 1992, und Verteilungspläne sind dem Wahrnehmungsvertrag beigefügt.

471) § 9 II. 1. a); § 9 II. 2. und 3. Satzung VG Wort.

472) § 9 III. a) Satzung VG Wort.

473) § 9 III. b) Satzung VG Wort.

474) § 9 III. c) Satzung VG Wort.

Abzüge von den eingezogenen Wahrnehmungserträgen durch Zuweisungen an die Sozialeinrichtungen.[475)]

Trotz der Aufzählung der bestehenden Sozialeinrichtungen der VG Wort wird ein neu aufgenommener Berechtigter kaum verstehen können, in welchem Verhältnis die sozialen Einrichtungen zueinander stehen. Schließt die Inanspruchnahme der einen sozialen Einrichtung die Zuwendung von Geldern durch eine andere aus, oder sind Situationen denkbar, in denen die Leistungen aller Einrichtungen kumulativ erfolgen? Antworten auf diese Fragen fände ein Berechtigter dadurch, daß er die Finanzierung der Sozialeinrichtungen, die in § 9 der Satzung VG Wort geregelt ist, studiert. Letztlich versteht man das Verhältnis der sozialen Einrichtungen erst, wenn man weiß, daß die Satzung VG Wort und der Verteilungsplan im Grundsatz zwei selbständige, parallel laufende Regelwerke beinhalten. Diese horizontale Trennung hat historische Gründe.[476)] Bis April 1978 existierten im Literaturbereich die Verwertungsgesellschaften VG Wort und VG Wissenschaft, die nicht miteinander konkurrierten. Im Zuge der Verschmelzung der beiden Gesellschaften wurden die spezifischen Belange der Wissenschaftsautoren und der wissenschaftlichen Verleger durch eine Änderung der Satzung der damaligen VG Wort gewahrt. Mit dem Vollzug der formellen Eingliederung war ein gemeinsames Regelwerk geschaffen, das in der Sache jedoch die separate Behandlung des Bereichs Wissenschaft fortsetzte.[477)] Fortgeführt wurden auch die bis zur Verschmelzung bestehenden sozialen Einrichtungen, so daß heute in der VG Wort getrennte soziale Einrichtungen für den Wissenschaftsbereich[478)] und für den Bereich allgemeine Literatur vorzufinden sind. Im Wissenschaftsbereich sind dies der Beihilfefonds und der Förderungsfonds, im Bereich allgemeine Literatur das Autorenversor-

475) § 3 Verteilungsplan Wort bezieht sich auf die Verteilung der Beträge, für die kein besonderer Verteilungsplan aufgestellt ist. Die Sozialabzüge für die Erträge, deren Verteilung nach spartenspezifischen Plänen vorgenommen wird (vgl. unter Abschnitt B »Die einzelnen Verteilungspläne« des Verteilungsplans VG Wort), regeln sich nach § 9 Satzung VG Wort – dies ergibt sich auch aus der Überschrift des Verteilungsplans. Sie lautet: »Verteilungsplan der Verwertungsgesellschaft Wort nach § 9 der Satzung« – und ausdrücklichen Anordnungen innerhalb der Spartenverteilungspläne (vgl. z.B. § 32 Verteilungsplan VG Wort).

476) Hierzu *Melichar,* S. 78f.

477) Dies zeigt auch die Beibehaltung selbständiger Verteilungspläne. Der »Verteilungsplan der Verwertungsgesellschaft WORT nach § 9 der Satzung« regelt ausschließlich die Verteilung der Erträge für den Bereich allgemeine Literatur. Auch wenn der Titel des Regelwerkes Bestimmungen für beide Bereiche erwarten läßt, ist die Verteilung für den Bereich Wissenschaft separat in den Verteilungsplänen Wissenschaft geregelt. *Melichar,* S. 79, erkennt – bei aller Integration des Bereiches Wissenschaft – in der Trennung der Bereiche die Berücksichtigung der besonderen Interessenlage der wissenschaftlichen Autoren und Verleger, denen auch in Zukunft eine gewisse Eigenständigkeit garantiert sein sollte.

478) Der Förderungs- und Beihilfefonds Wissenschaft der VG Wort hat nach der Eingliederung der VG Wissenschaft, die bis zur Verschmelzung als GmbH geführt wurde, deren Firmenmantel übernommen und firmiert daher als GmbH, vgl. *Melichar,* S. 79.

gungswerk und der Sozialfonds. Die Finanzierung der Fonds erfolgt ebenfalls bereichsspezifisch durch Abzüge von den Wahrnehmungserträgen.

Zur Transparenz der Normen betreffend den Sozialabzug ist zweierlei zu bemerken. § 9 der Satzung VG Wort erfüllt die gesetzliche Verpflichtung aus § 7 Satz 3 WahrnG. Der Berechtigte erfährt von der Existenz sozialer Einrichtungen und ihrer Finanzierung. Gleichwohl erzeugt die treuhänderische Bindung der Verwertungsgesellschaft darüberhinausgehende Verpflichtungen. Der Berechtigte trägt durch den satzungsgemäßen automatischen Sozialabzug seinen Anteil an der Finanzierung dieser Einrichtungen. Als Treugeber darf er erwarten, daß der Treuhänder[479)] ihn umfassend über die Verwendung seiner Abzüge aufklärt. Dazu gehört auch die Information, unter welchen Voraussetzungen er von welcher Sozialeinrichtung Unterstützung erwarten kann. Eine Verwertungsgesellschaft darf sich nicht damit begnügen, Auskünfte erst auf Anfrage zu erteilen, sondern muß diese schon bei Abschluß des Wahrnehmungsvertrages geben. Diese Verpflichtung besteht unabhängig von den dargestellten Besonderheiten bei der VG Wort. Sie ist Voraussetzung für die Möglichkeit der Ausübung der Mitwirkungs- und Gestaltungsbefugnisse eines Berechtigten, die Teilaspekte des ausschließlichen Rechts sind.

5.2.2 Finanzierung der sozialen Aufgaben

Die Finanzierung der sozialen Einrichtungen der VG Wort ist abschließend in § 9 der Satzung VG Wort geregelt. Jede der sozialen Einrichtungen verfügt über eigene, von den anderen klar abgegrenzte Finanzierungsquellen. Überschneidungen sind ausgeschlossen. Das Prinzip der Trennung der Bereiche allgemeine Literatur und Wissenschaft bleibt aufrechterhalten. Die VG Wort verfügt daher anders als die GEMA über keinen gemeinsamen Sozialetat. Schwankungen innerhalb der Einzeletats, die durch Veränderungen im Aufkommen oder durch höhere Ausgaben infolge einer Zunahme der Zahl der Unterstützungsempfänger eintreten, können von den zur Entscheidung berufenen Organen untereinander nicht ausgeglichen werden. Ein Vergleich der Einnahmen und der Ausgaben eines Geschäftsjahres mit den gewährten Zuwendungen nach Zahl und Höhe ergibt ein Bild von der Leistungsbilanz jeder sozialen Einrichtung, so daß Schlußfolgerungen auf eine eventuell notwendige Neubestimmung der

479) Die Tatsache, daß die Sozialeinrichtungen der VG Wort in eigener Rechtsträgerschaft geführt werden, entzieht sie nicht der treuhänderischen Bindung. *Häußer*, FuR 1980, S. 67f., ist daher zuzustimmen, wenn er auch rechtlich selbständige Tochterunternehmen der Verwertungsgesellschaft – gemeint sind die Sozialeinrichtungen von VG Wort und VG Bild-Kunst – der Aufsicht des Patentamtes unterstellt.

satzungsmäßigen Aufgaben möglich sind. Allerdings ist die finanzielle Manövrierfähigkeit der sozialen Einrichtungen dadurch erleichtert, daß sie in eigener Rechtsträgerschaft als Stiftung bzw. GmbH geführt werden. Eventuell erwirtschaftete Überschüsse, die dadurch entstehen, daß die Zuweisungen der VG Wort den tatsächlichen Bedarf der sozialen Einrichtungen übersteigen, können auf das neue Geschäftsjahr vorgetragen werden. Die Gründung eigener Tochtergesellschaften erlaubt der VG Wort, Erträge aus der Wahrnehmung der ihr treuhänderisch übertragenen Urheberrechte als Gewinne, die sie als gemeinnütziger Verein selbst nicht erwirtschaften dürfte[480)], in die sozialen Einrichtungen rückzustellen.

Das *Autorenversorgungswerk* ist die mit Abstand größte soziale Einrichtung. Das Finanzvolumen betrug im Geschäftsjahr 1991 10,219 Mio DM nach 7,065 Mio DM im Jahre 1990.[481)] Im folgenden soll der Darstellung der Finanzierung des Autorenversorgungswerks in ihrer historischen Entwicklung der Vorzug vor einer schematischen Auflistung der Einzelposten gemäß § 9 II. der Satzung der VG Wort gegeben werden.

Das Autorenversorgungswerk ist eine öffentliche Stiftung des bürgerlichen Rechts.[482)] Gemäß § 3der Stiftungssatzung[483)] hat das Autorenversorgungswerk gegen die Verwertungsgesellschaft Wort einen Rechtsanspruch auf jährlich wiederkehrende Geldleistungen bis zu 50 v. H., mindestens jedoch 35 v. H. des Aufkommens (abzüglich eines Kostenanteils der VG Wort von 10 v. H. vorab) aus der Bibliotheksabgabe nach § 27 UrhG. Die Satzung der VG Wort bestimmte von Anfang an, daß die Hälfte der Erträge, die auf Ausleihen in allgemeinen öffentlichen Bibliotheken entfallen, dem Autorenversorgungswerk zuzuführen sind.[484)] Damit entsprach man der Erwartungshaltung des Gesetzgebers,[485)] der diese Forderung nicht zuletzt deswegen so unverblümt stellte, weil die Bibliotheksabgabe aus den öffentlichen Haushalten finanziert wird. Die Bibliothekstantieme blieb lange Zeit die einzige Finanzierungsquelle des Autorenversorgungswerkes. Erst 1987 griff man nach einer entsprechenden Änderung der Satzung auf eine zweite Finanzierungsquelle zurück. § 9 II. der Satzung VG Wort wurde um eine Ziffer 2 ergänzt. Danach werden nach Abzug des

480) Vgl. § 1 IV. Satzung VG Wort. Ob die Ausgliederung verwertungsgesellschaftlicher Tätigkeit in Tochtergesellschaften rechtlich unbedenklich ist oder einen Umgehungstatbestand hinsichtlich der Vorschriften des WahrnG oder des Vereinsrechts schafft, bleibt dahingestellt.

481) Geschäftsbericht VG Wort 1991, S. 8.

482) § 1 Satzung der Stiftung Autorenversorgungswerk, abgedruckt bei *Melichar,* S. 189. Das Autorenversorgungswerk unterliegt gem. Art. 21 Bay. Stiftungsgesetz der Stiftungsaufsicht.

483) Derzeit gültig ist die Fassung vom März 1991.

484) Vgl. § 9 II. a) Satzung VG Wort in der Fassung vom 22. April 1978, abgedruckt bei *Schulze,* S. 304ff.

485) Vgl. oben S. 73.

allgemeinen Kostenanteils 30 % des auf den Bereich Tages- und Wochenpresse entfallenden Anteils am Reprographieaufkommen gemäß § 54 Abs. 2 Satz 1 und 2 UrhG dem Autorenversorgungswerk zugeführt.[486)] Die Erschließung neuer Finanzierungsquellen war notwendig geworden, weil die satzungsmäßigen Aufgaben mit den bisherigen Mitteln aus der Bibliothekstantieme nicht aufrechtzuerhalten waren.[487)] Man entschloß sich daher, die Gruppe zur Finanzierung heranzuziehen, die anteilig am stärksten und mit deutlich zunehmender Tendenz das Autorenversorgungswerk in Anspruch nimmt. Dies ist die Gruppe der Journalisten. Eine durchgreifende finanzielle Konsolidierung wurde jedoch nicht erreicht. Die Entwicklung von Einnahmen und Ausgaben war weiterhin negativ. 1990 – nur drei Jahre nach der ersten Ergänzung – entschloß man sich, *rückwirkend* eine weitere, zunächst zeitlich befristete und flexibel handhabbare Finanzierungsquelle aufzutun. § 9 II. der Satzung VG Wort wurde um Ziffer 3 erweitert. Danach werden dem Autorenversorgungswerk nach Abzug des allgemeinen Kostenanteils bis zu 15 % des Aufkommens aus § 54 Abs. 1 UrhG vom 1. 1. 1989 bis 31. 12. 1992 zugeführt. Betroffen ist das Hörfunk- und Fernsehaufkommen, so daß wiederum die Journalisten als Hauptnutznießer belastet sind. Der Höchstsatz wurde durchgehend in Anspruch genommen.[488)] Inzwischen ist durch Satzungsänderung vom Mai 1992 auch die zeitliche Befristung in Ziffer 3 gestrichen.

Die Bedeutsamkeit der Ergänzungen zur Finanzierung des Autorenversorgungswerkes zeigt die Aufschlüsselung der Zuführungen für das Geschäftsjahr 1991.[489)] Von dem Gesamtbetrag von 10,219 Mio DM entfallen auf die Bibliothekstantieme[490)] 6,067 Mio DM (59 %), die Presse-Reprographie 1,496 Mio DM (15 %) und auf Hörfunk / Fernsehen 2,656 Mio DM

486) Die neue Finanzierungsquelle erbrachte im Zeitraum von 1. 7. 1985 bis 31. 12. 1986 eine Zuführung von 931.292,– DM an das Autorenversorgungswerk. Ihr Anteil an der Gesamtzuweisung von 5,134 Mio DM erreichte damit ca. 18 %, vgl. Geschäftsbericht VG Wort 1986, S. 9.

487) In den Jahren 1981 bis 1986 betrug die Unterdeckung im Autorenversorgungswerk 8,67 Mio DM, vgl. Geschäftsbericht VG Wort 1986, S. 9. Sie konnte nur durch die in früheren Jahren erzielten Überschüsse, die auf jedes Geschäftsjahr vorgetragen wurden, aufgefangen werden; vgl. auch oben S. 128.

488) Vgl. Geschäftsbericht VG Wort 1991, S. 8.

489) Geschäftsbericht VG Wort 1991, S. 8.

490) Bund und Länder zahlten zur Abgeltung der Ansprüche aus § 27 UrhG und in Erfüllung des Gesamtvertrages, den sie mit der Zentralstelle Bibliothekstantieme (ZBT) ausgehandelt haben, in den Jahren 1990 bis 1992 an die Verwertungsgesellschaften für die alten Länder jeweils 15,668 Mio DM. Eine abschließende Regelung für die neuen Länder konnte bisher nicht vereinbart werden.
Im Geschäftsjahr 1991 erzielte die VG Wort aus der Bibliothekstantieme Einnahmen von 17,4 Mio DM, die sich auf die Bereiche allgemeine Literatur und Wissenschaft verteilen; vgl. unten Fn. 494. Darin enthalten ist die Zahlung der neuen Bundesländer von 4,11 Mio DM; vgl. Geschäftsbericht VG Wort 1991, S. 6 und unten Fn. 538.

(26 %). Die Veränderungen in der Finanzierung des Autorenversorgungswerkes sind dramatisch. Man wird angesichts der Entwicklung seit 1987 fragen müssen, bis zu welcher Grenze die VG Wort bereit ist, Erträge aus der Wahrnehmung von Urheberrechten, die bis 1987 entsprechend der Natur dieser Rechte und in Erfüllung der treuhänderischen Bindung individuell verteilt wurden, zu Lasten ihrer Rechtsinhaber mit Sozialabzügen zu belegen. Ihr Anteil von mehr als 40 % bezogen auf das Geschäftsjahr 1991 wird noch fragwürdiger, wenn man der Argumentation folgt, daß die Bibliothekstantieme, obwohl sie formalrechtlich einen urheberrechtlichen Anspruch befriedigt, um einen urheberrechtsfremden Sozialanteil in Höhe von 50 % der Gesamtsumme aufgebläht ist.[491)] In diesem Fall wäre die Zuweisung von 50 % der Erträge aus der Bibliothekstantieme an das Autorenversorgungswerk keine Belastung des Entgelts für die *urheberrechtliche* Nutzung. Der Anteil, der auf die urheberrechtliche Nutzung entfiele, bliebe frei von einer Belastung zugunsten des Autorenversorgungswerkes[492)], da Bund, Länder und Kommunen als Betreiber der öffentlichen Bibliotheken ansonsten nur die Hälfte der jetzt gezahlten Summe aufbringen würden.

Der *Sozialfonds* ist die zweite soziale Einrichtung für den Bereich allgemeine Literatur. Er ist eine Tochtergesellschaft der VG Wort und firmiert als »Sozialfonds der Verwertungsgesellschaft Wort, Gesellschaft mit beschränkter Haftung«. Das Gesellschaftskapital liegt zu 100 % bei der VG Wort. Der Sozialfonds erhält die zur Erfüllung seiner satzungsmäßigen Aufgaben notwendigen Finanzmittel durch Zuweisungen der VG Wort entsprechend § 9 III. a) der Satzung VG Wort. Danach werden dem Sozialfonds bis zu 10 % der Jahreseinnahmen vom Aufkommen aus den Wahrnehmungsverträgen zugewiesen. Aufgrund der Eigenständigkeit der Bereiche sind die Erträge aus dem Bereich Wissenschaft inklusive der Erträge aus der Geräteabgabe, die das Fotokopieren wissenschaftlicher Literatur in Schulen[493)] betreffen, von der Zuweisung an den Sozialfonds ausgenommen. Die anteilige Zuweisung an die Sozialfonds GmbH stammt aus dem Abzug von den individuell zugeordneten Erträgen aller Berechtigten des Bereichs allgemeine Literatur. Hiervon sind betroffen die Wahrnehmungserträge aus den Bereichen Bibliothekstantieme allge-

491) Nach der Entscheidung »Bibliotheksgroschen« (BVerfGE 31, 248ff.) stand fest, daß aus verfassungsrechtlicher Sicht eine Pflicht zur Vergütung für das Verleihen auch durch öffentliche Bibliotheken gerade nicht bestand. Die Bibliothekstantieme wurde vom Gesetzgeber daher in erster Linie aus sozialpolitischen Motiven eingeführt. Entstehung und Grundlagen der Bibliothekstantieme sind ausführlich dargestellt bei *v. Lewinski,* S. 5ff.

492) Vom Aufkommen aus der Bibliothekstantieme allgemeine Literatur wird nach Abzug eines 10%igen Verwaltungskostensatzes allerdings auch ein Abzug an den Sozialfonds in der vom Verwaltungsrat beschlossenen Höhe vorgenommen, § 9 III. a) Satzung VG Wort.

493) Vgl. § 32 Verteilungsplan VG Wort.

mein, Geräteabgabe allgemein, Vervielfältigungs- und Wiedergabevergütung im Hörfunk- und Fernsehbereich, Vergütungen für kleine Senderechte, Pressespiegel-, Schulbuch- und Lesezirkelvergütung und Video-Cassetten-Vermietung. Der Verwaltungsrat hat den Sozialabzug für das Geschäftsjahr 1991 auf 7 % der Wahrnehmungserträge aus den genannten Bereichen, entsprechend 2,868 Mio DM, festgelegt.

Die sozialen Einrichtungen des Bereichs Wissenschaft sind der *Beihilfefonds* und der *Förderungsfonds Wissenschaft.* Urheber und Verleger wissenschaftlicher Literatur haben ihre Anträge auf finanzielle Unterstützung an die »Förderungs- und Beihilfefonds Wissenschaft der VG Wort, Gesellschaft mit beschränkter Haftung« zu richten. Auch sie ist eine Tochtergesellschaft der VG Wort. Trotz der Zusammenfassung der beiden Unterstützungseinrichtungen in einer Gesellschaft ist die Finanzierung und Verwendung der zugewiesenen Gelder durch Einzeletats voneinander abgegrenzt.

Der Beihilfefonds wird finanziert durch eine prozentuale Beteiligung am Aufkommen aus den Wahrnehmungsverträgen im Bereich Wissenschaft. Gemäß § 9 III. b) i.V. m. II. b) der Satzung VG Wort stammen die Zuweisungen an den Beihilfefonds aus der Bibliothekstantieme Wissenschaft,[494] der Fotokopier-Geräteabgabe Wissenschaft und der Vergütung Fotokopieren wissenschaftlicher Literatur in Schulen. Im Geschäftsjahr 1991 erhielt der Beihilfefonds 0,5 % des Aufkommens aus dem Wissenschaftsbereich, was einer Zuweisung von 237.000,– DM entspricht.[495] Der Verwaltungsrat, der über die prozentuale Beteiligung am Aufkommen entscheidet, schöpfte damit nur ein Zwanzigstel des zulässigen Höchstsatzes von 10 % ab.[496]

Der Förderungsfonds Wissenschaft finanziert sich gemäß § 9 II. 1 b) der Satzung VG Wort aus dem 50%igen[497] Verlagsanteil aus dem Aufkommen der Bibliothekstantieme Wissenschaft.[498] Im Geschäftsjahr 1991 betrugen die Zuweisungen 2,339 Mio DM. Durch Satzungsänderung im Jahre 1987 ist der Verwaltungsrat der VG Wort gemäß § 9 III. c) befugt, zusätzlich bis zu 2 % vom Aufkommen aus der Reprographievergütung Wissenschaft dem

494) Der Anteil des Wissenschaftsbereichs beträgt 22,5 % am Gesamtaufkommen aus der Bibliothekstantieme, vgl. die Graphik bei *Melichar,* S. 93. Diese Festlegung geht auf eine Vereinbarung zwischen den noch selbständigen Verwertungsgesellschaften Wort und Wissenschaft zurück, vgl. *Melichar,* S. 79 und S. 92.

495) Geschäftsbericht VG Wort 1991, S. 8.

496) Zu den Gründen s. unten S. 143 f.

497) Das Beteiligungsverhältnis Urheber : Verleger im Bereich allgemeine Literatur beträgt 70 : 30, vgl. § 2 Allgemeine Grundsätze Verteilungsplan VG Wort.

498) Der Verlagsanteil an der Verteilungssumme (50 %) ist der Teil, der von dem 22,5%igen Anteil am Gesamtaufkommen aus der Bibliothekstantieme (vgl. Fn. 499) verbleibt nach vorherigem Abzug der Zuweisung an den Beihilfefonds und einem weiteren Abzug von 15 % für die Zeitschriften-Ausschüttung. (Vgl. auch § 5 Ziff. 2 b Verteilungsplan Wissenschaft!).

Förderungsfonds zuzuleiten. Von dieser fakultativen Möglichkeit wurde in den Geschäftsjahren 1988 und 1989 Gebrauch gemacht.[499)]

Die Zuweisungen der VG Wort an die rechtlich selbständigen Sozialeinrichtungen betrugen im Geschäftsjahr 1991 15,663 Mio DM. Ihr Anteil am Gesamtaufkommen erreichte damit 15,2 %.[500)] Dies entspricht einer Durchschnittsbelastung von ca. 280,– DM jährlich pro Wahrnehmungsberechtigtem.[501)]

Die Trennung in die Bereiche allgemeine Literatur und Wissenschaft erlaubt eine weitere Differenzierung hinsichtlich der Belastung der jeweiligen Gruppe. Das Aufkommen im Bereich allgemeine Literatur belief sich im Geschäftsjahr 1991 auf 75,939 Mio DM. Diese Summe ergibt sich aus dem Ausschüttungsbetrag allgemeine Literatur von 62,852 Mio DM,[502)] der vollständig individuell verteilt wird, und dem für das Autorenversorgungswerk und den Sozialfonds – dies sind die Sozialeinrichtungen für den Bereich allgemeine Literatur – bereitgestellten Zuweisungsbetrag von 13,087 Mio DM.[503)] Der Anteil der Sozialabzüge am Gesamtaufkommen im Bereich allgemeine Literatur, der im Idealfall vollständig individualbezogen verteilt würde, erreicht somit 17,23 %.[504)]

Das Aufkommen im Bereich Wissenschaft erreichte im Geschäftsjahr 1991 27,124 Mio DM.[505)] Der Sozialanteil von 2,576 Mio DM betrug damit 9,5 %.

Der vorstehende Vergleich macht deutlich, daß der Sozialabzug im Bereich allgemeine Literatur und damit die Belastung des Individualaufkommens erheblich höher ist als im Bereich Wissenschaft. Eine weitere Differenzierung des Zahlenwerks ergibt, daß der Sozialabzug im Bereich Wissenschaft bezogen auf den Autor und unter Ausklammerung der

499) Die Ausschöpfung des Höchstsatzes hätte im Geschäftsjahr 1991 einen zusätzlichen Zuweisungsbetrag von ca. 300.000,– DM bis 400.000,– DM erbracht.

500) Der Anteil am Gesamtaufkommen betrug in den Geschäftsjahren 1989 und 1990 18 % bzw. 17,9 %; vgl. Geschäftsberichte VG Wort.

501) Gemäß Geschäftsbericht VG Wort 1991, S. 4, nahmen 56.243 Berechtigte an der Ausschüttung teil.

502) Dieser Betrag ist im Geschäftsbericht 1991 nicht ausdrücklich ausgeworfen. Er errechnet sich aus der Differenz von Gesamtaufkommen (103 Mio DM) und den Gesamtzuweisungen für soziale Einrichtungen (15,6 Mio DM) abzüglich des Gesamtausschüttungsbetrages Wissenschaft (24,548 Mio DM, vgl. Geschäftsbericht VG Wort 1991, S. 5).

503) Geschäftsbericht VG Wort 1991, S. 8.

504) In den Geschäftsjahren 1989 und 1990 waren es 21,4 % bzw. 21,5 %; vgl. Geschäftsberichte VG Wort.

505) Summe von Gesamtausschüttungsbetrag Wissenschaft in Höhe von 24,548 Mio DM (Geschäftsbericht VG Wort 1991, S. 5) und Zuweisungsbetrag für Beihilfefonds und Förderungsfonds.

Verlage nur 1,61 % beträgt.[506)] Die unterschiedliche Belastung der beiden Bereiche allgemeine Literatur und Wissenschaft ist frappierend. Ein wesentlicher Grund für die gegen Null tendierende Belastung des Autors im Bereich Wissenschaft ist der Verzicht auf eine soziale Einrichtung, die dem Autorenversorgungswerk entspricht. Sie erübrigt sich, weil wissenschaftliche Autoren in aller Regel im Staatsdienst oder in der Industrie beschäftigt sind und deshalb über eine ausreichende Alterssicherung verfügen.[507)]

5.2.3 Das Autorenversorgungswerk

Alleiniger Zweck der Stiftung Autorenversorgungswerk ist die Gewährung von Zuschüssen zur Altersversorgung freiberuflicher Autoren als Ersatz eines fehlenden Arbeitgeberanteils.[508)] Die Errichtung der Stiftung im Jahre 1976 hatte sozialpolitische Gründe. Die langjährigen Versuche des Gesetzgebers[509)], die soziale Lage der selbständigen Künstler durch Schaffung einer gesetzlichen Pflichtversicherung zu mildern, waren zur Frustration vieler Beteiligter ohne Erfolg geblieben. Andererseits wußte man, daß viele Künstler finanziell überfordert waren, eine angemessene Alterssicherung aus eigener Kraft zu bestreiten. Die Einführung des gesetzlichen Vergütungsanspruchs in § 27 UrhG bot die Chance einer Zwischenlösung auf privatrechtlicher Ebene mit finanzieller Beteiligung des Staates. Die öffentlichen Haushalte als Schuldner der Bibliothekstantieme erhöhten den in langwierigen Verhandlungen ausgehandelten pauschalen Vergütungsbetrag um einen Sozialzuschlag. Diese Steuermittel sollten nach der Erwartung des Gesetzgebers innerhalb der VG Wort zur finanziellen Unterstützung in der Altersversorgung der (literarischen)[510)] Schriftsteller verwendet werden. Der Sozialzuschlag sollte dabei als Ersatz eines – aufgrund der Selbständigkeit – fehlenden Arbeitgeberanteils in die Alterssicherung einfließen, der bisher wegen der fehlenden bzw. noch ausstehenden gesetz-

506) Im Bereich Wissenschaft wurden im Geschäftsjahr 1991 14,485 Mio DM an die Autoren und 10,061 Mio DM an die Verlage ausgeschüttet; vgl. Geschäftsbericht VG Wort 1991, S. 6. Da die Zuweisungen an die sozialen Einrichtungen von Urhebern und Verlegern getrennt erbracht werden, ergibt sich aufgrund der genannten Zuweisungen folgendes Beteiligungsverhältnis:
Beihilfefonds: 0,237 Mio DM von 14,722 (= 14,485 + 0,237) Mio DM = 1,61 %
Förderungsfonds: 2,339 Mio DM von 12,40 (= 10,061 + 2,339) Mio DM = 18,86 %
Der Sozialanteil der Urheber beträgt daher 1,61 %, der Anteil der Verleger 18,86 %.

507) *Melichar,* S. 93.

508) § 2 Abs. 1 Satzung der Stiftung Autorenversorgungswerk

509) Vgl. *Fohrbeck*, S. 24.

510) Ein Handlungsbedarf für die Schriftsteller des Wissenschaftsbereichs bestand nicht, s. oben. Die Finanzierung des Autorenversorgungswerks erfolgt dementsprechend auch ausschließlich aus Erträgen aus dem Bereich allgemeine Literatur.

lichen Regelung von dem Berechtigten selbst aufgebracht werden mußte. Die VG Wort nahm sich des gesetzgeberischen Auftrags[511)] an und errichtete die Stiftung Autorenversorgungswerk, die zunächst nur aus Mitteln der Bibliothekstantieme finanziert wurde.

Die Leistungsbilanz des Autorenversorgungswerks ist eindrucksvoll. Seit ihrer Errichtung im Jahre 1976 bis zum Geschäftsjahr 1991 gewährte sie Zuschüsse von ca. 77 Mio DM.[512)] Im Geschäftsjahr 1991[513)] erreichten die Auszahlungen 7,27 Mio DM. Auf Zuschüsse zur Altersversorgung entfielen 6,30 Mio DM, auf Zuschüsse zur Krankenversicherung 0,97 Mio DM. Begünstigt waren 2.268 Autoren.

Mit Inkrafttreten des Künstlersozialversicherungsgesetzes (KSVG) zum 1. 1. 1983 mußte sich die Aufgabenstellung des Autorenversorgungswerkes ändern. Seine ursprüngliche Aufgabe, den Schriftstellern den fehlenden Arbeitgeberanteil zu ersetzen, wurde überflüssig. Diesen Fremdanteil übernimmt die Künstlersozialkasse, die u.a. durch die Pflichtbeiträge der Verwerter künstlerischer oder publizistischer Werke finanziert wird,[514)] wenn der Autor versicherungspflichtig ist. Da das Autorenversorgungswerk eine Zwischenlösung für die fehlende gesetzliche Altersvorsorge schaffen sollte, mußte die Frage nach der Zukunft des Autorenversorgungswerkes gestellt werden. Insbesondere mußte man fragen, ob der Sozialzuschlag in der Bibliothekstantieme, die bis dahin die einzige Finanzierungsquelle bildete, ersatzlos gestrichen werden solle und ob überhaupt Restaufgaben beim Autorenversorgungswerk verblieben. Man mag vermuten, daß innerhalb der VG Wort entsprechende Überlegungen angestellt wurden. So wurde prognostiziert, daß das Autorenversorgungswerk nicht mehr im bisherigen Umfang aufrechterhalten werden müsse, daß das Tätigkeitsgebiet aber nicht wegfallen würde.[515)] Gleichzeitig wurde angedeutet, daß man Autoren, die zusätzlich zu ihrer Pflichtversicherung eine weitere Altersvorsorge auf freiwilliger Basis aufbauten, mit Zuschüssen aus dem Autorenversorgungswerk bedenken wolle.[516)] Die Bezuschussung dieser Zusatzvorsorge wurde mit dem Argument vertreten, daß der Autor hierfür von dritter Seite keine arbeitgeberähnlichen Zuschüsse erhalte.[517)] Man mag

511) *Melichar,* S. 121, grenzt insoweit das Autorenversorgungswerk von den weiteren Sozialeinrichtungen der VG Wort ab, deren Existenz auf § 8 WahrnG gestützt wird, vgl. S. 123 für den Sozialfonds und S. 125 für den Beihilfefonds.
512) Vgl. Geschäftsbericht VG Wort 1989, S. 9, und Geschäftsberichte 1990, 1991.
513) Geschäftsbericht VG Wort 1991, S. 8.
514) Vgl. § 24 KSVG.
515) *Melichar,* S. 123.
516) *Melichar,* S. 123.
517) *Melichar,* S. 123.

bezweifeln, daß diese Ausweitung[518] von dem ursprünglichen Auftrag des Gesetzgebers noch erfaßt wird. Denn schließlich ging es bei Errichtung des Autorenversorgungswerks darum, überhaupt eine soziale Sicherung aufzubauen. Die Stiftung sollte für eine Übergangszeit, d.h. bis zur Schaffung eines gesetzlichen Sicherungssystems, Ersatz für eine nicht existierende Alterssicherung sein. Diese Neuorientierung in der Aufgabenstellung des Autorenversorgungswerks von einer Ersatzversorgung zu einer Zusatzversorgung war aus der Sicht des Urheberrechts nicht zu bemängeln, solange die Geldmittel von der öffentlichen Hand bereitgestellt wurden und man diese nicht als Urheberrechtsvergütung, sondern als urheberrechtsfremden Sozialzuschlag qualifizierte.[519] Seit der Inanspruchnahme echter urheberrechtlicher Vergütungstatbestände zur Finanzierung des Autorenversorgungswerks – 30 % am Reprographieaufkommen im Bereich Tages- und Wochenpresse und 15 % der Geräte- und Leerkassettenabgabe im Bereich Fernsehen/Hörfunk[520] – ist, ganz abgesehen von dem Eingriff in den Zuweisungsgehalt dieser Rechte, zu fragen, ob die Bereitstellung von Finanzmitteln für eine Zusatzversorgung einen Eingriff in das ausschließliche Recht des Urhebers rechtfertigt.

Eine grundlegende öffentliche Auseinandersetzung über die Auswirkungen des KSVG auf das Autorenversorgungswerk und dessen Existenzberechtigung blieb aus. Hierfür waren vor allem zwei Gründe maßgeblich. Zum einen war die Klage der Verwerter gegen die Künstlersozialabgabe, die sie zur Mitfinanzierung der Künstlersozialkasse verpflichtet, vor dem Bundesverfassungsgericht anhängig. Der Ausgang war ungewiß, doch rechneten sich die Kläger gute Erfolgschancen aus. Erst vier Jahre nach Inkrafttreten des KSVG war durch den Beschluß des BVerfG vom 8. April 1987[521] die Ungewißheit über die Verfassungsmäßigkeit der Finanzierung der Künstlersozialabgabe beseitigt. Die Gefahr eines Scheiterns der Alterssicherung für Künstler durch die gesetzliche Pflichtversicherung durfte nicht auf dem Rücken der Betroffenen ausgetragen werden. Deshalb mußten die bisherigen Leistungen aus dem Autorenversorgungswerk trotz der Übernahme durch die Künstlersozialkasse gewährleistet bleiben. Der zweite Grund für die fehlende öffentliche Auseinandersetzung lag in der für die Verwertungsgesellschaften unerwartet hohen Inanspruchnahme der Übergangsvorschrift des § 52 Abs. 2 Nr. 2 KSVG. Künstler, die nach diesem

518) Eine weitere, seit 1981 bestehende Ausweitung mag man in den Zuschüssen zur Krankenversicherung erkennen, da sie wesensgemäß nicht zur Alterssicherung gezählt werden können.

519) Vgl. Fn. 491.

520) S. oben S. 128 f.

521) BVerfGE 75, 108 ff.

Gesetz grundsätzlich in der Rentenversicherung der Angestellten versicherungspflichtig sind, konnten sich in einem Übergangszeitraum von 5 Jahren auf Antrag von der Versicherungspflicht bei Vorliegen der gesetzlichen Voraussetzungen befreien lassen. So nutzten viele prinzipiell Versicherungspflichtige den Befreiungstatbestand nach § 52 Abs. 2 Nr. 2 KSVG.[522)] Künstler, die z. B. einen Lebensversicherungsvertrag abgeschlossen hatten, der im Leistungsfall den in der Angestelltenversicherung gezahlten Geldern entsprach, konnten daher der Pflichtversicherung entgehen. Aus der Sicht der Urheber war dies ein äußerst attraktives Angebot. Den Arbeitgeberanteil, d. h. die Hälfte der monatlich zu zahlenden Versicherungsprämie der befreienden Lebensversicherung, bekam der Berechtigte nunmehr von der Verwertungsgesellschaft ersetzt, ohne daß er Beiträge zur Rentenversicherung abführen mußte. Der finanzielle Vorteil für den Berechtigten liegt darin, daß sein Eigenanteil an der Altersversorgung im Falle der freiwilligen Vorsorge durch eine Lebensversicherung deutlich geringer ist als der im Falle der Pflichtversicherung zu leistende einkommensorientierte Beitrag.[523)] Ein weiterer Vorteil liegt in der vollen steuerlichen Abzugsfähigkeit der Versicherungsprämien für die Lebensversicherung. Die Möglichkeit zur Befreiung von der Pflichtversicherung hat auch die VG Wort überrollt, denn man sah die Aufgabe des Autorenversorgungswerks als einer Einrichtung solidarischer Standeshilfe nicht darin, Leistungen zu gewähren, die an die Stelle eigentlich gebotener staatlicher Zuschüsse treten.[524)] Die Flut der Anträge war gewaltig. Ein Regulativ durch Satzungsänderung gegen diese an sich mißbilligte Inanspruchnahme des Autorenversorgungswerks kam zunächst nicht zustande. 1983 stieg die Zahl der Wahrnehmungsberechtigten und Mitglieder, die Zuschüsse aus dem Autorenversorgungswerk erhielten, um 546 auf 1.580.[525)] Dies entsprach einer Steigerung von 53 %. Die Zahl der zurückgewiesenen Anträge ist nicht bekannt. Den Zuweisungen von 3,947 Mio DM standen Ausgaben von 9,397 Mio DM gegenüber.[526)] Das Defizit erreichte die ungekannte Rekordsumme von 5,45 Mio DM, das nur durch die gebildeten Rücklagen gedeckt werden konnte. Berücksichtigt man, daß die von der Pflichtversicherung befreiten Wahrnehmungsberechtigten und Mitglieder alljährlich ihren Fremdanteil vom Autorenversor-

522) Die von der Künstlersozialkasse ausgesprochenen Befreiungen sind dort nicht gesondert erfaßt worden.

523) Der Versicherte und die Künstlersozialkasse tragen jeweils die Hälfte des gesetzlichen Beitragssatzes.

524) *Melichar*, S. 123. Die Künstlersozialkasse finanziert sich zur Hälfte aus den Versicherungsbeiträgen der Künstler. Die andere Hälfte wird etwa zu gleichen Teilen aus der Künstlersozialabgabe und einem Zuschuß des Bundes finanziert.

525) Geschäftsbericht VG Wort 1986, S. 9.

526) Geschäftsbericht VG Wort 1986, S. 9.

gungswerk erhalten, der im Falle entsprechender Beitragszahlung in die Rentenversicherung durch staatliche Zuschüsse aufgebracht würde, wird die Dimension der Finanzmittel, die von einer solidarischen Standeshilfe unter Rückgriff auf Erträge aus individuell verteilbarem Aufkommen finanziert wird, deutlich. Geht man davon aus, daß im Jahre 1983 300 Wahrnehmungsberechtigte von dem Befreiungstatbestand nach § 52 Abs. 2 Nr. 2 KSVG Gebrauch gemacht haben, und legt man die durchschnittliche Zuweisung des Autorenversorgungswerks im Geschäftsjahr 1991 in Höhe von 3.200,– DM zugrunde, so ergibt sich ein jährlicher Finanzaufwand von annähernd 1 Mio DM.

Die Erfahrungen mit dem KSVG führten in der Folgezeit zu einer Anpassung und Ergänzung der Richtlinien des Autorenversorgungswerkes. In den Abschnitt, der die versicherungstechnischen Voraussetzungen der Altersversorgung regelt, fügte man eine neue Bestimmung ein. Sie legt fest, daß Anspruch auf Zuschüsse nur Autoren haben, die in der gesetzlichen Rentenversicherung (z.B. über die Künstlersozialkasse) pflichtversichert sind.[527)] Hiermit wird ein doppelter Zweck erreicht. Zum einen muß der Antragsteller die Mindestgrenze des Arbeitseinkommens aus selbständiger künstlerischer Tätigkeit[528)] erreichen, so daß »Hobbyautoren«[529)] der Zugang zum Autorenversorgungswerk verschlossen bleibt.[530)] Zum anderen zog man damit die Konsequenz aus der schmerzlichen Erfahrung, daß das Autorenversorgungswerk in einer Übergangszeit die Künstlersozialkasse entlastete, indem es statt ihrer den Fremdanteil zur Alterssicherung trägt, und außerdem dem Autor das unbeabsichtigte Geschenk der Befreiung von der Pflichtversicherung bescherte, die ihm große finanzielle Entlastung brachte.[531)] Dieser Wille, der zweckwidrigen Inanspruchnahme des Autorenversorgungswerkes einen Riegel vorzuschieben, äußert sich in zwei weiteren Ergänzungen der Richtlinien. So sind bei Kündigung oder Auflösung eines Kapital-Lebensversicherungsvertrages oder privaten Rentenversicherungsvertrages *vor* dem 60. Lebensjahr die Zuschüsse zur Altersversorgung an das Autorenversorgungswerk zurückzuzahlen.[532)] Und Zuschüsse zur

527) Abschnitt II. Ziff. 1a) Richtlinien Autorenversorgungswerk.

528) Vgl. § 3 KSVG; die Mindestgrenze beträgt für das Jahr 1992 6000,– DM jährlich.

529) *Melichar*, S. 122.

530) Möglich bleibt die Gewährung von Zuschüssen in begründeten Ausnahmefällen gemäß Abschnitt III. Richtlinien Autorenversorgungswerk.

531) Die Möglichkeit der befreienden Lebensversicherung hat durch den Einigungsvertrag neue Aktualität gewonnen. Der Stiftungsrat des Autorenversorgungswerks hat unter Hinweis auf Abschnitt II. Ziff. 1a) der Richtlinien klargestelllt, daß für befreiende Lebensversicherungen keine Zuschüsse gewährt werden, und darauf hingewiesen, daß die Befreiung widerrufen und der Eintritt in die Künstlersozialkasse erklärt werden kann; vgl. Wort Report Nov. 1991, S. 3.

532) Abschnitt II. Ziff. 1c) Richtlinien Autorenversorgungswerk.

Krankenversicherung werden nicht gewährt, wenn der Autor freiwillig auf mögliche Leistungen der Künstlersozialkasse verzichtet.[533] Zwar kann man davon ausgehen, daß die letztgenannten Ergänzungen nur Klarstellungsfunktion haben und keine materielle Änderung der Zuschußgewährung herbeiführten. Dennoch bestand hierfür offensichtlich Handlungsbedarf. Die Voraussetzung der Pflichtversicherung in der Künstlersozialkasse für die Gewährung von Zuschüssen macht auch deutlich, daß sich die Aufgabe des Autorenversorgungswerks geändert hat zu einer sozialen Einrichtung, die vor allem im Rahmen der Zusatzvorsorge tätig ist. Schließlich paßte man die Bestimmungen mit eher technischem Charakter den Normen des KSVG an. So wurden in Abschnitt I. der Richtlinien des Autorenversorgungswerkes die Beitragsbemessungsgrenze in der gesetzlichen Rentenversicherung durch die Bezugsgröße des Sozialgesetzbuches entsprechend dem KSVG ersetzt und die Höhe des Zuschusses in Abschnitt IV. ebenfalls den Bestimmungen des KSVG[534] angepaßt.

Die Entwicklung des Autorenversorgungswerks seit Geltung des KSVG bedarf einer ergänzenden Betrachtung. Die Zahl der Begünstigten hat sich seit 1982 von 1.034 auf 2.268 im Jahre 1991 erhöht und damit mehr als verdoppelt. Auffällig ist, daß der Zuwachs in Schüben erfolgte. 1983 betrug er infolge der Befreiungsmöglichkeit von der Pflichtversicherung 544 Wahrnehmungsberechtigte. Nach einer Erholungsphase ist dann 1989 ein weiterer Schub von 221 erstmals Begünstigten zu verzeichnen, dem 1990 mit 119 und 1991 mit 129 Neubegünstigten ein hohes Niveau nachfolgte. Die Ausweitung der letzten Jahre fällt in den Zeitraum der Erschließung neuer Finanzierungsquellen.[535] Die Höhe des Zuschusses dagegen ist seit 1982 unverändert. Er beträgt für die Altersversorgung maximal 4.200,– DM jährlich und für die Krankenversicherung 1.200,– DM jährlich. Dies führt zu einem Absinken der Leistungen pro Begünstigtem. Das zeigt die Entwicklung des Preisindex, der seit 1980 auf Basis von 100 % auf 135,7 % im Dezember 1991 gestiegen ist.[536] Dieser Realverlust wird begleitet von einem Absinken der Durchschnittszuwendung. Im Jahre 1982 entfielen auf jeden Begünstigten Zuschüsse in Höhe von 4.470,– DM.[537] Für das Jahr 1991 errechnet sich ein Durchschnittsbetrag von 3.200,– DM jährlich.

533) Abschnitt II. Ziff. 2 a) Richtlinien Autorenversorgungswerk.

534) § 36a KSVG.

535) S. oben S. 128 f.

536) Preisindex für die Gesamtlebenshaltung eines 4-Personen-Arbeitnehmerhaushaltes mit mittlerem Einkommen des alleinverdienenden Haushaltsvorstandes, vgl. Statistisches Jahrbuch 1992 für die Bundesrepublik Deutschland, herausgegeben vom Statistischen Bundesamt, S. 635. Der Preisindex wurde auf das Basisjahr 1980 umgerechnet.

537) *Melichar,* S. 122.

Der Wandel der Aufgaben des Autorenversorgungswerks rechtfertigt ein Absinken der Zuweisungssummen. Eine Einrichtung, die Zuschüsse für eine freiwillige Zusatzversorgung ihrer Berechtigten gewährt, muß nicht das Leistungsniveau aufrechterhalten, das sie als Ersatzversorgung erreichte. Allerdings berücksichtigt der Vergleich nicht, daß inzwischen neue Finanzquellen mit beachtlichem Volumen erschlossen wurden. Stellt man allein die Zuweisungen aus der Bibliothekstantieme ein – sie war ursprünglich die einzige Finanzierungsquelle –, so verringert sich die Durchschnittszuweisung auf 2.670,– DM. Auch diese Zahl sinkt weiter ab, weil der bereits eingestellte Anteil der neuen Bundesländer für 1991 herauszurechnen ist.[538)] Er beträgt 1,5 Mio DM.[539)] Hierdurch reduziert sich die Durchschnittszuweisung auf Basis der Zuweisungen der Bibliothekstantieme auf 2.000,– DM im Jahre 1991 verglichen mit 4.470,– DM im Jahre 1982.

Die weitere Entwicklung des Autorenversorgungswerkes scheint vorgezeichnet. Die Zahl der Antragsteller wird weiter steigen, und der Abstieg in die Marginalität der dann noch möglichen Zuschüsse ist kaum aufzuhalten, wenn nicht neue Wege der Finanzierung, die weiter zu Lasten des Urheberrechts als eines Individualrechts gehen müssen, gefunden werden. Daß dies keine Schwarzmalerei ist, verdeutlicht folgende Tatsache: Zum 31. 12. 1991 betrug die Zahl der Versicherten im Bereich Wort bei der Künstlersozialkasse 10.133.[540)] Man darf davon ausgehen, daß nahezu alle Pflichtversicherten der Künstlersozialkasse einen Wahrnehmungsvertrag mit der VG Wort abgeschlossen haben. Schließlich stammen ihre Einnahmen hauptsächlich aus schriftstellerischer Tätigkeit. Die 10.133 Versicherten im Bereich Wort erfüllen zugleich die Voraussetzungen für die Zuschußgewährung zur Altersversorgung nach den Richtlinien des Autorenversorgungswerkes. Die Zuweisung der VG Wort an das Autorenversorgungswerk in Höhe von 8,719 Mio DM[541)] im Jahre 1991 würde, sofern alle Zuschußberechtigten einen Antrag stellten, zu einer rechnerischen Durchschnittsleistung von 860,– DM pro Antragsteller führen. Dies ist ein marginaler Betrag. Er beträgt lediglich 16 % des derzeit gültigen Maximalzuschusses

538) Die neuen Bundesländer zahlten für den Zeitraum vom 3. 10. 1990 bis 31. 12. 1991 4,8 Mio DM; vgl. Wort Report Nov. 1991, S. 3. Aufgrund einer Bestimmung des Einigungsvertrages, wonach die Künstler der neuen Bundesländer erst zum 1. 1. 1992 der Künstlersozialkasse beitreten können, kommt der Zuweisungsbetrag in Höhe von 1,5 Mio DM allein den Berechtigten der alten Bundesländer zugute, da die Zuschüsse des Autorenversorgungswerks gemäß Abschnitt II. Ziff. 1a) der Richtlinien den Beitritt zur Künstlersozialkasse voraussetzen.

539) Wort Report Nov. 1991, S. 3

540) Auskunft der Künstlersozialkasse.

541) Zuweisungen an das Autorenversorgungswerk (s.o. S. 128) abzüglich des Anteils der neuen Bundesländer an der Bibliothekstantieme in Höhe von 1,5 Mio DM.

von 5.400,– DM jährlich. Die Erhöhung der Bibliothekstantieme von 2 auf 4 Pfg., die derzeit diskutiert wird,[542)] brächte eine Erhöhung auf 1311,– DM jährlich.[543)] Daß mit diesem Durchschnittsbetrag auch die Aufgabe als Einrichtung der sozialen Zusatzvorsorge nicht aufrechtzuerhalten ist, versteht sich von selbst.

5.2.4 Der Sozialfonds

Der Sozialfonds der Verwertungsgesellschaft Wort GmbH ist eine Selbsthilfeeinrichtung der literarischen Schriftsteller und Verleger der VG Wort. Die VG Wort hat mit dem Sozialfonds eine Unterstützungseinrichtung geschaffen, die dem Vorstellungsbild des Gesetzgebers entspricht. Die gesetzgeberische Ermunterung zur Selbsthilfe, die in § 8 WahrnG ohne Statuierung einer Rechtspflicht[544)] positiv-rechtlich niedergelegt ist, wurde aufgegriffen und umgesetzt.[545)] Die Gesellschaft, die 1973 im Handelsregister eingetragen wurde, hat die finanzielle Unterstützung von Wortautoren und Verlegern sowie deren Hinterbliebenen zum Unternehmensgegenstand.[546)] Sie beschränkt sich auf die Unterstützung der literarischen Wahrnehmungsberechtigten. Diese ungeschriebene Beschränkung ergibt sich aus der strikten Trennung der Bereiche allgemeine Literatur und Wissenschaft. Der Sozialfonds verfolgt ausschließlich und unmittelbar mildtätige Zwecke.[547)] Unterstützungen dürfen daher nur solchen Wahrnehmungsberechtigten gewährt werden, die bedürftig im Sinne von § 53 AO sind.[548)] Das Kriterium der Bedürftigkeit erfüllen Personen, die infolge ihres körperlichen, geistigen oder seelischen Zustandes auf die Hilfe anderer angewiesen oder deren Bezüge nicht höher sind als das Vierfache des Regelsatzes der Sozialhilfe im Sinne des § 22 BSHG.[549)] Finanzielle Zuwendungen werden nur auf Antrag nach Prüfung durch einen Beirat gewährt, dem neben den Vorstandsmitgliedern der VG Wort jeweils ein Mitglied der Berufsgruppen der Wahrneh-

542) Vgl. die Eingaben der Deutschen Vereinigung für gewerblichen Rechtsschutz und Urheberrecht vom 15. 12. 1990, GRUR 1990, S. 343 und vom 13. 5. 1991, GRUR 1991, S. 670.

543) Der auf die alten Bundesländer entfallende Anteil an der Bibliothekstantieme würde sich auf 9,134 Mio DM verdoppeln. Die Zuweisungen an das Autorenversorgungswerk würden dann bezogen auf das Geschäftsjahr 1991 13,286 Mio DM betragen.

544) S. oben S. 71.

545) *Melichar*, S. 123, nimmt bei seiner Darstellung des Sozialfonds ausdrücklich auf § 8 WahrnG Bezug.

546) § 2 Satzung Sozialfonds.

547) § 2 Satzung Sozialfonds.

548) § 10 Satzung Sozialfonds.

549) Beim Alleinstehenden oder Haushaltsvorstand tritt an die Stelle des Vierfachen das Fünffache des Regelsatzes. 1992 liegt der Regelsatz mit geringfügigen regionalen Abweichungen bei ca. 510,– DM.

mungsberechtigten angehört.[550]) Jeder Antragsteller muß seine finanziellen Verhältnisse offenlegen. Unterstützungszahlungen können grundsätzlich jedem Wahrnehmungsberechtigten der VG Wort gewährt werden. Insbesondere ist weder das Erreichen eines bestimmten Tantiemenaufkommens Voraussetzung für eine Unterstützung noch die Dauer der Vertragsbeziehung zur VG Wort. Allerdings wird bei der Vergabe von Geldern auch das literarische Schaffen des Antragstellers berücksichtigt. § 9 III. a) Satzung der VG Wort bestimmt, daß solche Autoren oder Verleger Zuwendungen erhalten sollen, deren schöpferische Tätigkeit kulturell bedeutsam ist. Insbesondere sollen solche Personen berücksichtigt werden, deren Wirken über einen längeren Zeitraum hinweg das Ansehen der Literatur gefördert hat. Das Spektrum der finanziellen Zuwendungen des Sozialfonds umfaßt einmalige und laufende Zuwendungen, zinslose Darlehen und Weihnachtszuwendungen. Mit diesem Instrumentarium kann der Beirat die finanzielle Unterstützung der persönlichen Lage des Antragstellers anpassen. So mag einem Antragsteller, der aufgrund einer plötzlichen Krankheit in arge finanzielle Bedrängnis gerät, mit einer einmaligen Zuwendung mehr geholfen sein als mit einer laufenden. Überwiegend werden jedoch laufende Zuwendungen gewährt, da Bedürftigkeit sich über längere Zeiträume erstreckt.

Der Sozialfonds hat von 1973 bis 1991 Unterstützungszahlungen von 21,3 Mio DM[551]) geleistet. Im Geschäftsjahr 1991 wurden Beihilfen in Höhe von 1,983 Mio DM gewährt. Die Zahl der Zuwendungsempfänger nimmt sich gemessen an der Zahl der Wahrnehmungsberechtigten sehr bescheiden aus. 56.243 Wahrnehmungsberechtigten[552]) stehen 405 Antragsteller[553]) gegenüber.[554]) Vergleicht man diese Zahl mit der Zahl der Sozialhilfeempfänger in der Bundesrepublik Deutschland – 3.753.743 Sozialhilfempfänger bei 63.725.653 Einwohnern[555]) –, stellt sich die Frage, wieso das Verhältnis der »anspruchsberechtigten« Zuwendungsempfänger derart auseinander-

550) § 7 Satzung Sozialfonds.

551) Der Geschäftsbericht VG Wort 1989, S. 10, weist für den Zeitraum von 1973 bis 1989 Zahlungen von 17,5 Mio DM aus. Die Ausgaben der Folgejahre sind den Geschäftsberichten 1990 und 1991 entnommen.

552) Geschäftsbericht VG Wort 1991, S. 4.

553) Geschäftsbericht VG Wort 1991, S. 8. Die Zahl der Zuwendungsempfänger ist geringer als die Zahl der in den Geschäftsberichten der VG Wort ausgewiesenen Antragsteller, da ein einzelner Berechtigter vom Sozialfonds mehrfache Leistungen erhalten kann. So erhält ein Berechtigter z. B. neben der laufenden Leistung im Einzelfall auch einmalige Leistungen, die außerdem wiederholt gewährt werden können. Die Zahl der tatsächlich Begünstigten wird von der VG Wort jedoch nicht veröffentlicht.

554) Die durchschnittliche Unterstützung pro Antragsteller belief sich im Geschäftsjahr 1991 auf 4.896,– DM gleich 408,– DM monatlich.

555) Diese Zahlen gelten für die alten Bundesländer und beziehen sich auf den Stichtag 31. 12. 1990, vgl. Statistisches Jahrbuch 1992 für die Bundesrepublik Deutschland, herausgegeben vom Statistischen Bundesamt, S. 52 und S. 505.

klafft.[556] Diese Frage stellt sich um so dringlicher, weil anzunehmen ist, daß angesichts der allgemein bekannten schwierigen sozialen Lage in den freien künstlerischen Berufen der Anteil innerhalb der VG Wort eigentlich höher ausfallen müßte. Das Mißverhältnis erklärt sich wahrscheinlich aus dem Umstand, daß die Unterstützungseinrichtung »Sozialfonds der VG Wort GmbH« im Kreis der Wahrnehmungsberechtigten nicht hinreichend bekannt ist bzw. die Kriterien für die Inanspruchnahme der sozialen Leistungen nur auf Anfrage zu erfahren sind. Eine derart restriktive Informationspolitik könnte aus Sicht der Geschäftsführung und des Beirates der VG Wort dazu beitragen, eine etwa zu erwartende finanzielle Überforderung des Sozialfonds aufgrund steigender Anträge und Unterstützungszahlungen zu verhindern und so ein finanzielles Gleichgewicht zwischen den Zuwendungen durch die VG Wort und den Ausgaben des Sozialfonds zu erhalten. Wenn diese Vermutung stimmt, würde dies bedeuten, daß die VG Wort bzw. die Sozialfonds GmbH ihre treuhänderische Verpflichtung gegenüber den Wahrnehmungsberechtigten verletzt. Schließlich stammen die finanziellen Ressourcen des Sozialfonds aus einem prozentualen Abzug von den Tantiemen der Berechtigten, so daß jeder Berechtigte ohne Aufforderung über die Vergabekriterien und die Verwendung der Gelder informiert werden muß[557]. Die geäußerte Vermutung ist deshalb nicht fernliegend, weil der Sozialfonds mit den zur Verfügung stehenden Mitteln weit mehr bedürftige Wahrnehmungsberechtigte unterstützen könnte. Im Geschäftsjahr 1991 überstiegen die Zuwendungen an den Sozialfonds die Ausgaben um 885.000,– DM. Diese Summe wurde trotz der Senkung des prozentualen Abzuges von 10 % auf 7 % erzielt, nachdem der Überschuß im Geschäftsjahr 1990 schon 1,045 Mio DM betragen hatte. Die Rücklagen des Sozialfonds[558], die auf das Geschäftsjahr 1992 vorgetragen werden, erreichen mit 5,2 Mio DM[559] das 2,6fache der 1991 gewährten Beihilfen. Der Verlust an Tantiemen durch überhöhte Abzüge vom individuellen Aufkommen eines Berechtigten zur Steigerung der Rücklagen des Sozialfonds verletzt gleichermaßen die treuhänderische Bindung, da individuelle Er-

556) Die Quote der Sozialhilfeempfänger an der Gesamtbevölkerung beträgt 5,89 %, die Quote der Zuwendungsempfänger an der Zahl der Berechtigten der VG Wort beträgt 0,72 %.

557) S. oben S. 127.

558) Die VG Wort könnte, da sie wirtschaftlicher Verein ist, selbst keine Rücklagen bilden. Die Bildung von Gewinnrücklagen für Satzungszwecke in den Sozialeinrichtungen der VG Wort wird erst dadurch möglich, daß diese als GmbH oder als Stiftung geführt werden.

559) Der Geschäftsbericht 1986 der VG Wort weist eine Rücklage von 3,09 Mio DM aus (a. a. O., S. 9). Der Anstieg um weitere 2,1 Mio DM aus den Jahren 1987 bis 1991 errechnet sich aus dem Differenzbetrag von Zuweisung durch die VG Wort und Ausgaben des Sozialfonds; vgl. Geschäftsberichte VG Wort 1987 bis 1991.

träge individuell verteilt werden müssen. Die gegenwärtige Praxis ist daher eine unzulässige Vergesellschaftung treuhänderisch gebundener Gelder.[560)]

5.2.5 Der Beihilfefonds

Der Beihilfefonds der Verwertungsgesellschaft Wort GmbH ist das Äquivalent zum Sozialfonds für den Wissenschaftsbereich. Er verfolgt ebenfalls ausschließlich und unmittelbar mildtätige Zwecke. Zuwendungsvoraussetzung ist auch hier das Kriterium der Bedürftigkeit gemäß § 53 AO.[561)] § 9 III. b) der Satzung VG Wort bestimmt außerdem in Form einer Soll-Vorschrift, daß die Mittel des Beihilfefonds zugunsten der Schriftsteller oder Verleger verwendet werden sollen, deren schöpferische Tätigkeit kulturell bedeutsam ist. Dabei sollen solche Personen, deren Wirken über einen längeren Zeitraum hinweg das Ansehen der Literatur oder Wissenschaft gefördert hat, besonders berücksichtigt werden. Im Unterschied zur Sozialfonds GmbH gewährt der Beihilfefonds weder Darlehen noch Weihnachtszuwendungen; seine Leistungen beschränken sich auf einmalige oder laufende Zuwendungen. Allerdings können gemäß § 9 der Satzung des Förderungs- und Beihilfefonds Wissenschaft auch Urheber und Verleger begünstigt werden, die das Vertragsverhältnis zur VG Wort nicht mehr fortsetzen.

Im Geschäftsjahr 1991 erhielten 26 Personen Zuwendungen in Höhe von 223.000,– DM.[562)] Dies entspricht einer durchschnittlichen Zuwendung von 8.580,– DM gleich 715,– DM monatlich. Der Anteil zuwendungsbedürftiger Autoren und Verleger ist im Bereich Wissenschaft wesentlich geringer als im Bereich allgemeine Literatur. Dies zeigt der eher zu vernachlässigende prozentuale Sozialabzug aus Wahrnehmungserträgen. Bei einem satzungsgemäß zulässigen Höchstsatz von 10 % wurden zu keinem Zeitpunkt mehr als 1,5 % vom Aufkommen aus den Wahrnehmungsverträgen einbehalten.[563)] Die Einnahmen wissenschaftlicher Autoren übersteigen in aller Regel die Sozialbedürftigkeitsgrenze, da sie überwiegend in der Industrie

560) Der Vorwurf der Vergesellschaftung wird auch nicht durch das Argument entkräftet, daß die Rücklagen der Sozialeinrichtungen vorsorglich für etwaige zukünftige Aufgaben – z.B. die Unterstützung der Autoren in den neuen Bundesländern (vgl. Geschäftsbericht 1991 VG Wort, S. 8) – gebildet werden. Hier besteht die Gefahr, daß eine Sozialeinrichtung innerhalb eines Geschäftsjahres Ausgaben tätigt, die noch über die Einnahmen hinausgehen, die ihr zulässigerweise bei Ausschöpfung des satzungsmäßigen Höchstsatzes in dem betreffenden Zeitraum zufließen würden. In diesem Fall würden die satzungsmäßigen Beschränkungen hinsichtlich der Höhe des Sozialabzugs *de facto* unterlaufen und ein höherer als der satzungsmäßig zulässige Betrag für soziale Zwecke verwendet.

561) § 9 Satzung Förderungs- und Beihilfefonds Wissenschaft der VG Wort GmbH.

562) Geschäftsbericht VG Wort 1991, S. 8.

563) Die Festlegung des Höchstsatzes bei 10 % dürfte ihren Grund allein in der (äußeren) Einheitlichkeit des Abzuges für Sozialfonds und Beihilfefonds in der Satzung haben.

oder im öffentlichen Dienst beschäftigt sind. Aus diesem Grund wurde schon auf die Errichtung einer sozialen Einrichtung zur Gewährung von Zuschüssen zur Altersversorgung im Wissenschaftsbereich verzichtet.[564)] Die Bildung von Rücklagen spielt im Beihilfefonds keine wesentliche Rolle, da die Zahl zuwendungsbedürftiger Berechtigter überschaubar ist. Sie bewegt sich zwischen 20 bis 40 Zuwendungsempfängern.

5.2.6 Der Förderungsfonds

Der Förderungsfonds Wissenschaft verdankt seine Existenz dem glücklichen Umstand überschießender Wirkungen aus der Bibliothekstantieme. Die Verwendung des hälftigen Anteils zur Altersvorsorge, die der Gesetzgeber gewünscht hatte, war im Bereich Wissenschaft gegenstandslos, weil die Wissenschaftsautoren in aller Regel bereits ausreichend abgesichert sind. Da die strikte Trennung innerhalb der VG Wort eine Verwendung des überschießenden Sozialanteils im Bereich Wissenschaft erforderte, einigten sich die wissenschaftlichen Verleger in einem Grundsatzbeschluß auf die Errichtung des Förderungsfonds. Darin brachten die Verleger zum Ausdruck, daß sie ihren satzungsmäßigen Anteil in Höhe von 50 % der Bibliothekstantieme durch einen Akt freiwilliger Verfügung in den Förderungsfonds einbringen. In dem Protokoll[565)] heißt es: Die wissenschaftlichen Verleger »halten zwar ihren prinzipiellen Rechtsanspruch auf eine Beteiligung an der Bibliotheksabgabe aufrecht, bringen jedoch ihren Anteil in einen Förderungsfonds ein ...«. Die Formulierung zeigt, daß nach der Rechtsauffassung der wissenschaftlichen Verleger die Bibliothekstantieme allein eine urheberrechtliche Nutzung vergütet, die ein sozialrechtliches Element in Form eines Sozialzuschlags nicht enthält. Gemäß § 2 Ziff. 2 der Satzung des Förderungs- und Beihilfefonds Wissenschaft der VG Wort GmbH werden die Mittel zur Förderung von Wissenschaft und Forschung, insbesondere für Druckkostenzuschüsse bei wissenschaftlichen Werken und Fachbüchern, zur Verfügung gestellt. Zuschüsse werden von einem Bewilligungsausschuß gewährt.[566)] Die Gewährung von Druckkostenzuschüssen erfolgt nach hierfür erstellten Richtlinien.[567)] Antragsberechtigt sind Wahrnehmungsberechtigte der VG Wort.[568)] Im Geschäftsjahr 1991 erhielt der Förderungsfonds Wissenschaft von der VG Wort Zuwendungen von 2,339 Mio DM.

564) S. oben S. 133.
565) Der Auszug ist bei *Melichar,* S. 126, abgedruckt.
566) § 13 Satzung Förderungs- und Beihilfefonds Wissenschaft der VG Wort GmbH.
567) Die gültige Fassung wird auf Anfrage vom Förderungs- und Beihilfefonds Wissenschaft zugesandt.
568) § 11 Satzung Förderungs- und Beihilfefonds Wissenschaft der VG Wort GmbH.

Für die Vergabe von Druckkostenzuschüssen wurden im gleichen Zeitraum 2,095 Mio DM aufgewendet. Die durchschnittliche Förderungssumme betrug 18.705,– DM bei 112 Bewilligungen.

5.2.7 Kritische Würdigung der Vorsorge- und Unterstützungseinrichtungen der VG Wort

Die sozialen Einrichtungen der VG Wort bezwecken eine finanzielle Unterstützung auf zwei Ebenen, der Vorsorge und der Linderung aktueller Not.

Das Autorenversorgungswerk gewährt Zuschüsse für die Altersvorsorge. Seit Bestehen dieser Einrichtung hat sich ein Wandel von einer originären Altersversorgung zu einer freiwilligen Zusatzversorgung vollzogen. Zuschußberechtigt sind nur hauptberufliche Autoren, deren Einnahmen aus schriftstellerischer Tätigkeit die Pflichtversicherungsgrenze erreichen.

Der Sozialfonds und der Beihilfefonds unterstützen diejenigen Wahrnehmungsberechtigten, die sich in einer akuten sozialen Notlage befinden. Das Alter, die Dauer der Zugehörigkeit zur VG Wort und das bisher erzielte Tantiemenaufkommen spielen bei der Vergabe dieser Mittel grundsätzlich keine Rolle. Lediglich die kulturelle Bedeutung des Werkschaffens kann bei der Entscheidung über die Unterstützung einbezogen werden.

Der Finanzbedarf für die beiden Aufgabengebiete ist immens. Die Zuweisungen von 15,66 Mio DM im Geschäftsjahr 1991, d.h. 15,2 % vom Gesamtaufkommen, an die sozialen Einrichtungen übersteigt die Leistungskraft der VG Wort bei weitem. Schon jetzt können die Aufwendungen der Sozialeinrichtungen nur durch eine weiter steigende Belastung des eigentlich individuell zu verteilenden Aufkommens aufrechterhalten werden. Dieser Zugriff auf individuelle Erträge ist ein Eingriff in das ausschließliche Recht des Urhebers, der im Widerspruch zum Zuweisungsgehalt des Urheberrechts steht. Dieser Befund wiegt um so schwerer, weil die VG Wort, die ein faktisches Monopol innehat, damit Aufgaben wahrnimmt, die außerhalb ihres Treuhandauftrages liegen. Die Unterhaltung sozialer Einrichtungen ist nicht verwertungsgesellschaftenspezifisch. Die Wahrung der Belange der Wahrnehmungsberechtigten verpflichtet eine Verwertungsgesellschaft, wenn soziale Einrichtungen als freiwillige Institutionen, die dieses Attribut verdienen, unterhalten werden sollen, diese auf ihre Leistungsfähigkeit zuzuschneidern. Gegenwärtig sind die Sozialeinrichtungen jedoch überdimensioniert, und es ist zu befürchten, daß der Finanzbedarf weiter steigen wird. Der Zugriff auf die Konten der Berechtigten zur Aufrechterhaltung der Sozialeinrichtungen durchbricht das individualrechtliche Schutzkonzept. Ursprünglich individuelle Erträge werden zugunsten sozialer Aufgaben vergesellschaftet.

Eine kritische Würdigung des Autorenversorgungswerks muß die dringende Notwendigkeit der Reform dieser sozialen Einrichtung aufzeigen. Die Veränderung der Aufgaben von einer Ersatz- zu einer Zusatzversorgung kündigte sich schon vor 1983 (dem Jahr der Einführung des KSVG) an. So forderte Fohrbeck in ihrer im Auftrag des Bundesministers des Inneren erstellten und 1983 veröffentlichten Studie über Härtefonds und Altershilfen für Künstler, daß die Künstler, die in einer Verwertungsgesellschaft zusammengeschlossen sind, die bisher umfassend konzipierten Versorgungs- und Sozialwerke nach Einführung des KSVG als Einrichtungen der Zusatzversorgung zur gesetzlichen Sozialversicherung ansehen und einen entsprechenden Funktionswandel anstreben sollten.[569)] Sie schlug vor, daß sich das Autorenversorgungswerk der VG Wort, das ja um die »Arbeitgeberbeiträge« zur gesetzlichen Altersversorgung entlastet sei, künftig verstärkt den aktuellen Härtesituationen und der Zusatzversorgung bzw. Aufstockung niedriger Renten widmen solle.[570)] Eine grundlegende Neuorientierung und damit verbundene Satzungsänderungen, die die Zukunft dieser Einrichtung dauerhaft sichern helfen, stehen bis heute aus. Zwar darf man nicht außer acht lassen, daß die Aufgaben hinsichtlich der Wahrnehmungsberechtigten, die in der Versicherungssprache »Altlasten«[571)] genannt werden, zuzüglich der Altlasten, die durch die Ausnutzung des Befreiungstatbestandes nach § 52 Abs. 2 Nr. 2 KSVG mitversorgt werden müssen, unverändert geblieben sind. Um so mehr mußte die Differenzierung in der Bezuschussung zwischen Grund- und Zusatzversorgung gesucht werden. Heute kämpft man um die Erschließung neuer Finanzierungsquellen und greift zunehmend in den individuellen Zuweisungsgehalt der ausschließlichen Rechte ein, was nur mit Wohlwollen der Aufsichtsbehörde möglich ist. Die Aussichtslosigkeit dieses Unterfangens wurde am Beispiel der 10.133 pflichtversicherten Zuschußberechtigten plastisch vor Augen geführt.[572)] Die Bezuschussung aller Anspruchsberechtigten mit dem geltenden Höchstsatz von 5.400,– DM hätte im Jahre 1991 Finanzmittel von 54,7 Mio DM erfordert.[573)] Ein Kollaps des Autorenversorgungswerks konnte jedoch aus folgenden Gründen verhindert werden. Zum einen wird

569) *Fohrbeck*, S. 33.

570) *Fohrbeck*, S. 33.

571) Gemäß § 52 Abs. 2 Nr. 1 KSVG waren selbständige Künstler und Publizisten von der Versicherungspflicht in der Künstlersozialkasse befreit, wenn sie das 50. Lebensjahr vollendet hatten. Dieser Personenkreis konnte wegen seines Alters die Wartezeit für ein Altersruhegeld in der Rentenversicherung bis zum 65. Lebensjahr nicht mehr erreichen. Vgl. auch *Fohrbeck*, S. 26.

572) S. oben S. 139.

573) Die Durchschnittszuweisung von 4.470,– DM im Jahre 1982 zeigt, daß der Höchstsatz von vielen Autoren angestrebt wird, vgl. *Melichar*, S. 122f.

die Aufnahme neuer Berechtigter von der Finanzkraft des Autorenversorgungswerks abhängig gemacht. Dies wird aufgrund der Tatsache deutlich, daß die Zahl der Zuschußempfänger immer dann schubartig anschwoll, wenn das Autorenversorgungswerk aufgrund neu erschlossener Finanzierungsquellen höhere Zuweisungen von der VG Wort erhalten hatte bzw. erwarten konnte. Es ist kaum vorstellbar, daß ausgerechnet in den Jahren des Zuwachses mehr Anträge auf Gewährung von Zuschüssen gestellt wurden als in anderen Jahren. Folglich muß der Stiftungsrat in den Jahren, in denen kein Zuwachs zu verzeichnen ist, eine beträchtliche Anzahl von Anträgen zurückweisen, da die vorhandenen Mittel aufgrund der bestehenden finanziellen Zusagen bereits gebunden sind. Zum anderen scheint insgesamt auch das Wissen der Wahrnehmungsberechtigten um die Zusatzversorgung nicht sehr ausgeprägt zu sein.[574)] Immerhin erhalten von den mehr als 10.000 pflichtversicherten Wahrnehmungsberechtigten, die die Voraussetzungen für die Zuschußgewährung erfüllen, annähernd 8.000 Berechtigte keine Mittel aus dem Autorenversorgungswerk. Man versuche sich nur einmal vorzustellen, in welche Bedrängnis der Stiftungsrat, der ja über jeden Antrag einzeln befindet, käme, wenn all diese Berechtigten Kenntnis von der Möglichkeit der Zuschußgewährung hätten und einen Antrag stellen würden. Im übrigen ist davon auszugehen, daß bei entsprechender Kenntnis die Berechtigten, die noch keine Zuschüsse erhalten, die Praxis der Mittelvergabe über ihre Berufsgruppenvertreter zu einem Hauptthema in den Mitgliederversammlungen gemacht hätten. Informationen hierüber liegen aber nicht vor. Die vorstehenden Gründe lösen die Beunruhigung aus, daß sich die Finanzmittel des Autorenversorgungswerkes, die im Geschäftsjahr 1991 10,219 Mio DM und damit annähernd 10 % des Gesamtaufkommens erreichten, zu einer Verfügungsmasse verselbständigt haben, die den Abschied von der treuhänderischen Bindung dieser Mittel einläutet. Die treuhänderische Bindung einer Verwertungsgesellschaft verpflichtet nicht nur zu umfassender Information aller Berechtigten über die sozialen Vorsorge- und Unterstützungseinrichtungen, sondern auch zur Aufstellung verbindlicher und nachprüfbarer Kriterien für die Vergabe der bereitgestellten Mittel. Die Richtlinien des Autorenversorgungswerks enthalten hierzu keine Regelungen. So ist unerfindlich, nach welchen Kriterien der Stiftungsrat seine Entscheidung bei der Bejahung oder Versagung eines Zuschusses trifft. Unbeantwortet ist auch die Frage, wie die Gleichbehandlung der Berechtigten gesichert ist. Diese Defizite wiegen um so schwerer, als das Autorenversorgungswerk im Falle der

574) Die Zusendung der Richtlinien erfolgt nur auf Anfrage.

Gewährung eines Zuschusses mehrjährige, ja sogar jahrzehntelange Verpflichtungen gegenüber dem Begünstigten eingeht.

Die Neubestimmung der Aufgaben des Autorenversorgungswerks muß den finanziellen Möglichkeiten der VG Wort bzw. ihrer Wahrnehmungsberechtigten und der Natur des Urheberrechts als eines ausschließlichen Rechts gerecht werden. In diesem Zusammenhang muß die Verwendung der Mittel aus der Bibliothekstantieme neu diskutiert und überdacht werden. Es wurde bereits ausführlich dargestellt, daß die Erträge aus gesetzlichen Vergütungsansprüchen grundsätzlich individualbezogen zu verteilen sind, da auch sie ausschließliche Rechte mit korrespondierendem Zuweisungsgehalt sind.[575)] Auch wenn der Gesetzgeber seinen Willen bekundet hat, daß ein Teil der Mittel aus der Bibliothekstantieme sozialen Zwecken zugeführt werden soll, bleibt die individualbezogene Verteilung geboten. Die Bezugnahme auf den Gesetzgeber rechtfertigt angesichts der durch das KSVG veränderten Gesetzeslage den in der Satzung der VG Wort bestehenden Sozialabzug nicht mehr. Sollte der Gesetzgeber dennoch an dem Sozialauftrag der Bibliothekstantieme festhalten wollen, bietet die wünschenswerte Erhöhung der Bibliothekstantieme,[576)] wenn sie Wirklichkeit wird, die Chance, diesem Willen erneut Ausdruck zu verleihen. Auch sollte man bedenken, daß der Gesetzgeber, wenn Zweifel über seine Absichten bestehen, sich nicht in Widerspruch zur *lex lata* setzen will. Die *lex lata* versteht den Vergütungsanspruch nach § 27 UrhG als urheberrechtlichen, nicht als sozialrechtlichen Tatbestand.[577)] Demzufolge ist das Aufkommen aus der Bibliothekstantieme Entgelt für einen vergütungspflichtigen *urheberrechtlichen* Nutzungstatbestand. Die VG Wort muß diesen Ertrag in Erfüllung ihrer Dienstleistungsfunktion und ihrer Treuhandstellung grundsätzlich vollständig individuell verteilen. Wenn sie, wie Satzung und Verteilungsplan bestimmen, die Hälfte der Erträge aus der Bibliothekstantieme individuell verteilt, kann sie den Ertrag nach denselben Bestimmungen auch vollständig individuell verteilen.[578)] Die zuweilen geäußerte Meinung, daß die technischen Neuerungen mangels der Erfassungsmöglichkeit eines spezifischen Nutzungstatbestandes eine individuelle Verteilung der Erträge unmöglich machen,[579)] taugt daher nicht als

575) S. oben S. 87.

576) S. oben S. 140.

577) Zu den Gründen der Wahl des Urheberrechtsgesetzes als des Regelungsrahmens für die Bibliothekstantieme: *v. Lewinski*, S. 6–9.

578) *v. Lewinski*, S. 40ff., beschreibt ausführlich die Verfahren zur Feststellung der individuellen Zuordnung der Vergütung. *Cohen Jehoram*, Copyright 1990, 220, kritisiert den 50%igen Sozialabzug zugunsten des Autorenversorgungswerkes zu Recht als "a clear form of collectivization of copyright".

579) In diesem Sinne z.B. *Brügger*, in: FS Uchtenhagen, S. 146. Vgl. auch oben S. 84.

Rückzugsargument zur Verteidigung der bisher geübten Praxis. Das Urheberrecht kennt keine Ansprüche, deren Zuweisungsgehalt mal mehr, mal weniger individualbezogen ist. Daß die Rückbesinnung auf den Individualbezug des Urheberrechts die finanziellen Grundlagen des Autorenversorgungswerks einschneidend verändert, wird deutlich, wenn man sich erinnert, daß der Anteil der Bibliothekstantieme am Finanzvolumen des Autorenversorgungswerks annähernd 60 %[580)] erreicht. Die Neubestimmung der Aufgaben des Autorenversorgungswerks muß daher vor dem Hintergrund eines gegenüber den jetzigen Möglichkeiten erheblich schrumpfenden Etats vorgenommen werden. Die Beschneidung der für soziale Zwecke zur Verfügung stehenden Finanzmittel bietet außerdem die Chance, Wucherungen im Sozialsystem der VG Wort zu beschneiden. So könnte der unvertretbar hohe Sozialabzug, der im Bereich allgemeine Literatur die 17%-Marke überschritten hat,[581)] auf ein erträgliches Maß reduziert werden. Dadurch könnte die Akzeptanz eines Sozialabzuges wesentlich erhöht werden. Die Bereitschaft, einen finanziellen Beitrag zur Erhaltung einer Solidareinrichtung zu leisten, die keine verwertungsgesellschaftenspezifischen Aufgaben wahrnimmt, würde gefördert, wenn der Beitrag im Rahmen des Zumutbaren bleibt. Zugleich müßten das Prinzip der Eigenverantwortung und der Respekt vor dem Zuweisungsgehalt des Urheberrechts gewahrt bleiben, d.h., daß der Sozialanteil von jedem Wahrnehmungsberechtigten aufgrund einer autonomen und freiwilligen Entscheidung zur Verfügung gestellt würde. Der Gefahr der Überforderung der Leistungsfähigkeit des Autorenversorgungswerks ließe sich außerdem durch die Einengung des Kreises der Zuschußberechtigten entgegenwirken.

Der Vorschlag von Fohrbeck, sich den aktuellen Härtesituationen und der Aufstockung niedriger Renten zuzuwenden, mag ein geeigneter Ansatzpunkt in der Diskussion über die Neuorientierung der sozialen Einrichtungen aufgrund veränderter finanzieller Rahmenbedingungen sein. Die Konzentration auf einen Bruchteil der gegenwärtig potentiell Anspruchsberechtigten ist unausweichlich. Vorstellbar ist daher auch die Schaffung einer einzigen sozialen Einrichtung, die sich der wirklich bedürftigen Wahrnehmungsberechtigten annimmt. Der Sozialfonds und der Beihilfefonds der VG Wort sind beispielhaft für Sozialeinrichtungen, die dieses Prädikat uneingeschränkt verdienen. Es wurde bereits darauf hingewiesen, daß die Zahl der bedürftigen Wahrnehmungsberechtigten in der VG Wort erheb-

580) Vgl. oben S. 129. Der Anteil verringert sich auf 52,4 % (4,567 Mio DM von 8,719 Mio DM), wenn man den Anteil der neuen Bundesländer an der Bibliothekstantieme herausrechnet, vgl. Fn. 538.

581) S. oben S. 132 und Fn. 504.

lich höher sein dürfte als die Zahl der tatsächlichen Zuwendungsempfänger.[582] Die Zusammenfassung der für soziale Zwecke bereitgestellten Gelder in einer einzigen Sozialeinrichtung könnte dazu beitragen, die Unterstützung dieser Berechtigten auf breiterer Basis fortzusetzen. Wenn der Finanzbedarf dieser Einrichtung durch Sozialabzüge, die dem Gebot der Freiwilligkeit der Zuwendung gerecht werden, gedeckt werden kann, wäre dessen Fortführung ein Beweis für die Existenz echter Solidarität der Berechtigten der VG Wort.

Die sozialen Unterstützungseinrichtungen des Bereichs Wissenschaft der VG Wort befinden sich in einer Sondersituation. Wissenschaftsautoren stehen ganz überwiegend in festen Arbeitsverhältnissen. Sie verfügen daher über regelmäßige Einnahmen, die oberhalb der Bedürftigkeitsgrenze liegen. Die Altersversorgung ist ebenfalls gesichert. Der Beihilfefonds braucht hier deshalb nur in wenigen Ausnahmefällen unterstützend einzuschreiten. Diese Sondersituation spiegelt sich in dem Verzicht auf die Schaffung einer dem Autorenversorgungswerk vergleichbaren Einrichtung und in den geringen Sozialabzügen vom Individualaufkommen wider. Im Unterschied zu seinem literarischen Kollegen erhält der Wissenschaftsautor die Früchte seiner Arbeit durch die fast vollständige Individualausschüttung der Erträge aus der Wahrnehmung seiner Rechte.

Der Verzicht der wissenschaftlichen Verleger auf ihre Anteile aus der Bibliothekstantieme entspringt vermutlich weniger einem sozialen Impetus als vielmehr einer Solidaritätsbekundung gegenüber den literarischen Verlegern. Eine gleichmäßige Belastung der Berufsgruppe der Verleger erscheint eher angezeigt als ein Ausscheren durch vollständige Vereinnahmung der auf sie entfallenden Erträge. Der Förderungsfonds entlastet insbesondere junge Autoren und hilft, finanzielle Belastungen zu mildern. Den wissenschaftlichen Verlegern gebührt hierfür Dank. Allerdings würde man den Charakter des Förderungsfonds verkennen, wenn man meint, er werde dem sozialen Anspruch von § 8 WahrnG im wissenschaftlichen Bereich gerecht.[583] Der Gesetzgeber hatte die Schaffung einer Alterssicherung vor Augen. Der Förderungsfonds ist daher ein Beispiel einer Unterstützungseinrichtung, die außerhalb eines gesetzgeberischen Auftrags durch freiwillige Verfügung von Urheberrechtstantiemen geschaffen wurde.

582) S. oben S. 141.
583) So aber *Melichar*, S. 125.

Die Darstellung der Vorsorge- und Unterstützungseinrichtungen der GEMA und der VG Wort wäre unvollständig, wenn nicht auch die Gemeinsamkeiten und die Unterschiede herausgearbeitet würden. Der Vergleich soll Anstöße geben und helfen, die vielerorts und auch in der juristischen Literatur vorzufindenden, inzwischen antiquierten Vorstellungen über die Funktion verwertungsgesellschafteninterner Sozialeinrichtungen abzulegen[584)] und in eine Phase neuer Auseinandersetzung einzutreten. Es geht dabei nicht darum, mit einem Pauschalurteil das soziale Engagement der Verwertungsgesellschaften und ihrer ehrenamtlich[585)] tätigen Mitglieder als solches in Frage zu stellen. Im Gegenteil mag eine kritische Bestandsaufnahme helfen, diese Tätigkeit auf einer tragfähigen Grundlage auch in Zukunft fortführen zu können. Der Vergleich konzentriert sich auf die Frage der Vereinbarkeit von Vorsorge- und Unterstützungseinrichtungen mit dem ausschließlichen Recht des Urhebers. Hierzu gehört die Wahrung des Gerechtigkeitsgehalts des ausschließlichen Rechts, das dem Urheber die Früchte seiner Arbeit sichern soll. Dazu zählt auch die Gewährung von Mitwirkungsrechten[586)] im Sinne einer effektiven Mitsprache bei der Wahrnehmung der Rechte: Das WahrnG ist die modifzierte Fortsetzung des individualrechtlichen Urheberrechtsschutzkonzepts.[587)] Deshalb muß der verwaltende, nicht aber der verwaltete Urheber im Mittelpunkt stehen. Schließlich muß auch die Aufsichtsbehörde als Anwalt der Urheber[588)] darüber wachen, daß das Urheberrecht in einer Verwertungsgesellschaft so weit wie möglich als Individualrecht erhalten bleibt.

Das ausschließliche Recht sichert dem Urheber die vollständige Zuweisung der Erträge aus der Nutzung seines Rechts. Diese materielle Komponente ist das Herzstück verwertungsgesellschaftlicher Tätigkeit.[589)] Der prozentuale Einbehalt urheberrechtlicher Tantiemen zur Finanzierung von

584) Insbesondere werden die veränderten Gegebenheiten im Kulturschaffen und die Einführung der Pflichtversicherung nach dem KSVG in ihrer Wechselwirkung zu den gesellschaftsinternen Einrichtungen zu wenig beachtet.

585) Die Kuratoren der GEMA-Sozialkasse sind ehrenamtlich tätig. Dahingegen erhalten als Folge der rechtlichen Ausgliederung aus der VG Wort der Stiftungsvorstand des Autorenversorgungswerkes, der Geschäftsführer der Sozialfonds GmbH und der Geschäftsführer des Förderungs- und Beihilfefonds GmbH ein Festgehalt. Die ihn unterstützenden Gremien Stiftungsrat und Beirat sind ehrenamtlich tätig.

586) *Ruzicka,* in: FS *Roeber,* S. 360. Vgl. auch *Dillenz,* in: FS *Uchtenhagen,* S. 47, der die wirtschaftlich-juristische Umsetzung von Mitsprache der Urheber fordert.

587) S. oben S. 42.

588) Diese Funktion ist eine Konsequenz der Auffassung, daß das WahrnG die modifizierte Fortsetzung des individualrechtlichen Schutzkonzeptes ist.

589) *Dillenz,* EIPR 1990, 191, schreibt hierzu in ungeschminkter Deutlichkeit: "Copyright societies sell copyright wholesale" und fügt hinzu: "It all comes down to the question of money."

Sozialeinrichtungen steht daher in einem natürlichen Spannungsfeld zu dem Anspruch auf vollständige Zuweisung der Erträge. Aus diesem Grund ist die Finanzierung der Sozialeinrichtungen besonders kritisch auf ihre Vereinbarkeit mit dem Rechtsgehalt des ausschließlichen Rechts zu überprüfen.

GEMA und VG Wort ziehen alle Berechtigten zur Finanzierung der Sozialeinrichtungen heran. Die Tantiemen der Urheber werden einheitlich und unter Außerachtlassung der individuell erzielten Einnahmen mit einem allgemeingültigen Prozentsatz belastet. Die Möglichkeit, den prozentualen Abzug nach der Höhe der individuell erzielten Tantiemen zu staffeln, wird ebensowenig genutzt wie die einer Freibetrags- und Höchstbetragsregelung.[590)] Auch bleibt unberücksichtigt, ob der belastete Urheber zur Gruppe der Niemals-Begünstigten zählt.[591)]

Die Gesamtbelastung der Urheber weicht erheblich voneinander ab. Die Direktabzüge vom Individualaufkommen der Berechtigten im Geschäftsjahr 1991 betragen bei der VG Wort 15,6 Mio DM[592)] und bei der GEMA 25,1 Mio DM.[593)] Das Verhältnis dieser Zahlen kann erst richtig gewichtet werden, wenn man berücksichtigt, daß die Gesamterträge der GEMA das Zehnfache der Erträge der VG Wort betragen.[594)] Diese ungleiche Belastung bleibt auch dann bestehen, wenn man – richtigerweise – die indirekte Belastung der Berechtigten durch die Nichtausschüttung der Zinserträge bei der GEMA berücksichtigt. Die Zins- und Wertpapiererträge von 45 Mio DM, die dem Kapitalkonto jedes Urhebers gutgeschrieben werden könnten,[595)] erhöhen die Belastung der Urheber im Geschäftsjahr 1991 auf 70,1 Mio DM. Die Gegenüberstellung der 70,1 Mio DM zu den 15,6 Mio DM der VG Wort verbietet sich jedoch, weil ein Großteil dieser Summe über das Wertungsverfahren dem Individualaufkommen der GEMA-Mitglieder zugeschlagen wird.[596)] Die abweichende Gesamtbelastung bei der VG Wort und der GEMA machen die beiden folgenden Vergleiche deutlicher. Die reinen Sozialaufwendungen beliefen sich im Geschäftsjahr 1991 bei der GEMA auf 22,4 Mio DM[597)] (2,2 % vom Ge-

590) *Juranek,* in: FS 50 Jahre UrhG, S. 171 weist mit deutlicher Kritik darauf hin, daß die Sozialkassen der Verwertungsgesellschaften im Unterschied zur Sozialversicherung keine Höchstbetragsregelung vorsehen.

591) S. oben S. 122.

592) S. oben S. 132. Die Bibliothekstantieme ist einbezogen, da auch sie prinzipiell individuell zu verteilen ist, vgl. oben S. 148.

593) Dies ist der Sozialabzug aus den Erträgen des Aufführungs- und Senderechts, s. oben S. 100.

594) Im Geschäftsjahr 1991 betrugen die Gesamterträge der GEMA 1.014 Mio DM, die der VG Wort 103 Mio DM.

595) S. oben S. 100.

596) S. oben S. 106 f.

597) Summe aus Alterssicherung, Ausgleichfonds und Sozialkasse.

samtertrag), bei der VG Wort auf 13,3 Mio DM[598] (12,9 % vom Gesamtertrag). Der Anteil der Aufwendungen für soziale und kulturelle Zwecke erreichte im Geschäftsjahr 1991 bei der GEMA mit 78,5 Mio DM 7,7 % vom Gesamtertrag, bei der VG Wort mit 15,6 Mio DM 15,1 % vom Gesamtertrag.[599] Damit ist die durchschnittliche Gesamtbelastung der Berechtigten bei der VG Wort annähernd doppelt so hoch wie bei der GEMA.

Die vorstehenden Zahlenvergleiche zeigen, daß die durchschnittliche Gesamtbelastung des Individualaufkommens durch Sozialabzüge bei der GEMA und der VG Wort erheblich differieren. Die Frage, wann der Sozialabzug die Grenze zu einem nicht mehr zu rechtfertigenden Abzug überschreitet und ein rechtlich unzulässiger Eingriff in die Rechtsposition des Urhebers vorliegt, wird von den Juristen unterschiedlich beantwortet. Diese Diskussion ist aber fruchtlos. Die Grenzziehung bei 10 %, 20 % oder 50 % ist willkürlich und rechtlich nicht zu begründen. Zu häufig wird außerdem auf die in den Verwertungsgesellschaften geübte Praxis Rücksicht genommen.[600] Die Frage muß vielmehr lauten, ob überhaupt, nicht aber wieviel Sozialabzug mit dem Gerechtigkeitsgehalt des ausschließlichen Rechts vereinbar ist. Die Analyse des ausschließlichen Rechts hat gezeigt, daß die Erträge aus der Wahrnehmung dieses Rechts wegen seines umfassenden Zuweisungsgehalts vollständig an den berechtigten Urheber, also individuell auszuschütten sind. Die Einbringung des ausschließlichen Rechts in eine Verwertungsgesellschaft ändert hieran nichts, weil das WahrnG das individualrechtliche Schutzkonzept des Urheberrechts in modifizierter Form fortsetzt. Insbesondere ist der Sozialabzug auch nicht über allgemeinverbindliche Regeln in einer Satzung zu rechtfertigen. Die Ansicht, daß hierdurch in die Satzungsautonomie der Verwertungsgesellschaften eingegriffen würde, geht fehl.[601] Vielmehr ist die Verwertungsgesellschaft aus rechtlichen Gründen gehindert, allgemeinverbindliche Regeln über einen Sozialabzug aufzustellen. Diese liegen in der Ausgestaltung der Rechtsbeziehung zwischen Berechtigtem und Verwertungsgesellschaft als Treuhandverhältnis. Nicht die Verwertungsgesellschaft, sondern nur der Treugeber, d.h. der einzelne Berechtigte, kann über die Verwendung der Tantiemen bestimmen. Die Verwertungsgesellschaft ist als Treuhänder den Weisungen ihres Treugebers unterworfen. Folglich benötigt sie in jedem Treuhandverhältnis,

598) Summe aus Autorenversorgungswerk, Sozialfonds und Beihilfefonds Wissenschaft.

599) Die Belastung im Bereich allgemeine Literatur erreichte sogar 17,2 %, vgl. oben S. 132.

600) Dies gilt insbesondere für die Bibliothekstantieme. Der Sozialabzug von 50 % wird als gerade noch zulässig angesehen. Zur Begründung wird niemals ein rechtliches Argument vorgetragen, sondern immer auf den politischen Willen des Gesetzgebers verwiesen; vgl. nur *v. Lewinski*, S. 38f., *Fromm/Nordemann* § 8 WahrnG.

601) S. oben Fn. 222.

d.h. von jedem Berechtigten einzeln,[602]) eine ausdrückliche Ermächtigung zum Einbehalt eines Sozialabzuges. Die Sozialeinrichtungen der Verwertungsgesellschaften können ihre Aufgaben daher nur auf der Grundlage einer freiwilligen – nicht einer durch Satzung angeordneten und deshalb unfreiwilligen – Verfügung über die Tantiemen erfüllen. Da der Sozialabzug im Berechtigungsvertrag nicht abdingbar ist, beruht der Einbehalt von Tantiemen zur Finanzierung der Sozialeinrichtungen nicht auf einer freiwilligen Verfügung; er ist ein Zwangsabzug. Die gegenwärtige Praxis der Finanzierung von Sozialeinrichtungen in den Verwertungsgesellschaften ist daher eine unzulässige Vergesellschaftung des Urheberrechts.

Die Leistungen der Sozialeinrichtungen von GEMA und VG Wort betreffen ganz überwiegend wiederkehrende Zuwendungen. Sie übernehmen insofern finanzielle Dauerverpflichtungen, die im voraus überschlägig ermittelt werden können. Der »Haushaltsbedarf« wird dann bei der Geschäftsführung angemeldet und durch Zuweisung der Mittel aus dem Sozialabzug gedeckt. Dieses Verfahren zeigt, daß die Sozialeinrichtungen innerhalb der Verwertungsgesellschaft eine relative Eigenständigkeit haben. Besonders deutlich wird dies bei den aus der VG Wort rechtlich ausgegliederten Kapitalgesellschaften bzw. der Stiftung Autorenversorgungswerk. Diese Selbständigkeit bzw. Ausgliederung führt dazu, daß die Sozialeinrichtungen, die über recht beträchtliche Finanzmittel verfügen, sich immer mehr der Kontrolle der Berechtigten, d.h. der (zwangs-)belasteten Finanzgeber entziehen. Auch dies ist eine Aushöhlung der Befugnisse aus dem ausschließlichen Recht und daher eine unzulässige Beschneidung der Gestaltungsrechte, die aus dem ausschließlichen Recht fließen.

Zu mißbilligen ist schließlich die von beiden Verwertungsgesellschaften geübte Praxis, den Sozialabzug vom Individualaufkommen auf den Kontoauszügen bzw. Abrechnungsbögen der Berechtigten nicht gesondert auszuweisen.[603]) Man darf vermuten, daß die genaue Kenntnis der Individualbelastung eine lebhafte Diskussion über den Sozialabzug auslösen würde. Dabei würde sich sehr schnell herausstellen, ob die »Solidarität« der Urheber so weit reicht, wie oft behauptet, oder ob dem Altruismus auch hier enge Grenzen gesetzt sind.

602) Die Meinung *Schrickers,* in: *Schricker,* vor §§ 28ff. UrhG Rdnr. 40, wonach die Verwertungsgesellschaften von den Weisungen des einzelnen Treugebers weitgehend unabhängig seien und ihre Stellung sich nach Gesetz und Statuten richte, kann auf das Problem des Sozialabzugs deshalb nicht übertragen werden, weil es sich bei den Sozialeinrichtungen um keine verwertungsgesellschaftenspezifische Einrichtungen handelt.

603) Das Muster eines Kontoauszuges der GEMA ist abgedruckt im GEMA-Jahrbuch 1991, S. 267.

Ein wesentlicher Unterschied zwischen GEMA und VG Wort besteht in der Zahl der Zuwendungsempfänger. Zwar darf die VG Wort für sich in Anspruch nehmen, daß ihre Sozialeinrichtungen mehr als die der GEMA, deren Alterssicherung mit Erreichen der Altersgrenze automatisch eingreift, Berechtigte in akuter sozialer Not unterstützt. Andererseits zeigt die Entwicklung der Sozialeinrichtungen der VG Wort, insbesondere des Autorenversorgungswerks, daß verwertungsgesellschafteninterne Sozialeinrichtungen die Leistungskraft der Berechtigten bei weitem übersteigen.[604)] Die Künstlersozialkasse, die ein Vielfaches des Leistungsvolumens der Verwertungsgesellschaften erreicht,[605)] hat keine Entlastung des Individualaufkommens der Berechtigten gebracht, weil nun der selbstgestellte Auftrag einer sozialen Zusatzsicherung, für den weder eine Ermunterung des Gesetzgebers noch ein Mandat der Berechtigten vorliegt, erfüllt wurde. Inzwischen erreicht der hierfür nötige Finanzbedarf eine Dimension, die das Prinzip der Ausschließlichkeit in ernstzunehmender Weise bedroht. Es ist paradox, wenn die Verwertungsgesellschaften nach außen und auf allen Ebenen für die Anerkennung und Respektierung des ausschließlichen Rechts kämpfen, im Verhältnis zu ihren Treugebern jedoch den Pfad der Vergesellschaftung individuell auszuschüttender Tantiemen kontinuierlich fortsetzen. Dem Sozialabzug sind absolute Grenzen gesetzt, die aus der Natur des ausschließlichen Rechts fließen und die auch nicht im Wege vereinsrechtlicher Mehrheitsbeschlüsse umgangen werden können. Eine Rückbesinnung auf die Prinzipien des Urheberrechts tut not. Dabei sind systemkonforme Lösungen im Sinne des Respekts vor der individualrechtlichen Ausgestaltung des Urheberrechts anzustreben. Das betrifft nicht allein ein Überdenken des Sozialabzuges, sondern auch die Sicherstellung effektiver Gestaltungs- und Kontrollbefugnisse der Berechtigten.

604) *Ficsor*, Copyright 1985, 352 warnt vor der finanziellen Überforderung: "the costs of such additional functions may mean too big a burden for the authors' royalties."

605) Die Künstlersozialkasse hatte im Jahre 1992 für ca. 53.000 Versicherte (nicht einbezogen sind die neuen Bundesländer) Ausgaben von ca. 242 Mio DM (Angabe auf Anfrage). Dies entspricht einem Durchschnittsbetrag von 4.566,– DM pro Versichertem.

Sozialeinrichtungen haben eine lange Tradition, auf die die Verwertungsgesellschaften mit Stolz zurückblicken können. Auch heute besteht trotz der Einrichtung der Künstlersozialkasse ein Bedürfnis, diese Einrichtungen – in vermindertem Umfang – im Interesse der Berechtigten und zu ihrem Vorteil aufrechtzuerhalten. Die Verwertungsgesellschaften tragen besondere Verantwortung, für die Einhaltung der elementaren Grundsätze des Urheberrechts zu streiten, da die Interessen der Urheber bei der Auseinandersetzung um die wirtschaftliche Beteiligung an der Werkverwertung wegen der Dominanz der Medienunternehmen und der Nutzervereinigungen nur schwer zu wahren sind. In diesem Ringen müssen sich die Verwertungsgesellschaften auch daran messen lassen, wie sie selbst die elementaren Grundsätze des Urheberrechts gegenüber ihren Berechtigten umsetzen. Die Untersuchung der Sozialeinrichtungen der Verwertungsgesellschaften hat gezeigt, daß das Prinzip der Ausschließlichkeit des Urheberrechts verletzt wird. Zwar darf die rechtstheoretische Analyse die Einbindung der Verwertungsgesellschaften in die internationale Praxis nicht ignorieren. Dennoch kann diese nicht zur Rechtfertigung der gegenwärtigen Praxis dienen.

Die Beachtung des Prinzips der Ausschließlichkeit als eines ewigen Prinzips[606)] erfordert, daß ein Sozialanteil nur aufgrund einer autonomen und freiwilligen Entscheidung jedes einzelnen Berechtigten einbehalten werden darf. Die Berechtigungsverträge der Verwertungsgesellschaften müssen deshalb ein Wahlrecht eröffnen.

Besteht der Berechtigte auf der vollständigen Auszahlung seiner Tantiemen, dann bleiben ihm auch die Sozialeinrichtungen der Verwertungsgesellschaften für alle Zukunft verschlossen. Von einer solchen Regelung werden wahrscheinlich die sog. »Hobbyautoren« Gebrauch machen. Diejenigen Berechtigten, die ihre schöpferische Tätigkeit langfristig ausüben wollen, werden einen freiwilligen Sozialabzug hinnehmen. Dabei könnte man den wirtschaftlich (noch) glücklosen Berechtigten durch Freibetragsregelungen entgegenkommen, indem man Sozialabzüge erst nach Erreichen eines bestimmten Tantiemenaufkommens vornimmt. Gleichzeitig empfiehlt es sich, den freiwilligen Sozialabzug nicht prozentual vom Aufkommen zu erheben, sondern einen Höchstbetrag in absoluten Zahlen einzuführen. So könnte es gelingen, auch die besonders erfolgreichen Berechtigten, die auf Sozialzuwendungen voraussichtlich nicht angewiesen sein werden, zu einem freiwilligen Sozialabzug zu veranlassen.

606) *Ladd,* Copyright 1983, 294.

Eine Umsetzung dieser Vorschläge dürfte bei der GEMA ohne einschneidende Änderungen im System der Alterssicherung zu realisieren sein. Das bereits angedeutete Modell der statusabhängigen Solidarität[607] wird nicht zu gravierenden Einbrüchen bei der Leistungsfähigkeit der Alterssicherung führen. Statusabhängige Solidarität bedeutet, daß nur die ordentlichen Mitglieder an einer durch ihre eigenen Mittel aufgebrachten Alterssicherung teilnehmen. Auch hier muß das Primat der Freiwilligkeit gelten. Aufgrund der Aufkommensstruktur innerhalb der GEMA entfallen annähernd zwei Drittel des von allen Mitgliedern erzielten Aufkommens auf die ordentlichen Mitglieder.[608] Ein Verzicht auf die finanzielle Beteiligung der nichtordentlichen Mitglieder an der Alterssicherung würde die Leistungskraft der Alterssicherung nicht entscheidend verändern, wenn man berücksichtigt, daß die von den ordentlichen Mitgliedern direkt zur Verfügung gestellten Tantiemeanteile um die Zins- und Wertpapiererträge aus der Anlage der Wahrnehmungserträge der ordentlichen Mitglieder erhöht werden könnten. Statusabhängige Solidarität würde außerdem verhindern, daß die nicht-ordentlichen Mitglieder unter dem Mantel der »Solidarität« eine Sozialeinrichtung mitfinanzieren, auf deren Leistungen sie wegen Nichterreichens der Zuwendungsvoraussetzungen niemals Anspruch haben.

Weitaus schwieriger sind die Probleme bei der VG Wort. Die Notwendigkeit eines massiven Abbaus von Sozialleistungen und der Konzentration auf die Gruppe der bedürftigen Berechtigten wurde ausführlich dargestellt. Die Respektierung des Prinzips der Ausschließlichkeit verlangt auch hier ein Wahlrecht der Beteiligten. Aufgrund der völlig anderen Aufkommensstruktur in der VG Wort hat wahrscheinlich nur eine einzige Sozialeinrichtung nach dem Vorbild des Sozialfonds und des Beihilfefonds eine Zukunft. Die notwendigen drastischen Veränderungen sind das Erbe einer internen »Sozialpolitik« und eines Fehlverständnisses von der Rechtsqualität der gesetzlichen Vergütungsansprüche. Letztlich darf man aber von einer Rückbesinnung auf die Prinzipien des Urheberrechts erwarten, daß die berechtigten Anliegen der Urheber in der Zukunft effektiver auf allen Ebenen zur Geltung kommen werden. Gerade dies liegt im Interesse der Urheber, aber auch im wohlverstandenen Eigeninteresse der Verwertungsgesellschaften.

607) S. oben S. 124.
608) Beteiligungsverhältnis der GEMA-Mitglieder 1990, Geschäftsbericht GEMA 1991, S. 21.

Literaturverzeichnis

Arnold, Claudius und *Rehbinder, Manfred:* Zur Rechtsnatur der Staatsaufsicht über die deutschen Verwertungsgesellschaften, UFITA Bd. 118 (1992), S. 203–215

Bois, Rob du: The Author, His Work and His Copyright Society, A. L. A. I. 1978, 76–86

Boor, Hans-Otto de: Urheberrecht und Verlagsrecht. Ein Beitrag zur Theorie der ausschließlichen Rechte, Stuttgart 1917

Brem, Ernst: Der urheberrechtliche Vergütungsanspruch, Sankt Gallen 1975

Brinkmann, Tomas: Urheberschutz und wirtschaftliche Verwertung, 1989

Brügger, Paul: Individuum und Gesellschaft im Urheberrecht, Basel 1970

Brügger, Paul: Kulturförderung und Verwertungsgesellschaften, Festschrift *Ulrich Uchtenhagen,* 1987, S. 143–147 (zit.: *Brügger,* in: FS *Uchtenhagen*)

Cohen Jehoram, Herman: Basic Principles of Copyright Organizations, Copyright 1990, 214–220

Davies, Gillian: The Public Interest in Collective Administration of Rights, Copyright 1989, 81–89

Dietz, Adolf: Urheberrecht im Wandel. Paradigmenwechsel im Urheberrecht?, in: *Dittrich* (Hrsg.), Woher kommt das Urheberrecht und wohin geht es? Wien 1988, S. 200–213 (zit.: *Dietz,* in: *Dittrich,* Urheberrecht)

Dillenz, Walter: Functions and Recent Developments of Continental Copyright Societies, EIPR 1990, 191–195

Dillenz, Walter: Was heißt und zu welchem Ende studiert man Urheberrecht?, in: Festschrift *Ulrich Uchtenhagen,* 1987, S. 17–52. (zit.: *Dillenz,* in: FS *Uchtenhagen*)

Dillenz, Walter: Die Vergütung für private Überspielung und der Grundsatz der Inländerbehandlung, GRUR Int. 1988, S. 906–920

Dittrich, Robert: Der Grundsatz der Inländerbehandlung der RBÜ und die sog. soziale Hälfte – zugleich ein Beitrag zur Methode, die RBÜ auszulegen, in: Festschrift 50 Jahre Urheberrechtsgesetz (Hrsg.: *Dittrich, R.*), Wien 1986, S. 63–93 (zit.: *Dittrich,* in: FS 50 Jahre UrhG)

Dittrich, Robert: Umverteilung geistigen Eigentums, ZUM 1985, S. 556–558

Dürler, Reto A.: Die relativ und die absolut zwingende kollektive Verwertung von Urheberrechten, Sankt Gallen 1989

Faludi, Gábor: Die Ausschließlichkeit des Urheberrechts in der Revidierten Berner Übereinkunft am Beispiel einer Streitfrage, UFITA 105 (1987), S. 29–44

Ficsor, Mihály: Development and Objectives of Collective Administration of Authors' Rights, Copyright 1985, 341–353

Fikentscher, Wolfgang: Wettbewerb und gewerblicher Rechtsschutz. Die Rechtsstellung des Rechts der Wettbewerbsbeschränkungen in der Rechtsordnung, 1958

Fohrbeck, Karla: Härtefonds und Altershilfen für Künstler und Publizisten in der Bundesrepublik Deutschland, 1983

Freegard, Michael J.: Collective Administration: The Relationship Between Authors' Organizations and Users of Works, Copyright 1985, 443–457

Fromm/Nordemann: Urheberrecht, Kommentar zum Urheberrechtsgesetz und zum Wahrnehmungsgesetz, 7. Aufl. 1988 (zit.: Bearbeiter, in: *Fromm/Nordemann*)

Gamm, Otto-Friedrich Freiherr v.: Urheberrechtsgesetz, Kommentar, 1968

GEMA-Jahrbuch 1991, 1. Jahrgang, Hrsg. Vorstand der Gesellschaft für musikalische Aufführungs- und mechanische Vervielfältigungsrechte *Prof. Dr. Reinhold Kreile*, 1991 (zit.: GEMA-Jahrbuch 1991)

Handl, Josef: Der Sozialanteil an der Leerkassettenvergütung in Österreich, ZUM 1986, S. 271–272

Häußer, Erich: Praxis und Probleme der Aufsicht über Verwertungsgesellschaften, FuR 1980, S. 57–71

Hertin, Paul-Wolfgang: Urheberrecht und Leistungsschutz – vertrags- und verwertungsrechtliche Probleme, in: Urheberrecht für das Medienzeitalter, S. 73–85 (zit.: *Hertin*, in: Medienzeitalter)

Hönn, Günter: Kompensation gestörter Vertragsfreiheit. Ein Beitrag zur inneren Systematik des Vertragsrechts, 1982

Hubmann, Heinrich: Das Verwertungsgesellschaftengesetz und die Berner Übereinkunft, UFITA Bd. 48 (1966), S. 22–45

Hubmann, Heinrich: Gewerblicher Rechtsschutz, 5. Aufl. 1988 (zit.: *Hubmann*, in: Gewerblicher Rechtsschutz)

Hubmann, Heinrich: Urheber- und Verlagsrecht, 6. Aufl. 1987

Hubmann, Heinrich: Urheber- und Verlagsrecht, 7. Aufl. 1991, bearbeitet von Manfred Rehbinder (zit.: *Hubmann/Rehbinder*)

Juranek, Johann: Vertragliche und gesetzliche Verteilungsbestimmungen von Verwertungsgesellschaften im Zusammenhang mit sozialen und kulturellen Zwecken dienenden Einrichtungen, in: Festschrift 50 Jahre Urheberrechtsgesetz, Wien 1986, S. 163–177 (zit.: *Juranek*, in: FS 50 Jahre UrhG)

Karnell, Gunnar: The Relations Between Authors and Organizations Administering Their Rights, Copyright 1986, 45–66

Kerever, André: Is Copyright an Anachronism, Copyright 1983, 368–378

Kirchhof, Paul: Der Gesetzgebungsauftrag zum Schutz des geistigen Eigentums gegenüber modernen Vervielfältigungstechniken, 1988

Kohler, Josef: Das Autorrecht, eine zivilistische Abhandlung, Jena 1880

Koumantos, Georges: The Right of Reproduction and the Evolution of Technology, A. L. A. I. 1978, 97–106

Krüger-Nieland, Gerda: Das Urheberrecht und die Entwicklung der Technik, insbesondere die private Vervielfältigung mittels Magnettonband und Fotokopie, GRUR 1957, S. 535- 542

Küfner, Peter: Die Vergütungsansprüche des Urhebers nach dem Urheberrechtsgesetz, 1971

Larenz, Karl: Allgemeiner Teil des deutschen Bürgerlichen Rechts, 7. Aufl. 1989 (zit.: *Larenz*, in: BGB AT)

Larenz, Karl: Methodenlehre der Rechtswissenschaft, 6. Aufl. 1991 (zit.: *Larenz*, in: Methodenlehre)

Larese, Wolfgang: Urheberrecht zwischen Privatrecht und öffentlichem Recht, in: Festschrift für *Hans Giger*, Bern 1989, S. 379–392 (zit.: *Larese*, in: FS *Giger*)

Lewinski, Silke v.: Die urheberrechtliche Vergütung für das Verleihen und Vermieten von Werkstücken (§ 27 UrhG), 1990

Löhr, Joachim: Die Aufsicht über Verwertungsgesellschaften, 1992

Mauhs, Angela: Der Wahrnehmungsvertrag, 1991

Melichar, Ferdinand: Der Abzug für soziale und kulturelle Zwecke durch Verwertungsgesellschaften im Lichte des internationalen Urheberrechts, in: *Becker, Jürgen* (Hrsg.), Die Verwertungsgesellschaften im Europäischen Binnenmarkt, Symposium für *Reinhold Kreile*, 1990, S. 47–61 (zit.: *Melichar*, in: *Becker*, Verwertungsgesellschaften)

Melichar, Ferdinand: Die Wahrnehmung von Urheberrechten durch Verwertungsgesellschaften. Am Beispiel der VG Wort, 1983

Mentha, Bénigne: Urheberrecht, Verwertungsgesellschaft und Berner Übereinkunft, UFITA Bd. 45 (1965), S. 61–68

Menzel, Hans-Jürgen: Die Aufsicht über die GEMA durch das Deutsche Patentamt, 1986

Möhring/Nicolini: Urheberrechtsgesetz, 1970

Möller, Margret: Collective Administration of Copyrights and Neighbouring Rights, Copyright 1988, 482–490

Motive zu dem Entwurfe eines Bürgerlichen Gesetzbuches für das Deutsche Reich, Band III. Sachenrecht, 1888 (zit.: Motive Bd. III [Sachenrecht])

Müller-Sommer, Maria: Unwissenschaftliche Gedanken einer Vorsitzenden über das Innenleben einer Verwertungsgesellschaft, ZUM 1988, S. 2–4

Münchener Kommentar: Bürgerliches Gesetzbuch, Band 4, Sachenrecht (§§ 854–1296), 2. Auflage 1986 (zit.: Bearbeiter, in: Münch.-Komm.)

Nordemann, Wilhelm: Nutzungsrechte oder Vergütungsansprüche? Zur Systematik moderner Urheberrechtsordnungen, GRUR 1979, S. 280–283

Peinemann, Berthold: Die Pflichten der Verwertungsgesellschaften gegenüber den Urhebern und Leistungsschutzberechtigten, UFITA Bd. 52 (1969), S. 153–168

Radbruch, Gustav: Einführung in die Rechtswissenschaft, 12. Auflage 1969, Hrsg.: *Konrad Zweigert* (zit.: *Radbruch/Zweigert)*

Reinhart, Beat: Vom Einfluß der Technik auf die Entwicklung des subjektiven Urheberrechts, UFITA Bd. 100 (1987), S. 219–229

Riklin, Franz: Das Urheberrecht als individuelles Herrschaftsrecht und seine Stellung im Rahmen der zentralen Wahrnehmung urheberrechtlicher Befugnisse sowie der Kunstförderung, Freiburg Schweiz 1978

Riklin, Franz: Das Verwertungsgesetz von 1940, in: Festschrift 100 Jahre Urheberrechtsgesetz, Bern 1983, S. 45–71 (zit.: *Riklin,* in: FS 100 Jahre URG)

Roeber, Georg: Urheberrecht oder geistiges Eigentum, UFITA Bd. 21 (1956), S. 150–196

Ruzicka, Peter: Zur individualrechtlichen Konzeption des Gesetzes über die Wahrnehmung von Urheberrechten und verwandten Schutzrechten, in: Festschrift für *Georg Roeber,* 1982, S. 355–361 (zit.: *Ruzicka,* in: FS *Roeber*)

Schluep, Walter R: Das Markenrecht als subjektives Recht, Basel 1964

Schönherr, Fritz: Zur Begriffsbildung im Immaterialgüterrecht, in: Homo Creator, Festschrift für *Alois Troller,* 1976, Hrsg. *Paul Brügger,* S. 57–87 (zit.: *Schönherr,* in: FS *Troller*)

Schricker, Gerhard: Urheberrecht zwischen Industrie und Kulturpolitik, GRUR 1992, S. 242–247

Schricker, Gerhard: Urheberrecht, Kommentar, 1987 (zit.: Bearbeiter, in: *Schricker*)

Schulze, Erich: Recht und Unrecht, 1954 (zit.: *Schulze,* Recht und Unrecht)

Schulze, Erich: Urheberrecht in der Musik, 5. Auflage 1981

Spoendlin, Kaspar: Zur Rechtsnatur und Bemessung urheberrechtlicher Vergütung, in: Festschrift 100 Jahre Urheberrechtsgesetz, Bern 1983, S. 377–400 (zit.: *Spoendlin,* in: FS 100 Jahre URG)

Staudinger, J. v.: Kommentar zum Bürgerlichen Gesetzbuch, Drittes Buch, Sachenrecht, §§ 903–936; 12. Auflage 1989 (zit.: Bearbeiter, in: *Staudinger*)

Troller, Alois: Eingriffe des Staates in die Verwaltung und Verwertung von urheberrechtlichen Befugnissen, 1960 (zit.: *Troller,* Eingriffe)

Troller, Alois: Immaterialgüterrecht, Bd. I, 3. Aufl., Basel 1983 (zit.: *Troller,* Bd. I)

Tuhr, Andreas von: Der Allgemeine Teil des Deutschen Bürgerlichen Rechts, Erster Band, Leipzig 1910

Uchtenhagen, Ulrich: Die Urheberrechtsgesellschaften in der Schweiz, in: Festschrift 100 Jahre Urheberrechtsgesetz, Bern 1983, S. 73–86 (zit.: *Uchtenhagen,* in: FS 100 Jahre URG)

Uchtenhagen, Ulrich: Neue technische Verfahren zum Festhalten und Verbreiten von Werken der Literatur und Kunst, UFITA Bd. 114 (1990), S. 19–45

Uchtenhagen, Ulrich: Technical Problems in Collective Administration of Authors' Rights, Copyright 1986, 26–34

Ulmer, Eugen: Gutachten zum Urhebervertragsrecht, 1977 (zit.: *Ulmer,* Urhebervertragsrecht)

Ulmer, Eugen: Urheber- und Verlagsrecht, 3. Aufl. 1980

Walter, Michel M.: Die Grundsätze des Konventionsrechts vor dem Hintergrund der neueren urheberrechtlichen Entwicklungen, in: *Dittrich* (Hrsg.), Woher kommt das Urheberrecht und wohin geht es? Wien 1988, S. 238–254 (zit.: *Walter,* in: *Dittrich,* Urheberrecht)

Walter, Michel M.: Grundlagen und Ziele einer österreichischen Urheberrechtsreform, in: Festschrift 50 Jahre Urheberrechtsgesetz, Wien 1986, S. 233–265 (zit.: *Walter,* in: FS 50 Jahre UrhG)

Walter, Michel M.: Urheberrecht mit dem menschlichen Antlitz, Ansätze und Ziele eines ausgleichenden (sozialen) Urheberrechts, in: Festschrift für *Karel Knap,* 1989, S. 129–144 (zit.: *Walter,* in: FS *Knap*)

WIPO: Collective Administration of Copyright and Neighbouring Rights. Report Prepared by the International Bureau of the World Intellectual Property Organization (WIPO), Copyright 1989, 309–354 (zit.: WIPO-Report 1989)

Wittweiler, Bernhard: Der Geltungsbereich der schweizerischen Verwertungsgesetzgebung, Bern 1988

Zitelmann, Ernst: Internationales Privatrecht, Bd. 1, Leipzig 1897

Michael Bauer

Öffentlich-rechtliche Rundfunkanstalten und das Kartellrecht

Die verfassungsrechtliche Anwendbarkeit des GWB auf die Tätigkeit öffentlich-rechtlicher Rundfunkanstalten

---

Der Rundfunkbereich zeichnet sich durch einen immer rascheren wirtschaftlichen Strukturwandel aus. Durch die Zulassung privater Veranstalter neben den öffentlich-rechtlichen Rundfunkanstalten ist die eigentümliche Rechtsfigur der dualen Rundfunkordnung entstanden und hat den Rundfunkbereich dem Wettbewerb geöffnet. Vor diesem Hintergrund findet eine Auseinandersetzung darüber statt, wie das bundesrechtlich geregelte Kartellgesetz regulierend auf das wirtschaftliche Verhalten der öffentlich-rechtlichen Rundfunkanstalten einwirken kann. Diese versuchen dabei, sich durch den Hinweis auf die verfassungsrechtliche Kompetenzordnung und einen speziell für sie aus dem Grundrecht der Rundfunkfreiheit erwachsenden Auftrag dem Zugriff des Wettbewerbsrechts weitgehendst zu entziehen. Der Autor untersucht auf der Grundlage der Rechtsprechung des Bundesverfassungsgerichts, inwieweit diese Argumentation zutrifft und entwickelt ein Abgrenzungskonzept für die Praxis. Er kommt zu dem Schluß, daß das Kartellrecht überwiegend anwendbar ist und stellt dieses Ergebnis anhand ausgesuchter Sachverhalte exemplarisch dar.

1993, 181 S., brosch., 49,– DM, 345,50 öS, 44,50 sFr,
ISBN 3-7890-3041-4
(Schriftenreihe des Archivs für Urheber-, Film-, Funk- und Theaterrecht (UFITA), Bd. 108)